總策畫　林慶彰　劉楚華
主　編　翟志成

景印香港
新亞研究所

新亞學報

第一至三十卷
第四冊・第二卷・第二期

景印香港新亞研究所《新亞學報》（第一至三十卷）

景印本・編輯小組

景印香港新亞研究所《新亞學報》（第一至三十卷）

景印香港新亞研究所《新亞學報》第四冊

第二卷・第二期　目　次

新亞學報

第二卷 第二期

新亞研究所

本學報由美國哈佛燕京學社贈資印行特此誌謝

新亞研究所

目錄

新亞學報編輯畧例

（一）本刊宗旨專重研究中國學術，以登載有關中國歷史、文學、思想、藝術、宗教、禮俗等各項研究性的論文爲限。

（二）本刊由新亞研究所主持編纂。外稿亦所歡迎。

（三）本刊年出兩期，以每年七月十二月爲發行期。

（四）本刊文稿每篇以五萬字爲限；其篇幅過長者，當另出專刊。

（五）本刊所載各稿，其版權及繙譯權，均歸本研究所。

先秦思想中之天命觀

唐君毅

（一）導言

中國哲學以天人合一或天人不二之旨為宗。其言心、言性、言情、言欲、言意、言志者皆所以言人，而恆歸其原於天。其言帝、言氣、言陰陽乾坤、言無極太極、言元、言旡、皆所以言天，而恆彰其用於人。而言理、言道、言德、言行、則恆兼天道人道、天德人德、天理人理，以言天人之同道、同德、而同行。至中國哲學之言命，則所以言天人之際與天人相與之事，以見天人之關係者。故欲明中國哲學中天人合一或天人不二之旨，自往哲之言命上用心，更有其直接簡易之處。然以命之為物，既由天人之際、天人相與之事而見，故外不只在天，內不只在人，而在二者感應施受之交，言之者遂恆易落入二邊之偏見。欲會昔人之所言者，亦難免於逞臆揣測，推移其旨，不易得左右逢源之趣。而今欲知中國先哲言命之眞意何在，唯有順歷史之發展，將各時代諸家言命之說，先節節截斷，家家孤立，辨其毫厘千里之差，然後其線索可明，歸趣可得。因作此文，以抒己見。逞臆推移，亦將不免，惠而教之，是賴賢哲。

中國先哲言命之論，初盛於先秦。孔子言知命，墨子言非命，孟子言立命，莊子言安命順命，老子言復命，荀子言制命，騶衍言主運與受命之符，中庸言天命之謂性，居易以俟命，易傳言窮理盡性以至於命。諸家之說，各不相同，而同遠原於詩書中之宗教性的天命思想。下至漢儒承騶衍之說，更喜言帝王受命之說，與祿命之論。正命、遭命、隨命三命之說興，本陰陽五行之氣、五行之質、以言性之說盛，乃益重以人之所禀賦於天之所命者以言性。逮魏晉人僞造之列子，乃有力命之辨。下及宋儒，張横渠以虛氣言天，以天所「不能已」者言命，而「命在氣中行」，以人之所受於氣之行者爲命。又畧異於漢儒之說。程朱一派，以理言天，而天以理賦於人而降命於人，以成人之性爲命，復不同於横渠。陸王一派，以吾心卽宇宙，良知爲天地之靈明，遂歸於王龍溪、羅近溪之卽性卽命之論。至王船山，乃承横渠命行於氣中之言，而有「性日降而命日生」之說。至淸儒顏習齋、戴東原、焦循之倫，其言性命，更異說滋多。錢大昕、阮元等，則考證性命之古訓，以訂先儒性命之說之是非。其流爲近人如傅斯年氏之性命古訓辨證之作。凡此諸說，如一一加以論列，已爲至繁至賾之事。而佛家之命根之說，道教中之性命雙修，及星相家之命運之論，尚不在其內。然絜領振衣，則能明先秦諸家立命之說，由源溯流，後儒或異或同之論，皆可對較而知。而本文論中國先哲之天命觀，亦暫以先秦以前者爲限。至欲明先秦諸家言命之說，則又必須畧明詩書中言天命之要旨，並分別就諸家及詩書中明文言命處，分別尋文繹義，而將漢宋以下儒者，以己意牽合之論，先抉剔而出。尋文不必其多，而繹義不厭稍詳。增字詁經，理所當然。辨彼毫厘，若疏九河，然後漢宋儒者之論，還歸本位，方可得而明其進于先秦諸家之論者何在。此卽本文之所以爲作也。

（二）詩書中之言命

關于中國孔子以前言命之語，阮元性命古訓，及近人傅斯年之性命古訓辨證二書，徵引甚繁。二書之旨，要不外在求所以反對宋儒之言性命。阮氏性命古訓以「商周之言性命多在事，在事故實，易於率循」。以斥「晉唐之言性命多在心，在心，故易於附會」。其文唯屢闢李習之之言心性，若置宋明理學家之言於不屑論議之列，卽所以反宋儒。傅氏以荀子爲孔子正傳，亦所以反宋儒孔孟道統之說。阮氏書據詩書之言，謂古義命爲祿命，古義生之爲性。又謂孟子亦不闢告子生之謂性之古說。傅氏統計金文中有生、令、命諸字之句及詩、書、左傳、國語中論及性命之言，亦以證性字古卽生字，兼證命字古卽令字。然天命初爲天之所令或帝之命令之義，及性之原涵生義，則初不待此統計而可知。至以命爲祿命，則詩書中言命者固多隱涵此義。然明以祿命爲命，則爲漢儒之說，亦非詩書中之命之原義。故彼等所言，率多枝葉。吾人今論中國古代之天命觀，唯在一明其特色之異於其他民族之宗教性的天命觀者如何，以見爲後來先秦諸家天命思想自生之大本大原所在。餘皆本文所不擬及者也。

今人之見，恆重科學哲學而輕宗教，率以宗教性之宇宙觀不出乎迷信。論思想史者，亦恆只知重古代哲學科學思想之爲原始宗教思想進一步發展之義。遂不能如實觀原始宗教思想之價値。原始宗教思想恆與迷信相雜，誠是。人類承原始宗教思想而發展之哲學科學思想，在理智之條理上，其迥非原始宗教思想之粗陋可比，吾自亦無異辭。然復須知，吾人如自人之所以有一思想之精神嚮往上，及一思想之效用影響上，看一思想之價値，則後人之思想正不必過於前人，而哲學科學思想之價値，亦正多有不及宗教思想者。人類宗教思想之發展，恆由庶物羣神之崇敬，以進至對天或帝之崇敬。此在中國始於何時，今不及詳考。然要之，人在相信有神之時，乃人尚未嘗自覺精神或心靈爲其所私有之時。故其視人以外之物，咸有吾人今所謂心靈精神之運行於其中。此卽人之「自然的不私其心靈精神爲人所獨有」之仁心不自覺的流露。而人在信一天或上帝之神，能統率羣神，而主宰天地萬物時，則客觀宇宙卽開始宛成爲一大心靈精神之所瀰淪充塞之整一體。此亦卽人對於客觀宇宙，加以整一的把握之形上學的兼藝術文學的心情之原始。然人唯當其地上之部落、氏族、羣后中有一足爲中心之元后或王，以建立一朝廷時，然後天與上帝之「一」，乃與人間之「一」，互相照映。故人對天或上帝之「一」之崇敬，恆與政治上之「一」之樹立，俱生而並長。此蓋人類各民族之宗教思想發展之常軌。

因在人類之原始宗教心情中，人未嘗私其心靈精神爲人所獨有，而視天地萬物有神靈主之，並以人間之「一」與天上之「一」互相照映；故在此宗教心情下，人於後世所謂由人或帝王所造之典章儀則，同視爲天之所命敕。而凡人自身努力之結果、人自身所遭遇、及依人之道德心情而生之對自己之所命，皆視爲天之所命於人者。而人初所不自覺的嚮慕之善德，皆視爲天或帝之德，而由天之命以見者。由是而吾人觀一民族之宗教信仰宗教思想之面目，卽可知一民族之文化之原始精神或一民族學術文化之大本大原之所在。

如吾人以上所言爲不誤，而周之封建制度又爲殷之所缺，或殷之所有而規模不及者，則周之敬事鬼神，雖不若殷之甚，吾人仍當說周人更有一普遍之天或上帝之宗教性信仰。而就文籍足徵者以言，周人之言天命者亦最多。則吾人無妨假定：中國宗教思想中之天命觀之具體形成在周初，而吾人之論中國後世言命之思想之本原所在，亦溯自周初而已足。茲據詩書所言，則此天命觀有數特色之可言：

（一）見於周初之詩書中之天命觀之第一特色，爲人所共知而最易見者，卽天命靡常之觀念。此一觀念或由周人之見殷人之敬事鬼神，終墜厥命而知，因復以之警戒周之子孫。故周書大誥言「天命不僭」，康誥言「惟命不于常」，召誥言「皇天上帝，改厥元子，茲大國殷之命」，顧命言「皇天改大邦殷之命」，詩經大雅文王言「天命靡常，帝命不時」，詩大明言「天生蒸民，其命匪諶」，詩蕩言「其命匪諶」。此所謂天命靡常，卽謂天未嘗預定孰永居王位，而可時降新命，以命人爲王。故「周雖舊邦，其命惟新」（大雅文王）遂「于周受命」（大雅江漢），而「有命自天，命此文王」（大雅文王）、「文王受命」（文王）、「文武受命」（江漢）。此卽與希伯來民族宗教思想中，上帝耶和華以其「命」前定以色列爲選民，並前定列王之說不同。亦與希臘雅典神廟中，以預言定人之命運之說，謂人之命運注定，而卽不能逃之思想迥異。（如莎福克悲劇，阿狄蒲斯 OEdippus 謂德爾斐神廟預言：阿將殺父娶母，而阿終殺其父而娶其母。）

（二）與此天命靡常，上帝於人之未來無預定之觀念相連之又一中國古代宗教思想中之觀念，爲天之降命，乃後於人之修德而非先於人之修德者；而其命於人也，乃兼涵命人更努力於修德，以自定其未來之義。此卽可以釋詩書之所以重言文王受命，而只偶言文武受命（大雅江漢）、周公受命（洛誥）之故。文王之所以受命者，據書經康誥所言，惟在其「克明德愼罰，不敢侮鰥寡，庸庸祇祇，畏威顯民。聞於上帝，厥德不回，以受方國。」據詩經大雅文王所言，則在帝懷文王之明德。此乃明是以文王之修德在先，德聞於上帝，而後上帝降命於文王。此便非舊約中上帝先有意志，以命亞伯拉罕及列王之說，亦異於後來基督教神學中，所謂上帝先預定其對世界之計劃，再化身爲人而神之耶穌，以實現其計劃，而欲人爲善修德之說。此後者乃明以上帝之命在先，而人之修德在後。以上帝之命在先，則未來可爲上帝所已決定，而命直接涵命定之義。以上帝之命在後，則人之未來非上帝所已決定，人受命之後，亦尙當有一段事在，當由人自己决定者。而所謂受命者，遂惟是受命以後，當有之一段事之開始點，而非已成之一段事之終結點。故受命之義，亦非必卽被命爲實際上之王，而錫以富貴之義。而阮氏所謂命初義純爲福祿之命，便義有未洽。如受命爲被命爲實際上之王而錫以富貴，則只當言武王、周公、成王受命，而不當言不敢侮鰥寡之文王受命。而周之詩書之所以只重言文王受命者，則以文王乃畢生以修德爲事。令聞不已，方爲天下所歸。文王之受命，乃以其有德而受命，亦以受命，而更須「聿修厥德」以不回，乃歸於「受方國」（大雅大明），而周革殷命。此則成之於武王周公。是見文王之受命，亦並非同於：其有德而天即報償之以王位之福祿之謂，而實只是受一自求「厥德不回」、「自朝至於日中昃，不遑暇食，用咸和萬民」（顧命）之責任。周公又告成王以敬保天命之義，其言曰「若生子，罔不在厥初生，自貽哲命。肆惟疾敬德，」此段文之所重者，亦不當如阮氏之說，重在言「若子初生，卽祿命福極、哲與愚、吉與凶、厤年長短，皆命」。此當是言人自初生起，卽當知「自貽其哲命」在「力疾敬德」。此乃教成王今後之更從事於力疾敬德者也。按希臘、希伯來、阿拉伯之宗教思想，從無以人配享上帝之說，而周獨有「郊祀后稷以配天，宗祀文王於明堂以配上帝」者，其原因可溯至殷人所敬之祖或上帝，原爲帝嚳或帝俊。然亦因周初之思想原重人德。天聞人德而後降命。人受命，而仍有其自身之事在，斯人乃可與天及上帝配享也。

（三）吾人如知上所言受命之義，一涵天命後於人德之義，二涵受命以後更須聿修厥德，而報償不必在當身而在後人之義；則知詩書中之言天降命與人受命，皆同重其繼續不已義之故。蓋天之降命既後於人之修德，而人受命又必須更顧命而敬德；則人愈敬德而天將愈降命於其人，其人卽愈得自永其命，而天命亦愈因以不已，斯天人之命，同其繼續不已。故詩書中屢言人當修德以永命，又屢言「敷前人受命」（大誥）。如言「有夏服天命，惟有歷年。我不敢知曰不其延。惟不敬厥德，乃早墜厥命。……有殷受天命，惟有歷年，我不敢知曰，不其延。惟不敬厥德，乃早墜厥命。」「祈天永命」（召誥）、「永念則有固命」（君奭）、「我受命無疆惟休」（昊天有成命），可知其重人自求永命之義。至于言「惟天之命，於穆不已」（周頌維天之命）、「夙夜基命宥密」（昊天有成命），則逕言天命自身之繼續不已者。而上所謂天命之所以靡常，亦正在人之不能修德以自永其命，天即不能不授命於他人，以成其自身之於穆不已。由是而言，則天命靡常之言，猶是第二義。天命之所以於一朝代一王爲靡常之故，如殷之所以革夏命，周之所以革殷命之故，與周公之所以言「我有周既受命，我不敢知曰厥基永孚於休」之故；正以天之「時求民主，」天之時在「監觀四方」而「求民之莫」，故其對有德之王降命之事，必將繼續不已，以宅天命（康誥言「宅天命」）而望有人之能紹之之故也。

吾人以上所言中國古代天命觀之三義：第一義使中國古代之天或上帝，成爲非私眷愛於一民族之一君王或一人者，而天或上帝爲無所不在之天或上帝。此爲後代儒道思想皆重「天之無私載私覆」，「帝無常處」之思想之所本。第二義天命之降於人，後於其修德。此爲中國後來宗教道德政治思想，皆不重對天或上帝之祈禱，而重先盡人事之思想之所本。而人之受天命，當更敬厥德，則爲儒者言自明明德，即「顧諟天之明命」，一切敬德即所以承天命之思想之所本。人有德而天命降之，即引申爲易傳所謂「先天而天弗違」式之思想。人敬厥德即所以承天，即引申爲易傳所謂「後天而奉天時」之思想。合而言之，則第二義爲中國一切人與天地參、與天地同流、天人感應、天人相與之思想之本原。第三義中人修德而求永命，及天命不已之思想，則爲一切中國求歷史文化之繼續之思想，人道當與天道同其悠久不息，同其生生不已之思想之本原。簡而言之，此三者可名之爲「天命之周遍義」、「天命與人德之互根義」與「天命之不已義」。此在中國古代之詩書中所言，固無後儒所論及者之繁。吾人之約以三名，自更非昔人思想之所及。然就詩書所言與他方古代之宗教性思想相較，而明其異同，則其獨特之涵義如此，乃不可誣者也。

（三）春秋時代之天命觀

上所言者蓋為周初之天命觀。由周初至孔子，數百年中，天命思想之新發展，就左傳國語以觀，蓋有四者可言：

（一）直接承周初命隨德定之思想而加以擴充者：

左傳襄二十九年鄭裨諶曰：「善之代不善，天命也。其焉辟子產？」（杜註言政必歸子產）

按詩書言受命原于德，唯指王命。而今言子產善而當政為命，則命隨德定之義，及于為臣者矣。由此推衍，便為一切人之富貴、貧賤皆隨德定之漢儒所謂「隨命」之說。

（二）承命隨德定之思想而發展，又畧異其義，而以命涵預定之義者。

如左傳宣公三年，王孫滿對楚子問鼎之輕重曰：「天祚明德，有所底止。成王定鼎于郟鄏。卜世三十，卜年七百，天所命也。周德雖衰，天命未改，鼎之輕重，未可問也。」如依周誥之言，則不敬厥德，即墜厥命。此言周德衰而命未改，則德與命若相離。其謂成王定鼎，卜世三十，卜年七百，畧符周運。或疑此語為後人羼改孱入。然卜旬卜歲之事，充滿于甲骨之卜辭中。則于國運卜世卜年之事，亦理所宜有。由卜知來，則為預定。此預定亦可說為天之所定，天之所命。此便又與詩書所謂「帝命不時」之意畧相違。然吾意此種預定思想本身之來原，當為自古傳來之民間宗教術數思想之另一端。然此段文字，自整個以觀，其謂成王定鼎時，卜世三十，卜年七百云云，乃謂文武周公之德教流澤，足及三十世七百年。故雖「天祚明德，有所底止」亦必須至三十世七百年而後命改。此即後來言星命者或兼言祖德餘蔭之說之所本。果如此說，則由周初之命隨德定之說，亦可引申出此種對未來預定之論。唯此預定，仍初是依於德教流澤之所及而預定，非由上帝或天之本其絕對自由之意志而預定，便仍與舊約等西方宗教之說不同也。至尅就此命之涵預定之義言，則正爲墨子「非命論」之所非，而爲如列子力命篇所謂命爲「必然之期，素定之分」（張湛註此篇語）之說之遠原。

（三）引申「命」之義爲近於所謂壽命之義及當爲之「義」之義者。

左傳文公十三年「文公卜遷于繹。史曰：『利于民，不利于君。』邾子曰：『苟利於民，君之利也。天生民而樹之君，以利之也。民既利也，孤必與焉。』左右曰：『命可長也，君何弗爲？』邾子曰：『命在養民。死之短長，時也。民苟利矣，遷，吉莫如之。』遂遷于繹。五月邾文公卒，君子曰知命。」

此段文言左右勸邾文公不遷都，以長命，既遷都而叙其卒。則此命似涵後之所謂壽命之義或生命之義。然壽命之名，至漢儒乃定爲三命之一。而古代蓋只以壽之一字表壽命。生爲人之生，而命爲天之命，二者亦初不相謀。故周初無「性命」「生命」之二名。然文武周公之受天命而享國之日，亦正與其壽命同長短。書顧命言「文王受命唯中身，厥享國五十年。」書無逸言「殷王中宗嚴恭寅畏天命，享國七十有五年。……高宗享國五十九年……肆祖甲享國三十三年。自時厥後，立王生則逸……惟耽樂之從。自時厥後，亦罔或克壽，或十年，或七八年，或五六年，或四三年。」是言受命而有德，則壽，否則夭折。而受命享國之久暫與壽之長短相應。則引申之義，便可至以命指壽命。如洪範言五福有考終命，此命與考連，即涵壽命之義。而左傳此段謂左右言不遷都以長命，遷都而叙其卒，則此左右之言長命之命，更明兼有長「受命享國之日」，及長「壽命」之義。且重在後者。此蓋爲莊子以降，重連生以言命，言「性命之情」者之先導。然在邾子之答左右，以天生民而樹之君以利民，及命在養民之說為言，則又為直承周初古義，君受天命享國，當「懷保小人，惠于矜寡」之義。是邾子心中之命，斷不能以壽命為說。而君子謂其知命，亦當為知天所命于君之養民之責之謂。而非知壽命當死之謂。君之養民，為君之責，亦即君之「義」之表現。則此所謂知命，即君之自知其「義」之所當為之謂。而邾子之知命而不惜死，即後儒所謂舍身取義之行也。是見此段之知命中之命之涵義，又有進于周初之說者。周初受命之說，止於言有德而受命，受命益當敬德，而享國若干年。而今之君子曰之所謂知命，則涵有為成君之「義」成君之「德」而寧舍「壽命」之義。是則「由周初受命觀念中『敬德』之義之凸顯而出，以成君之奉承天命之主要涵義，而其中享國之觀念反被揚棄」而生出之新觀念也。此所謂知命，又正為後之儒家所謂知命之義之所涵也。

（四）左傳「民受天地之中以生，乃所謂命也。是以有動作威儀之則，以定命也。能者養之福，不能者敗以取禍。是故君子勤禮……勤禮莫如敬……敬在養神……國之大事，在祀與戎。祀有執膰，戎有受脤，神之大節也。今成者惰棄其命矣，其不反乎？」此段前數句，可與詩經「天生蒸民，有物有則。民之秉彝，好是懿德。」合看。皆似頗近孟子中庸所謂天與我以本心，天命之謂性之說。唯其中仍有距離。蓋詩經所謂「天生蒸民，有物有則，而民好懿德」云云，仍未確定此所好之懿德之內在于已，而可是好外在之嘉言懿行之德之意。而所謂「則」亦可為在「物」外之法則之意。至于此段之言，以動作威儀之「則」定命，亦未明言此動作威儀之則與命，皆純由內發。而所謂命由動作威儀之則以定，蓋非「命」與此「則」為二物，而當是言命之內容，即由動作威儀之則以定。阮芸台所謂「敬慎威儀，以定性命」是也。至所謂「民受天地之中以生，乃所謂命也」二語，則宜當釋為民所受以生者即是

「命」，亦卽是此動作威儀之則，而「此則」原于天地，原于天地之中。此所謂受「命」爲「則」，吾意當是指人生以後說，而非指生前或生之性上說。蓋此段後文，明連禍福與致敬養神說，則此「命」此「則」，正宜視爲外在于人，而非內在于人，同于後儒所謂性者。若如此說，則此所謂受「命」爲「則」，與詩之有物有則之「則」，亦猶近詩書中所謂天叙天秩之典常彝倫之則，天降命于人，人當受命以「聿修厥德」之「命」。故孔顥達此段疏謂命爲教命之意，當適得其原意。唯劉康公之言直接以天地之命爲民之生之「則」，卽使民之自然之「生」，直接與上天所降之「義所當然之命」相對照而言。性古爲生字，則此言亦卽將人性與天命對照而言之始。由此再經孔墨思想等之轉折，卽可漸有孟子中庸之義矣。此當在後文及之。

（四）孔子之言命

中國眞正之哲學思想，至孔子而使人有仰之彌高，鑽之彌堅，瞻之在前，忽焉在後之嘆，足以上承文武周公之教，下開百世之學。而孔子之言命之眞義何在，則不易得其解。孔子嘗言「五十而知天命」（爲政），言「君子有三畏。畏天命，畏大人，畏聖人之言」（季氏），「道之將行也歟，命也，道之將廢也歟，命也。」（憲問）而堯曰章之最後段，又言「不知命，無以爲君子也。不知禮，無以立也。不知言，無以知人也。」孔子之敬畏天命可知。此諸語中皆無命爲外在之預定義。至子罕篇言「子罕言利與命與仁。」則此語有異釋。且罕言亦非不重之義。唯雍也篇「伯牛有疾，子問之，自牖執其手。曰「亡之命矣夫。斯人也，而有斯疾也。斯人也，而有斯疾也。』」（雍也）而孔子弟子子夏又謂：「死生有命，富貴在天。」皆若致嘆息于命並以命爲外在而冥冥中有定者。故墨子公孟篇謂「儒者以命爲有，壽夭、貧富、治亂、安危有極矣，不可損益也。」（墨子公孟）傅斯年氏之書，亦謂：「論語明載命定之義，墨子攻之，正中要害。」云云。益以漢儒孔子爲素王受命之說，宋儒以理言命之說，而孔子言命之本旨何在，益復難明。然吾人今若暫捨孔子一時嘆息之辭及子夏及後儒之言，以觀孔子之說，則孔子實明未嘗有所謂命定之論。孔子亦未嘗有大德必受命之中庸及漢儒式之思想。其言天命，復與詩書左傳所言天命觀，皆有不同。今試畧論之。

吾人之所以不說孔子之天命觀，全同于詩書及漢儒之所言者，乃以論語中從無漢儒所謂降命受命之說。「鳳鳥不至，河不出圖，吾已矣乎」之言，縱不如崔東壁等之逕視爲僞，亦非必如漢儒所謂孔子受命爲素王之說，而儘可解釋爲一時感歎之辭。至詩書之言天命者，固多指天叙天秩之典常彝倫爲人所當遵行者，然孔子亦未嘗教人只是實踐已成之典常彝倫或昊天成命。孔子教弟子以孝以仁，大皆直指生活上之行事以言，而要在人之反求諸己，而行心所安。則謂孔子之天命，止于詩書之說，亦無是處。

然吾人如以孔子重反求諸己行心所安之教，又將何以解釋孔子之言畏天命及重知天命之言？吾昔嘗以左傳國語文公十五年所謂「君子不虐幼賤，畏于天也」之言，謂中國古代宗教思想中，原有「天矜于民，天之愛民甚矣」之思想。故人之不虐幼賤以行仁之事，即敬畏天命而知命之事。此與韓詩外傳承孟子之言而釋孔子知命之旨者相通。韓詩外傳曰：「子曰，不知命，無以爲君子。言天之所生，皆有仁義禮智順善之心。不知天之所以命生，則無仁義禮智順善之心，謂之小人。故曰不知命，無以爲君子……。天生蒸民，有物有則。言民之秉彝，以則天也，不知所以則天，又焉得爲君子乎」？唯順此去講，固可以明孔子之反求諸己行心所安之教與畏天命，乃一而二者。然此又似與「道之將行也歟，命也，道之將廢也歟，命也。」之言不合。蓋果天命爲愛民而仁，則言道之行是天命，可。言道之廢亦是天命，則不可。如道之廢仍是天命，則天命宜非愛民而仁者。如人當畏敬天命，不亦當畏敬彼道之廢耶？則孔子之栖栖皇皇以求行道，得毋非不畏天命耶？而伯牛有疾，孔子曰亡之命矣夫。此命之義似又明謂死生之命，乃在外非在內者。而孔子既于此致其嘆息之辭，亦似非直接敬畏此天之命者。然則孔子又何爲而必言畏天命，必言「不知命，無以爲君子。」而五十乃知天命耶？

此諸問題，吾嘗思之而重思之，嘗徘徊于「孔子所謂天命，乃直仍舊義中天命爲天所垂示或直命于人之「則」之「道」，與「孔子所謂天命唯是人內心之所安而自命」，二者之間。而終乃悟二者皆非是。蓋若果孔子之所謂天命，即舊義中天所垂示或直命于人之「則」之「道」之義，則此明爲自詩書以來之通義，墨子尙直承之，而成其天志之論者。此義易解，孔子不當言五十而後知天命。而如孔子之所謂天命，唯是人內心所安之自命，則孔子十五志學，三十而立，四十不惑之諸階段，已時時有自命、自求、近思、篤行、行心所安之事，亦不當言五十而知天命。而吾人由孔子之鄭重言其知天命，在五十之年，並鄭重言「不知命無以爲君子」及「畏天命」之言，則知孔子之知天命，乃由其學問德行上之經一大轉折而得。而此大轉折，則正由于孔子之周遊天下，屢感道之不行，而悟道之行與不行，皆爲其所當承担順受，而由堪敬畏之天命而來者。而此極高明致敦厚之思想，則大異于前之天命思想，亦不止于直下行心所安之教者也。而上述之疑，初皆由不知孔子之天命觀之特色，實乃根于義命合一之旨，而先當由此透入。

孟子萬章上曰：「……或謂孔子于衞主癰疽，于齊主侍人瘠環。孟子曰，否，不然也……彌子謂子路曰。孔子主我，衞卿可得也。子路以告。孔子曰有命。孔子進以禮，退以義，得之不得曰有命。而主癰疽與侍人瘠環，是無義無命也。」

由孟子此段話，便知孔子之言命乃與義合言，此正與論語不知命無以爲君子之言通。孔子之所以未嘗有主癰疽與侍人瘠環之事，以此乃枉道不義之行，孔子决不爲也。而彌子謂子路曰，孔子主我，衞卿可得，孔子之答又爲有命。故孟子之釋曰，無義無命。則義之所在，卽命之所在。此所謂義之所在卽命之所在，明非天命爲預定之義。如上文所引「卜世三十，卜年七百，天之命也」之類。而唯是孔子先認定義之所在，而卽視爲命之所在。義之所在，爲人之所當以自命，而天命斯在。此見孔子所謂天命，亦卽合于詩書所謂天所命人之當爲之「則」，而與人之所以自命之當爲之「義」，在內容上爲同一者。孔子所謂畏天命，確仍與孔子所重之反求諸己，行所心安，依仁修德之教，可說爲二而一之事。然吾人今之問題，則在「天命」與「義」之內容既同一，何以孔子又必于反求諸己之外，兼言畏天命？又何以孔子言道之廢亦是天命？如無義無命，則有義宜有命。行道是義，天使我得行其道是命。此固是命義合一。然在道之廢時，則義在行道，而命在道之廢，命義相違，則此時求行「義」，正宜當非「命」，此卽墨子尚義而非命之論所由出，而勢至順者。而在孔子，則于義在行道，而命在道之廢時，仍只言人當知命，只直言畏天命。其故何耶？然吾人之所以答此問者仍無他，卽自孔子之思想言，人之義固在行道。然當無義以行道時，則承受此道之廢，而知之畏之，仍是義也。不能承受此道之廢，而欲枉尺直尋以求行道，或怨天尤人，乃爲非義也。此卽孔孟思想之翻上一層，而進于墨子之直接非命之說者也。

何以求行道，是義；道不行，而承受此道之不行，亦是義？此乃以人求行道，原爲求諸己而自盡其心之事，此爲孔孟之教之根本義。然求行道既原爲求諸己之事，則人在求行道時，卽已知道之不必能行，而有不行之可能。此乃孔子「毋意、毋必、毋固、毋我」、「無可無不可」及「用之則行，舍之則藏」之言所由發。由是而人在求行道時，卽當同時準備承担道之或行或不行之二種結果。由是而用之則行時，固是義之所當然。而當道不得行時，承担此結果，而舍之則藏，亦是義之所當然。反之，如道不行，而枉尺直尋，以求行道，或怨天尤人，則反與人求行道時，依「反求諸己之教，自知爲當準備承担之義」相違，而先自陷于非道矣。是見承受道之廢，卽是義也。

承受道之廢是義，亦卽是知命。此所謂知命，非謂知天之預定道之將廢。若然則此命不堪敬畏。吾人如欲會通孔子所謂知命及畏天命之言，仍唯有自人之義上透入。蓋志士仁人之求行道，至艱難困厄之境，死生呼吸之際，而終不枉尺直尋，亦終不怨天尤人，則其全幅精神，卽皆在自成其志，自求其仁。而此時之一切外在之艱難困厄之境，死生呼吸之事，亦皆所以激勵奮發其精神，以使之歷萬難而無悔者。則其全幅精神之唯見義之所在，而一無怨天尤人之意之德，亦卽天之所玉成。在此志士仁人之心情中，將不覺此志此仁爲其所私有，而其所自以有之來原，將不特在於己，亦在於天。於是其自求其仁自求其志之事，爲彼之所以自期而自命者，亦卽其外之境遇之全體或天之全體之所以命之者。其精神之依「義」而奮發者不可已，亦卽天之命其當爲之義，日益昭露流行於其心者之不可已。此處義之所在如是如是，亦天命之如是如是。義無可逃，卽命無可逃，而義命皆無絲毫之不善。亦更不當有義命之別可言。而此精神之依「義」而奮發之不可已，或天命之流行昭露不可已，其原若無盡而無窮，則敬畏之感生。此敬畏是敬畏天命，卽敬畏其志其仁。而孔子之只言畏天命者，則蓋以志士仁人之求行道之事，乃自內出而向於外。所向在外，其所敬畏，則宜說在天命。如在宋明理學，則更重人內心及個人行爲之自覺，而敬畏乃多從自敬自寅畏上說矣。此乃孔子之學之發展，而其旨則同根於人之精神上之實感，更無相違之處者也。

吾人如知，人求行道時所遭遇一切艱難之困厄之境，死生呼吸之事，皆是求行道者，義所當受，亦卽天所「命」於行道者之所在；則知依孔子之敎，人而眞欲爲君子，欲爲志士仁人，則其行義達道之事，與其所遇，皆全幅是義，全幅是命。用之則行，達則兼善天下，而有所爲是義是道。其隱居或乘桴浮海，而舍之則藏，乃有所不爲，皆不主癰疽與侍人瘠環，不枉尺直尋之類。是所以避非義非道之行，而自求其志，獨善其身，仍是義，仍是道。則在此處，外境之於我，實無順逆之分。順是順，逆亦是順，斯人無可怨，天無可尤，而一切順逆之境，無論富貴、貧賤、死生、得失、利害、成敗，同所以成人之志、成人之仁。卽全幅天命，無不堪敬畏。此境界自非人所易達。故孔子亦唯稱顏淵曰：「用之則行，舍之則藏，唯我與爾有是夫。」而依此以觀孔子於伯牛有疾曰：亡之命矣乎，則固有歎惜之情，仍未嘗有怨天命之義。蓋孔子之所以自待，亦其所以望弟子。死生呼吸之際，人固當亦有以自盡其義，而知命敬畏天命之義存焉。此卽子路之結纓，曾子之易簀之精神。則孔子之謂伯牛「亡之命矣夫」，焉知非本此以致拳拳之意？卽子夏「死生有命，富貴在天」之說，亦可同作斯解。何必如近人之本墨家之說，以言孔子與儒家信定命論之無謂乎？

(五)墨子之非命

吾人如知上文所論孔子之知命之學，則知墨子之非命，並非眞能針對孔子與眞正之儒家而發。墨子公孟篇曰：「儒者之道，足以喪天下者，四政焉。儒以天爲不明，以鬼爲不神，天鬼不說，此足以喪天下。又厚葬久喪，重爲棺槨，多爲衣衾，送死若徙，三年哭泣。扶後起，杖後行，耳無聞，目無見，此足以喪天下。又弦歌鼓舞，習爲聲樂，此足以喪天下。又以命爲有，貧富、壽夭、治亂、安危，有極矣，不可損益也。爲上者行之，必不聽治矣。爲下者行之，必不從事矣，此足以喪天下。」

凡此所言，至多只爲儒者末流之弊。卽如其譏儒家重厚葬久喪，習爲聲樂，至謂「孔丘盛容脩飾以蠱世，强歌鼓舞以聚徒。」此爲專自儒者在生活之形式上，承周之禮樂而說。而孔子之學之特色，明在其重禮樂之精神之仁孝，而不在禮樂中之玉帛鐘鼓。吾人亦可言，儒者不似墨子之重天志明鬼。然墨子謂儒者以天爲不明，以鬼爲不神，與孔子之言畏天命，言天道之「已成而明」（禮記哀公問）、重郊祀之禮等，亦未必能針鋒相對。公孟子主無鬼神，亦不必卽代表儒者之公義。孔子只言「非其鬼而祭之，諂也」，言「未能事人，焉能事鬼。」未嘗明言無鬼神。「祭神如神在」之「如」，非假定之辭，乃事死「如」事生，事亡「如」事存之意也。公孟子之言無鬼神，或亦唯言無墨家所言之賞善罰惡之鬼神耳。是墨子所以儒者喪天下之四政之三，皆不能與儒者之言針鋒相對。又何得言墨子之非命，曾責儒者信有命，卽眞能與儒者之言針鋒相對乎？儒者言知命者，至多言人所遇之窮達、順逆、富貴、死生之境，皆可以爲進德之資，人不當枉道以求富貴，或貪生而苟存。曷常有貧富、治亂、安危、皆不可損益之思想乎？果其有之，則孔子之栖栖皇皇，又何爲者？故知墨子所反對之儒者，乃其心目中之儒者。其所非之「命」，亦不必卽儒者所謂「命」。吾人尤不可以墨子之所言，定儒者之眞。考墨子所非之命，實爲上文所引卜年卜世一類之預定未來之命，此觀念乃與儒者求自盡己力，以道易天下之教相違者。而墨子所以亟亟非此預定未來之命，則在上文所說，墨子之貴義而重力行，遂見此預定未來之命，與其教人力於從事之思想，直接相違反。故非命篇其反覆申言者，唯是言「立命而怠事」，「執有命」則人「不聽政」、「不從事」。而此種預定之命之說，則其原當在古代宗教術數迷信之一端。亦可由周初詩書中之天命觀之主要涵義引申而出。如上文已說。墨子既重天志，更不能不自申不信天之定命之義，以免人混其天志之說，於天之命定之說也。

墨子之論儒，雖非儒者之眞，然墨子言天志，而闢除天之命定之說，則上承詩書所傳之宗教精神。吾意墨子之宗教思想之重要者，不在如近人之說，墨子復興孔子老子所反對之傳統宗教中對天之信仰，或發揮傳統宗教信仰之保存於民間者。此尙是淺而易見者。此中重要者，只在墨子言天志，而又非天命。在其他民族宗教中，言天志者，必言天之意志之表達，顯爲一絕對之命令，能規定人之未來。故言天志，必言天命，舍天命無以見天志。墨子獨言天志，而不言天命。天志在兼愛，故欲人之相愛，惡人之相惡。然墨子則未嘗言天如何求貫徹其志，而定命令，以某人或某民族代表之，以實行其志。是見墨子之天，仍爲詩書中之天，唯監觀四方，視人之行爲，合不合於其志，而施賞罰者。此即仍須待人行事之上聞於天，而後天乃察其德，以施賞罰。此正爲詩書中天命觀中所涵之思想。在詩書中之天命觀，主命不於常，即無天指定某人某民族，以代表之之思想。天爲後於人王之修德而降命者，以使人受命者。天亦爲後於人之善惡之行，而繼以福善禍淫之事者。此乃一種天於人先取無爲靜觀之態度，而後有爲之思想。墨子之天，亦復如是。在詩書中言：人受命之後，當更敬厥德，兢業不懈，乃得永命。此亦正爲墨子重「從事」之思想之所本。故墨子雖非天命，然其不特未嘗非詩書中之天命之主要意義，而正是承詩書中所謂天所命於人者，以努力從事。其非命，唯是非預定論之思想。墨子言天志，所以見天之尊，而確立天對人之賞善罰惡之思想。然人必先有善惡之行，而後有天之賞罰，天亦未嘗以「命」定人之行爲與其力之所限極。由是而人在行爲上可先於天，而天唯是隨人之行爲之善惡之後，而以賞罰促進其善者而去其惡者。由是而天人之關係，雖爲上下之關係，亦爲並行之關係。此卽墨子之所以尊天志，而尤重人事之故。而其思想所進於詩書中之所言者，則在詩書中之天命之主要涵義，雖是如吾人方才所說，而其引申涵義，亦可爲預定之命。而在一般人或以其引申之涵義，與民間流行之宗教術數迷信中之其他預定論思想結合，以爲其主要涵義。由此而墨子不能不言天志而非天命。唯其非天命，而後天有「志」，而天無對人之未來之預定之義確立。天有志而無對未來之預定，天斯更自成其爲「明明在上，赫赫在下，」以自居其位者。人斯更能自求盡力以上體天志，而從事力行，以「興天下之利，除天下之害」者。是則墨子之分別天人，而釐淸其分位與關係之功也。

(六)孟子之立命義

墨子非命，乃所以反對人力之外在的命定之限極。孔子之知命，乃知：一切己力之所不能改變，而爲己之所遇之境，無一能成爲吾人之志道求仁之事之限極。而孟子之立命，則承孔子之知命之義而發展。孔子之知命，在就人當於所遇之際說。而孟子之立命，則就吾人自身先期之修養上說。如在死生患難之際，當死則死，素患難行乎患難，此在孔孟同是義所當受，亦命所當受。然吾人如何能在此際，不怨天，不尤人，視此死生患難卽天命之所存，而以敬畏心當之，則其前必有一段工夫在。無此一段工夫，則臨事必氣餒，卽此時所承担之義與命，亦不能竪立於吾人之自身之生命之中。而此一段之工夫，由開始至完成，由平日之修養至臨事盡道而死，卽整個是一立命之工夫。此立命之工夫，俟乎人自身之努力，外無預定吾人之努力之所限極者。在道德修養上，孔孟之同不承認人之努力，外有限極之者，正有似於墨子。孟子固不似墨子之言非命而言立命。然孟子之立命，乃另立一種命，而亦未嘗不涵墨子之所謂非命之義。墨子思想之不及孔孟者，則在：墨子之非預定之命，誠是；但眞遇道不行之時，人又畢竟如何？此時是否卽天志閉塞，天心搖落？此在墨子殆無法以答此疑。然在孔孟，則道不行於外，道仍在於內。此時道不得行於外，而殺身成仁，或隱居求志，更不怨天不尤人之本身，卽所以彰顯此道。此等等之本身，亦卽天命之所存。在孔子，則此爲人之知命之事，在孟子則爲人之立命之事。夫然，故在孔孟，天命永無斷絕之時。此其關鍵，不在此道之是否行於外，而在吾人自己之是否願担負此道。如能担負，則人道立而天道亦立，人命立而天命亦立，於是天命之大明終始，便永無眞正斷絕晦盲之日。故在墨子，雖篤信天志而非命，不信人力之所限極，然實不知所以處人力之限極。而在孔孟之知命立命之教，有道以處限極，則其力雖似有限極，而其道則以承担此一切限極而無限極。而天道天命，亦以人道之無限極，而彰其無限而永存。由是而孔孟之知命立命之教，遂大深遠於墨子之非命。而孟子所進於孔子之言者，則在其言立命之一段工夫，而直通貫天命於人之盡心知性之教。孟子曰：

「盡其心者，知其性也。知其性，則知天矣。存其心，養其性，所以事天也。夭壽不貳，修身以俟之，所以立命也。知命者不立乎巖牆之下。盡其道而死者，正命也。桎梏死者，非正命也。」

孟子此段言盡心知性則知天，存心養性卽事天。其所謂天之初義，自是直承詩、書、左傳中所謂「矜於民」、「愛民」而「懷明德」之天而說。而以天爲「義」爲「兼愛者」之墨子之說，亦與中國傳統思想中天之初義不相違。孔孟亦皆未嘗謂此天爲不存在。唯孔子之所重，在人自己之求仁立志，而孟子之所重者，則在言人之求仁立志，原本於人之心性，故重人之盡心知性而存心養性。而盡心知性存心養性之事，卽所以知天事天而立命者。是乃別於墨子之自外面看天之於萬民，「兼而有之，兼而食之」，以知天之爲兼愛者之論。亦別於墨子之只以兼愛尙同之行事法天，爲事天之道之說。孟子之言盡心知性則知天，存心養性卽事天，乃直下於吾人之自己之心性上知天。而由自己之心性，所以可知天者，則以人爲天之所生，心性卽天之所以與我，而爲我所固有之心性以知天，則其知天正爲最直接者。天以此心性與我，我卽存之養之以事天，則其事天正爲最直接者。而墨子所謂天之爲兼愛，爲義，亦皆可由我之心性原具仁義禮智之端，以直接證實。而天之所以命我，我之受天之命而立命，亦卽於我自己之存養此心性，以夭壽不貳之事上見。故命之正不正，全不須在外面說。自外面說，無命非正。正與不正，唯在我之所以順受之。我盡道而死，則命爲正命，未盡道而立巖牆之下，桎梏其心性以死，則命非正命。我誠盡道，則夭壽死生，無一不正。而人所遇之一切莫之爲而爲者，莫之致而致者，皆是天，皆是命，皆是成就我之自盡其道者。因而亦皆是命我以正者。而我之受之，便皆成正命。因而更無漢儒如緯書、白虎通義、何休、王充、趙岐所謂正命(或言壽命)、隨命（隨善惡而報之）、遭命（行善遇凶）之分。而我之所以自命之一切，卽天之所以命我之一切，皆無非正命，而天命卽由我而立矣。此乃就孟子之文，以證前文之說者也。

吾人今論孟子立命之教，謂其言命之正與不正，乃純由人自己之所以受命，盡心知性、存心養性之工夫上言，似與孟子恆將性命對稱而說者不同。孟子曰：

「求則得之，舍則失之，是求有益於得也。求在我者也。求之有道，得之有命，是求無益於得也。求在外者也。」

「口之于味也，目之于色也，耳之于聲也，鼻之于臭也，四肢之于安佚也。性也，有命焉，君子不謂性也。仁之于父子也，義之于君臣也，禮之于賓主也，智之于賢者也，聖人之于天道也。命也，有性焉，君子不謂命也。」

此皆以性命對稱之言。吾人必須再一申論，孟子之言性命之別，在何義上成立。觀孟子求則得之一段之言性命之別，似當言孟子之所謂命只爲外面之限制。而觀孟子口之于味也一段，所謂「性也，有命焉；命也，有性焉。」則孟子所謂命，又似不只爲外面之限制，而「命」同時涵有自外而觀爲人之義所當爲者之義。實則言命乃先自外說，此蓋孔孟墨子之所同。然在墨子由命爲預定之限極之義上說，則命與義相違，遂貴義而非命。而在孔孟，則吾人所遭遇之一定之限極，此本身並不能說爲命。而唯在此限極上，所啓示之吾人之義所當爲，而若令吾人爲者，如或當見、或當隱、或當兼善、或當獨善、或當求生、或當殺身成仁，此方是命之所存。唯以吾人在任何環境中，此環境皆能啓示吾之所當爲，而若有令吾人爲者，吾人亦皆有其當所以處之之道，斯見天命之無往而不在，命之無不正。此乃吾人上所屢言。故求則得之一段，所謂得之有命，亦非僅謂其得與否將受環境之限制之謂。而是說：如在環境之限制下求而不得，人不當枉道求得以違義。而此環境之限制，亦卽命吾人之當有所不爲者。由是而安于此限制，卽是順受一天之正命而行義。夫然，故存心養性而行義達道之事，與受命立命之事，固爲二義，一如純自內出，一如自外定。然此自外而定者，仍正是吾人之義。若欲言其分別，則當說存心養性而行義達道之事。要在有所爲，以爲立命受命之資。而立命受命之事，則要在覺如受限制規定，而知有所不爲，乃義不他求。人在有所爲時，立命之事在正面之修身以俟上。人在有所不爲時，則脩身之功，見于對一切順逆之境之任受，而使命莫非正上。而自孟子之人性論之系統言，則人之心官之大體之「義」，在擴充存養之事上。人耳目之官之小體之欲，欲富欲貴之欲之「義」，則在寡欲有節上。故人于耳目小體富貴之欲，求而不得時，其不得，是卽命見義。卽命見義，乃卽「命之限制」上，見吾人以「義」之所存，吾人之心之大體之本性之所在，而見耳目小體富貴之欲之性，非人之本心本性之所存。故曰「口之于味也，目之于色也，耳之于聲也，鼻之于臭也，四肢之于安佚也，性也，有命焉。君子不謂性也。」至于在心官之擴充存養之事上，人之求而必得。其得，是即義而見命。即義見命，乃即在人之爲其所當爲，而以仁對父子，以義對君臣，以禮對賓主等上而見天之命我以正。原我所遇外境中之他人如何，非我所自定。我或如武王周公之以文王爲父，或如舜之以瞽瞍爲父，我或如周公召公之以武王爲君，或如比干之以紂爲君……（多借趙岐注所舉例）我皆必須有以自盡其道。而此外境中之他人，即如恒在啓示我規定我而命我仁義禮等，亦即天之命我以仁義禮等。然我之行仁義禮等，正所以存養擴充我之性，而非只順從外境或天所啓示之命。故曰「仁之于父子也，義之于君臣也，禮之于賓主也，智之于賢者也，聖人之于天道也。命也，有性焉。君子不謂命也。」而此即孟子之學之所以必以性爲本，而攝知命立命之義于存心養性之教者也。

（七）莊子之安命論

莊子之言命異于墨子，亦異于孔孟，而以命與性直接連說。莊子外篇駢姆篇，有性命之情一語。除此以外，莊子天運篇又言：

「達于情而遂于命也。」

達生篇言：「達生之情者，不務生之所無以爲，達命之情者，不務知之所無奈何」。「始乎故，長乎性，成乎命。」

天地篇言：「泰初有無，無有無名，一之所始，有一而未形、物得以生謂之德。未形者有分，且然無間謂之命。留動而生物，物成生理謂之神。形體保神，各有儀則謂之性。性修反德，德至同于初。」

此皆以性情與命連說。然此諸言，除天地篇及駢姆所說外，皆尙無直接受命以成性之思想。而性命之義，仍畧有所同。至在莊子內篇，則未有以性命連說者。莊子之外篇所以貴命，而重「達命之情」（達生）、「無以故滅命」（秋水）、「知命」（田子方）、「復命」（則陽），皆原于內篇之先言「安命」與「致命」「從命」。莊子內篇人間世引仲尼言，「天下有大戒二，其一命也，其一義也。子之愛親，命也，不可解于心。君臣之義，無所逃于天地之間。是以夫事其親者，不擇地而安之，孝之至也。夫事其君者，不擇事而安之，忠之盛也。自事其心者，哀樂不易施乎前，知其不可奈何而安之若命，德之至也。爲人臣子，固有所不得已，行事之情而忘其身，何暇至于悅生而惡死？……莫若爲致命，此其難者。」此段文雖先分命義爲二名，而後言盡忠亦致命，則命義實不二。此所謂盡孝盡忠之命之義，亦卽吾人上論儒家之卽命卽義之命。而莊子所引仲尼言，以忠盛孝至，而自得其心，卽能不擇地不擇事而安之，「何暇至悅生惡死，」亦正與吾人上之釋孔子知命之義正同。由此可知莊子之安命之學，正原自儒者。而莊子之德充符又引仲尼言「死生、存亡、窮達、貧富、賢與不肖、毀譽、饑渴、寒暑，是事之變，命之行也。……故不足以滑和，不可入于靈府。」則又是以我之和與靈府與外在之「命之行」相對，而涵有無論外在之「命之行」如何，而我之和與靈府皆不以生哀樂之謂，是正通于孔子「素富貴，行乎富貴，素貧賤，行乎貧賤，素夷狄，行乎夷狄，素患難，行乎患難，君子無入而不自得焉」之旨。然莊子之言安命，終有與孔子之知命不同者。蓋孔子知命，一直重在人之自事其心于忠孝，而莊子則由人之自事其心于忠孝，而「哀樂不易施乎前」，以進而言：人之能長葆其靈台天君之光，內在之和者，當任事之變，命之行，而與之皆適。由是而乘物游心，齊物逍遙之論出。莊子安命之學之最高表現，則在不屬于盡忠盡孝之任何場合之死生呼吸無可奈何之際，而仍能以孝子對父母之心，承當其其在天地間之所遇。此則孔、孟、墨之知命、立命、非命之教中所未申，而爲莊子安命之學所特至也。

茲先引大宗師篇一段，

「子輿與子桑友，而霖雨十日。子輿曰：『子桑殆病矣』，裹飯而往食之。至子桑之門，則若歌若哭，鼓琴曰：『父邪？母邪？天乎？人乎？』有不任其聲，而趨舉其詩焉。子輿入曰：『子之歌詩，何故若是？』曰：『吾思夫使我至此極者，而弗得也。父母豈欲吾貧哉！天無私覆，地無私載，天地豈私貧我哉！求其爲之者而不得也。然而至此極者，命也夫！』

莊子此段文，極愴涼感慨之致。其中實有一至深之形上的兼宗教的心情。子桑餓病垂死，非如志士仁人殺身成仁之類也。而餓病至此極，亦不直接爲人當然之義也。子桑于此，未嘗怨天，亦未嘗尤人。其言曰：「父母豈欲吾貧哉，天無私覆，地無私載，天地豈私貧我哉。」此乃其餓病之極，猶念父母天地之無私之愛未嘗不在也。于此而言安命，則此命非同于詩書之受命之命，亦非孔孟之義命合一之命，而實只爲安于人生無可奈何之一純限制而視之若父母天地之命。故莊子大宗師篇逑子來之瀕死曰：「父母于子，東西南北，唯命之從。陰陽于人，不翅于父母。彼近吾死，而我不聽，我則悍矣，彼何罪焉。夫大塊載我以形，勞我以生，佚我以老，息我以死。故善吾生者，乃所以善吾死也。今大冶鑄金，金踴躍曰：『我且必爲鏌鎁，』大冶必以爲不祥之金。今一犯人之形，而曰『人耳人耳，』夫造化必以爲不祥之人。今一以天地爲大鑪，以造化爲大冶，惡乎往而不可哉！」此眞可謂不怨天，而以對父母之心對天地陰陽，而安于一切人生之境之極致，亦即人之無條件的承担人所遇之一切無可奈何之境之極致也。

此種人在無可奈何之境中所生出之「生死亦大矣，而不得與之變，雖天地覆墜，亦將不與之遺」（德充符）之安命精神，其積極一面，卽爲「與造化者爲人，」以「天地與我並生，萬物與我爲一，」而「游乎天地之氣，以命物之化，而守其宗」之精神。而此命物之化之「命」，則爲人之既「與造物者爲人」時，所感之一種卽在天亦在人之一種命也。

莊子外篇中，亦多于任受窮通、得失、死生處，言安命之旨。如至樂篇言莊子妻死，莊子不哭，而謂哭爲「不通乎命。」秋水篇言「知窮之有命，知通之有時，臨大難而不懼者，聖人之勇也。……吾命有所制矣。」繕性篇言「當時命之反一無迹」與「不當時命之深根寧極而待。」然除此以外，外篇中特重之一旨，則爲上所提及之以「命」與「故」對言。秋水篇言「毋以故滅命」。達生篇又釋「始乎故，長乎性，成乎命」曰：「吾生于陵而安于陵，故也。長于水而安于水，性也。不知所以然而然，命也。」天道篇又言「謂之以自然之命」。則莊子所謂「故之滅命」者，卽人之陷溺自限于舊有經驗習慣；而不能乘物游心，一任所遇之所然，而「不知所然的與之俱然」而無所容心之謂。能一任所遇之所然而無所容心，是謂「瞳焉若初生之犢，而毋求其故，」而所遇皆新新之化。是莊子之「毋以故滅命」之義，亦卽同于莊子之與天游，使「天之穿之，日夜無息」之義。而天與命二名之不同，則在天乃就一切自然而如此如此然于吾前者之全體而觀之，命則就吾之一一遭遇此如此如此然者，而爲吾之所受上說也。

至于外篇之所以有上所引如天地篇、駢姆篇所謂通性命爲一之言，則此蓋由人之所受于外者之「命」，與人之所以受命之「生」（卽性），尅就其相遇之際上說，乃二而一而不可分。在吾人不以故滅命時，吾人之生與化同游，而莔然直往，則吾自己之「生」與「命」，益不可分。此卽益證生與命之相成而不二。由此以推，則生之相續于己，卽命之相續于前，而于我生之相續，亦可名之爲「命」之「且然無閒。」再進一層，則不特吾之遇外境爲命，而吾之此時之生，遇下一時之生，或我之負先一時之生而前行，亦可謂我之此時之生，所遭遇之命。由是而吾之有生，卽同有命之義。至樂篇言：莊子謂髑髏曰：「吾使司命復生子形。」此司命之神，蓋卽楚辭之大司命少司命之神之類。謂司命之神復生人形，則司命之神所司者，乃人之卽生卽命之生命或性命之本身明矣。然生命之命之爲引申之義，則由中國古所謂命之原義觀之，則斷然無疑者也。

（八）老子及荀子之天命觀

至于先秦他家思想中之言命，則有老子之言復命，荀子之言制命，及易傳之言至命，大戴禮小戴禮之言本命，樂記及易傳之言性命。今亦分別畧加解釋。

復命一名，見于左傳。初乃對君令復命反命之義，殊無哲學意義。在莊子外篇，則陽篇言復命，則有哲學意義。其與老子之言復命之先後可不論。然二家之復命之義自不同。今謂莊子思想重復命，則不如謂老子之思想更重復命。莊子則陽篇：

「聖人達綢繆，周盡一體矣，而不知其然，性也。復命搖作，而以天爲師，人則從而命之也。」

從而命之，猶名之，此語無關大體。莊子此所謂復命，而以天爲師，猶秋水篇所謂「毋以人滅天，毋以故滅命。」蓋由「故」而反于復于「命」，是爲復命。故莊子之復命，亦卽不以故自持，而隨所遇以游心，而以神遇物，以遨遊于天之萬化，而與之萬化，以周盡天人之一體之謂。此仍可統之于莊子之隨遇而安命任化之思想中。而老子之言道曰：「莫之命而常自然」。及言萬物之復命，則曰：「夫物芸芸，各歸其根。歸根曰靜，靜曰復命，復命曰常，知常曰明。」按老子之言道與萬物之關係，乃以道爲生萬物者。今又謂物之歸根而靜爲復命。則老子明有萬物之命根在道之義，而道則更無命之者，故爲「莫之命而常自然」，爲「有物混成，先天地生」。是見老子之言物之歸根以靜而復命，純是由物之向內凝聚收歛，以反其所自生之道之義。此與莊子天地篇所謂「太初有无，无有无名，一之所始，有一而未形。物得以生謂之德，未形者有分。且然無間謂之命，留動而生物，物成生理謂之形……性修反德，德至同于初」之說相近。然與莊子他處之言知命安命，皆偏自放浪形骸以與物變化，而精神四達並流上說者不同。然莊子此段所言仍重在說命爲貫于物之生中之無間相續者，而其原，則在由「天」由「一」而來之物所得之德。而老子之言復命，則視命如爲存于物之靜中之命根。此當是直以指物之所以能動之潛能，如吾人之生命之所自本之精力之類。老子所謂復命之工夫，亦當是其所說之「少私寡欲」、「專氣致柔」、「虛心實腹」、「弱志强骨」、「和光同塵」、以化同「含德之厚」之「赤子嬰兒」，以「見素抱樸」，達「玄牝之門」，而自「食母」，如由形下界，再還歸恍惚窈冥之形上界之先天地生之道之事。此其與莊子之安命，及孔孟之知命立命，墨子之非命相較，乃爲又一形態之思想，彰彰甚明。而老子所謂命，則尤近於吾人今所謂生命之命。唯非生命之現實，而只是一切萬物之生命所以生之根底上之無限潛能而已。而由老子之思想，可以開爲深根固蔕長生久視之神仙思想，亦正理之所必然。後來之道教，所謂性命雙修之命，亦正爲一種指生命之根蔕之概念。亦爲屬于人之自然生命之無限潛能之概念，而由老子之言命所發展而出者也。

至於荀子之言命，則其正名篇嘗曰「節遇謂之命」，此乃脫盡一切傳統天命之宗教意義、預定意義、道德意義、形上意義之純經驗事實的命。大率詩書中之命，乃宗教意義爲主，而附涵道德意義。故重受命降命，墨子所非之命則涵宗教性之預定意義。孔孟之命，由人道之「義」立，以道德意義爲主，故重知命立命。莊子老子之命，皆直連于天道，故帶形上意義。荀子「節遇謂之命」一語，楊倞注曰：「命者，所遭于時也。」其注不誤。故在荀子，一切孔孟老莊所言之命之宗教意義、形上意義、預定意義、道德意義皆被剝除。而命之所指，唯是一赤裸裸的現實的人與所遇之境之關係。後來漢王充之言人「所當觸值之命」，亦正同荀子所謂「節遇謂之命」。而屬同一思想形態。故荀子之言天，亦即先就天之常行言。而人對天命之態度，則荀子嘗曰：「從天而頌之，孰與制天命而用之」（天論）又曰：「天有其時，地有其財，而人有其治」(天論)。人之治之事，乃順天時而制割萬物之事，此即人之所以參天地以制天命而用之。是荀子之天命，爲人之所治所制之對象。天時時生物，以與人遇，即人時時有節遇之命，人時時有節遇之命，人即時時有其治物、理物之事，即人之時時制天命而用之也。則荀子之言制天命，正畧近今人所謂控制環境，控制命運之說，此爲又一形態之天命觀而別于前列諸說者也。

（九）易傳中庸禮運樂記及大戴禮本命中之天命觀

除老荀之外再一種意義之天命觀，則當爲散見于晚周之易傳、大戴禮本命、小戴禮記樂記、禮運、中庸諸文中之儒家之天命觀。此諸書之天命觀，確大體是表示一相類似之同時代之儒家思想，今姑先引諸家言命之要語如下，再畧論其新義所存。

易中除萃象有「利有攸往，順天命也」一語，無多意義外；有下列數語：

易傳乾文言：「乾道變化，各正性命。」：

易繫辭傳：「一陰一陽之謂道，繼之者善也，成之者性也。」：

「樂天知命故不憂。」

「窮理盡性以至于命。」

禮記樂記：「天高地下，萬物散殊，而禮制行矣。流而不息，合同而化，而樂興焉。……動靜有常，小大殊矣。」

禮記禮運：「夫禮必本于天殽以降命。命降於社，謂之殽地。降于祖廟，謂之仁義。降于山川，謂之興作。降于五祀，謂之制度。此聖人所以藏身之固也。」

禮記禮運：「夫禮必本于大一，分而爲天地，轉而爲陰陽，變而爲四時，列而爲鬼神，其降曰命，其官于天也。」

大戴禮本命：「分于道謂之命，形于一謂之性，化于陰陽象形而發謂之生，化窮數盡謂之死，故命者，性之終也。」

中庸：「天命之謂性。」

「君子居易以俟命，小人行險以徼幸。」

「天地之道，可一言而盡也，其爲物不貳，則其生物不測。天地之道，博也、厚也、高也、明也、悠也、久也……今夫天，斯昭昭之多，及其無窮也，日月星辰繫焉，萬物覆焉。今夫地，一撮土之多，及其廣厚，載華嶽而不重，振河海而不洩。……詩曰：惟天之命，於穆不已。蓋曰天之所以爲天也。於乎不顯，文王之德之純，蓋曰文王之所以爲文王也，純亦不已。」

此上諸書所言之命，自不必皆爲同義。然有其共同之處，卽爲同皆以性命連稱，且同皆以天命流行于天地萬物之中，物賴之以成性，而天命一名，爲涵今所謂宇宙論之意義，亦兼涵今所謂形上學與宗教之意義者。易傳言「方以類聚，物以羣分」，「乾道變化，各正性命」，明與樂記「方以類聚，物以羣分，則性命不同也」之言同。易傳言「一陰一陽之謂道。繼之者善也，成之者性也。」而人道則在由「窮理盡性以至于命」，是見易傳之言人物之得各正性命，其原唯在一陰一陽，乾元坤元之相感而生變化。尅就此陰陽乾元坤元之相感而不二言，卽見大極。故易謂太極生兩儀，兩儀生四象，四象生八卦，八卦列爲六十四卦，卽以喻萬物之由剛柔、動靜、陰陽、乾坤之相感而化生，而各成就其自己之性命。是見此萬物之性命之原，卽在太極乾坤陰陽。而人爲萬物之一，獨能「窮理盡性」，以達于其性命之原而「至于命」。故人道得與天地之道並立爲三才。而禮運之言政，必本于天殽以降命，又言命降于社，降于祖廟，降于山川，降于五祀，更宛然如有命之一物，自上而分，而遍降者。孔穎達疏謂此言教命政令當法天地，亦卽涵使人之教命政令成爲天命之表現之義。此亦與易傳之義通。禮運又言禮本于太一。此太一正同于易所謂太極，而爲天地陰陽之所自一者。至大戴禮之言「分于道謂之命，形于一謂之性」，連其上下文而觀之，則明是論萬物之各有其性，各有其生，乃由于分于一本之道，而得之命，此命爲貫于物之性，物之生之始與終者，此復與禮運太一之言類。中庸之首句「天命之謂性」，固爲偏在人上言人性之原于天命，與大戴禮本命之泛言萬物之性原于命畧不同。然中庸之歸于言人能盡其性，則能盡人性盡物性，正見中庸亦有以天命遍降于物，以成人物之性之思想。故凡此諸言，皆相類而同爲自宇宙論上言天命之分降流行，以成人物之性命者。是便與孔孟之直就人道之義以通天道之命者異；與莊子之就人之游于變化之途，而安時處順上言安命，及老子之由治人事天之嗇儉上言復命者皆不同。吾人亦不能言此所謂太一太極，即全同周初之所謂天或上帝，或其所謂命，即周初之天命。因周初之天或帝之降命，唯視人之德如何而受之以命。而此太極太一或天道之降命，則遍及萬物，以使之各得以生，各正性命，而亦各有其德者也。

然此種思想，雖與上述諸說皆不同，要亦由孔孟之言天命與性之思想發展而出。不得言其本于道家之思想。孔子之思想，固重人道。然吾人上已言由重人道之義，即可以引至知命立命之思想，而于吾人所遇一切生死順逆之境，皆得見天所命于人之義之所存，得見天命之昭露流行于吾人之前，而吾人遂無往而不可見天命之正。則順此思想，再將人之自我一念，加以收斂而忘我，或將吾所知之天命之正，一念放開，不視爲私有，而視爲天地間之公物；則當見人之耳之所聞，目之所接，時時處處，無非我之志之所在，仁之所存，而亦即客觀的天命之善之所洋溢充滿。由此而客觀萬物之生化發育，流行變化，即此天命之善之相續相繼。物之生化發育流行變化，本于物之相感。物之相感之際，必一動而一靜，一剛而一柔，是爲一陰一陽，而「太極」「太一」「道」則于此相感之中見。則此太極陰陽之道，即一切萬物相繼相續以生化發育之原，亦一切萬物相繼相續而生化發育之善之原，而溯人道之善之原，亦見于人在倫理關係中之相感相通而相生相養之事上。故人道之善之原，亦同在此太極陰陽之道。而通天地萬物之相感以觀，天地萬物皆在合同而化之歷程中，則吾人可泯除萬物之差別相，而視整個天地萬物之相感之相繼，唯是一太極太一之陰陽之相感之相繼而成「易」。而就太極陰陽相感所新生之萬物以觀，則萬物皆如受太極陰陽之命以生。而所生萬物又互有不同，是謂各正其性命。故推萬物之所生之原而言，可說唯有一道，一太極陰陽，一太一。而就萬物之各正性命而言，則皆爲分于道，分于一太極陰陽，一太一之命，而各有其性命。至于人之爲物，能窮理盡性以極其所感通之量，而仁至義盡，亦卽與天地之陰陽乾坤之道合德，而達于其性命之原之天命者。此卽易傳中庸以大人「與天地合其德」，以人盡其性卽盡人性物性而贊天地之化育，以文王之德之純，比同于天之「於穆不已」之論所由出也。

由易傳中庸禮記之言性命，言天命降于人物以使其各正性命。故漢宋以下，學者多以「稟性受命爲同一實」（王充語），謂命爲「人之所稟受」（孝經援神契），而鄭康成、朱子皆以此義遍注羣經。由易傳中庸禮記之以太極太一言天，並重自上至下以觀天之降命之思想潮流之發展，亦非至復興周初之降命受命之思想，重建上帝與天神之觀念不止。此卽漢儒之說。而足直接開漢儒之降命受命之說者，尙有騶衍之主運論在。此皆當俟另文論之。

四十六年一月廿日

論春秋時代人之道德精神（上）

錢　穆

常有人相詢，能否簡單用一句話來扼要指出中國文化特殊精神之所在？我常爲此問題所困擾。若眞求用一句話能簡單扼要指出某一文化體系之特殊精神，此事決不易。必不得已而姑言之，則中國文化精神之特殊，或在其偏重於道德精神之一端。外此，我實感暫無更恰切者，可以答復此問題也。

我所謂之道德精神，既非偏信仰的宗教，亦非偏思辨的哲學，復非偏方法證驗的科學。道德乃純屬一種人生行爲之實踐，而其內在精神，則既不是對另一世界有信仰，亦非專在理論上作是非之探討，更非出於實際事務上之利害較量。又非法律之遵守，與夫習俗之相沿。凡屬道德行爲之主宰精神，乃必由內發，非外發，亦必係對內，非對外。在中國人傳統觀念中所謂之道德，其唯一最要特徵，可謂是自求其人一己內心之所安。而所謂一己內心之所安者，亦並不謂其自我封閉於一己狹窄之心胸，不與外面世界相通流。更不指其私慾放縱，不顧外面一切，以務求一己之滿足。乃指其心之投入於人世間，而具有種種敏感，人己之情，息息相關，遇有衝突齟齬，而能人我兼顧，主客並照。不偏倾一邊，不走向極端。斟酌調和，縱不能於事上有一恰好安頓，而於自己心上，則務求一恰好安頓。惟此項安頓，論其歸趨，則往往達至於自我犧牲之一途。此種精神，我無以名之，則名之曰道德精神。此一種道德精神，在中國文化傳統裏，其所占地位，所具影響，實遠超過於哲學，科學，宗教諸端。此非謂中國傳統文化中，無哲學，無科學，無宗教。亦不謂在其他文化傳統中，乃無此一種道德精神之存在。我意則只在指出此一種道德精神，在中國文化傳統中，比較最占重要地位。故可謂中國傳統文化，乃一種特重於道德精神之文化，亦可謂道德精神，乃中國文化精神中一主要特點也。

討論中國文化，每易聯想及於孔子與儒家。然孔子決不能謂其是一哲學家，更不能謂其是一科學家，同時孔子亦決非一宗教主。孔子與釋迦耶穌謨罕默德，常為世人相提並論，然其間究有甚大相異。中國人則只稱孔子為大聖人，而中國人所謂聖人之主要涵義，則正在其特重在道德精神上。故孔子實可謂是道德性的人物，非宗教性哲學性科學性的人物也。

然孔子以前，中國文化，已經歷兩千年以上之積累。孔子亦由中國文化所孕育，孔子僅乃發揚光大了中國文化。換言之，因其在中國社會中，纔始有孔子。孔子決不能產生於古代之印度猶太阿拉伯，而釋迦耶穌謨罕默德亦決不會產生於中國。孔子生當春秋時代，其時也，臣弒其君，子弒其父，為中國一大亂世。但即在春秋時代，中國社會上之道德觀念與夫道德精神，已極普遍存在，並極洋溢活躍，有其生命充沛之顯現。孔子正誕生於此種極富道德精神之社會中。本文主腦，則在根據左傳，於春秋時代中，特舉出許多極富道德精神之具體事例，並稍加闡發，藉此以供研究中國傳統文化者，使易明瞭其特點，亦可藉以明孔學精神之特點，即其所由異於宗教，哲學，科學之特點所在也。

以下依時代先後，逐一引據左傳，以發明上述之旨趣。

（一）衛二子

左傳桓公十二年載：

衞宣公烝於夷姜，生急子，屬於右公子。爲之娶於齊而美，公取之，生壽及朔，屬壽於左公子。夷姜縊，宣姜與公子朔構急子。公使諸齊，使盜待諸莘，將殺之。壽子告之，使行。不可。曰：「棄父之命，惡用子矣。有無父之國則可也。」及行，飲以酒，壽子載其旌以先，盜殺之。急子至，曰：「我之求也，此何罪，請殺我乎！」又殺之。

當時衞人傷二子之遇，爲作詩，其詩見於衞風。詩曰：

二子乘舟，汎汎其景。願言思子，中心養養。

二子乘舟，汎汎其逝。願言思子，不瑕有害。

其後漢司馬遷作史記，特傷之，曰：

余讀世家言，至於宣公之子，以婦見誅，弟壽爭死以相讓，此與晉太子申生不敢明驪姬之過同。俱惡傷父之志，然卒死亡，何其悲也！或父子相殺，兄弟相戮，亦獨何哉？

今按：此一事，可以十分揭示中國社會所特別重視之一種孝弟精神，此亦孔子論語所鄭重稱道者。我儕對此等事，既不該以利害論。亦不該以是非辨。若論利害，則二子徒死，於事絕無補。若辨是非，則父命當從與否，實難確定一限度。故太史公僅特指出二子之用心，謂其惡傷父之志。此乃純出於二子當時一種內心情感，即我上文所謂人與人間之一種敏感。在孟子則稱之爲不忍人之心。其所不忍者，在父子兄弟間，中國人則特稱此種心情曰孝弟。若使二子本無不忍其父之心，則進之可以稱兵作亂，退亦可以據理力爭，或設爲種種方法違抗逃避。但二子計不及此。就弟言，彼不忍其兄之無辜罹禍，而勸之逃亡。但若逃亡事洩，禍或及弟，在兄亦所不忍。兄既不逃，弟乃甘以身代。彼蓋內不直其母與弟之所爲，乃藉一死以自求心安。然其兄亦不忍其弟之爲己身死而已獨生，遂致接踵俱死，演此悲劇。要言之，此二子，遭逢倫常之變，處此難處之境遇，亦在各求其心之所安而已。在彼兩人，既未嘗在切身利害上較量，亦不在理論是非上爭辨，而決心甘以身殉。則在旁人，亦自不當復以是非利害對此兩人批評攻擊。因此當時詩人所詠，亦僅致其悼思之意。而史公亦僅以何其悲也之悼惜語致其同情。此等事，我人無以稱之，則亦惟有稱之爲是一件極富道德精神之故事也。

（二）楚鬻拳

左傳莊公十九年載：

巴人伐楚，楚子禦之，大敗於津。還，鬻拳弗納，遂伐黃。敗黃師，還及湫，有疾，卒。鬻拳葬諸夕室，亦自殺也。初：鬻拳强諫楚子，楚子弗從，臨之以兵，懼而從之。鬻拳曰：「吾懼君以兵，罪莫大焉。」君不討，敢不自討乎？」遂自刖也。楚人以爲大閽，謂之大伯。君子曰：「鬻拳可謂愛君矣。諫以自納於刑，猶不忘納君於善。」

鬻拳爲人，蓋性氣極强烈。彼屢冒犯諫君，君不之聽，甚至用武威脅，以求必從。其後君在外兵敗，鬻拳甚至閉門不納，其徑行已心如此。然鬻拳終亦心不自安，以爲用武脅君是一大罪，君不之罰，彼乃自刖已足。後之拒君弗納，君道死於外，彼更引此內憾，認爲君死由我，乃自殺以謝其對君之內疚。當時君子評此事，則僅謂鬻拳可謂愛君。此一評語，乃直道出鬻拳本人心事。若論其行迹，似乎鬻拳所爲，非爲臣之常軌。但探其內心，則鬻拳之一切反常違法，實莫非出於其平日一番愛君之至忱也。惟鬻拳既屢激於其愛君之心之所不得已，而終於自引爲己罪，而卒至於自殺。此亦惟以求其一己之心之所安而已。此種精神，固亦不能不謂其是一種極高的道德精神也。

上兩事，一屬孝，一屬忠。忠孝者非他，亦僅人之對其君父之一種內心敏感，一種不忍對方之深愛之懇切自然之流露。及其實見之於行事，而因以獲得當時後世人人之同情，而始成爲社會公認一德目。在有孔子儒家以前，忠孝兩德，早在中國社會實踐人生中，有其深厚之根柢。孔子亦僅感激於此等歷史先例，不勝其深摯之同情，而遂以懸爲孔門施敎之大綱。若謂孔子在當時，乃無端憑空提倡此一種理論，而始蔚成爲中國社會此後之風尙，而始目之曰道德，此則遠於事理，昧於史實。試問孔子亦何從具此大力，一憑空言，而獲後世人人之樂從乎？

（三）晉太子申生

左傳僖公四年載：

驪姬謂太子曰：「君夢齊姜，速祭之」。太子祭於曲沃，歸胙於公。公田，姬寘諸宮，六日。公至，毒而獻之。祭之地，墳。予犬，犬斃。予小臣，小臣亦斃。姬泣曰：「賊由太子」。太子奔新城，公殺其傅杜原款。或謂太子，「辭，君必辯焉」。太子曰：「君非姬氏，居不安，食不飽。我辭，姬必有罪。君老矣，我又不樂」。曰：「子其行乎？」太子曰：「君實不察其罪，被此名也以出，人誰納我。」縊於新城。

此一事，與上引衞急子事心情相同，司馬氏已加以闡說矣。祭肉置宮中六日，安見置毒者之必由太子，此層本可辨釋。但在申生意，實恐驪姬因此得罪，其父年老，若失驪姬，其心情上之創傷，將無可補償。申生此種顧慮，則仍是對其父一番不忍有傷之孝心也。惟申生亦不願負一謀欲弒父之惡名而逃亡，則亦惟有出於自殺之一途。此等事，只可就心論心，又何從復據是非利害以多所責備乎？

（四）晉荀息

左傳僖公九年十年載：

獻公使荀息傅奚齊，公疾，召之，曰：「以是藐諸孤，辱在大夫，其若之何。」稽首而對曰：「臣竭其股肱之力，加之以忠貞。其濟，君之靈也。不濟，則以死繼之」。公曰：「何謂忠貞？」對曰：「公家之利，知無不爲，忠也。送往事居，耦俱無猜，貞也」。及里克將殺奚齊，先告荀息，曰：「三怨將作，秦晉輔之，子將何如？」荀息曰：「將死之」。里克曰：「無益也」。荀叔曰：「吾與先君言矣，不可以貳。能欲復言而愛身乎？雖無益也，將焉避之？且人之欲善，誰不如我？我欲無貳，而能謂人已乎？」里克殺奚齊，荀息將死之，人曰：「不如立卓子而輔之」。荀息立公子卓。里克殺之於朝，荀息死之。君子曰：「詩所謂白珪之玷，尚可磨也。斯言之玷，不可爲也。荀息有焉」。

奚齊卓子不當立，若立二子，必致樹敵釀亂。荀息之誤，在於不當諾獻公臨死之託。今已諾之在前，而能不顧利害成敗，寧以身殉，不食前言以欺其死君，此就行事之全部言，雖不盡當，然若專就其不食前言以欺死君之一節言，則仍有其至可欽敬之一番道德精神也。

（五）晉狐突

左傳僖公二十三年載：

懷公立，命無從亡人。狐突之子毛及偃從重耳在秦，弗召。懷公執狐突，曰：「子來則免。」對曰：「子之能仕，父教之忠，古之制也。策名委質，貳乃辟也。今臣之子，名在重耳，有年數矣。又召之，教之貳也。父教子貳，何以事君？刑之不濫，君之明也，臣之願也。淫刑以逞，誰則無罪？臣聞命矣」。乃殺之。

狐突不願教子以貳，寧死不召，此亦一種道德精神也。

（六）晉先軫

左傳僖公三十三年載：

文嬴請秦三帥，晉侯釋之。先軫朝，問秦囚。公曰：「夫人請之，吾舍之矣」。先軫怒曰：「武夫力而拘諸原，婦人暫而免諸國，墮軍實而長寇讐，亡無日矣」。不顧而唾。秋，狄伐晉，先軫曰：「匹夫逞志於君而無討，敢不自討乎？」免胄入狄師，死焉。

此一事，與鬻拳事亦相彷彿。鬻拳先軫皆大臣，所爭皆國之大事，其所爲爭皆一出於公，又所爭皆甚是。先軫面君而唾，此特小節有失。然先軫之意，彼以老臣對新君，而有此失禮，雖心固無他，而疑若意存侮嫚。其君容恕之不加罪，而先軫心更不安，乃以死敵自明其心迹。此亦只是自疚內慽，求以獲其心之所安，而竟出於一死。則亦不得不謂是極富於道德精神之一種表現也。

（七）晉狼瞫

左傳文公二年載：

狼瞫爲車右，箕之役，先軫黜之。狼瞫怒，其友曰：「盍死之！」瞫曰：「吾未獲死所」。其友曰：「吾與女爲難」。瞫曰：「周志有之，勇則害上，不登於明堂。死而不義，非勇也。共用之謂勇。吾以勇求右，無勇而黜，亦其所也。謂上不我知，黜而宜，乃知我矣。子姑待之」。及彭衙，既陳，以其屬馳秦師，死焉。晉師從之，大敗秦師。君子謂：「狼瞫於是乎君子。詩曰；「君子如怒，亂庶遄沮。」又曰：「王赫斯怒，爰整其旅」。怒不作亂，而以從師，可謂君子矣。」

狼瞫以勇爲車右，先軫黜之，是先軫認狼瞫爲無勇也。此不啻蔑視了狼瞫之人格。故狼瞫之怒，實乃一種人格自尊之內心表現，非爲失官位而怒也。其馳入秦軍而死，乃以表示其眞不失爲一勇者。此在狼瞫，可謂是一種自我人格之表現，與自我人格之完成。由此而狼瞫內心所受黜辱之耻乃雪。此亦自求我心所安，亦可謂是一種極富於道德精神之行爲也。當時君子，批評狼瞫，以爲於是可謂之君子。君子正以稱富於道德精神之人格者。就此事，可見中國古人之道德觀念，毋寧是最富於內心情感者，始克當之。故凡屬道德行爲，必然有生命，有力量，有情感，有志氣，齷齪拘縛，循常襲故，非道德。怒爲人生情感中最當戒之事，然使怒而當，正可表顯出一種最俱力量最富生命之道德行爲，如上引兩詩已可證。則又何嫌於道德之非人情，與道德之缺生命內力乎？

（八）邾文公

左傳文公十三年載：

邾文公卜遷於繹。史曰：「利於民，而不利於君」。邾子曰：「苟利於民，孤之利也。天生民而樹之君，以利之也。民既利矣，孤必與焉。」左右曰：「命可長也，君何弗爲？」邾子曰：「命在養民，死生之短長，時也。民苟利矣，遷也。吉莫如之」。遂遷於繹。五月，邾文公卒。君子曰「知命。」

此一事，驟視若涉迷信。然實亦一件極富道德精神之故事也。邾文公之意，君職正在利民，既爲君，盡君職，中國古人謂此是命，命猶云天職也。今語則稱之爲義務。惟今人愛以義務與權利對舉，而中國古人觀念，則人惟當善盡天職耳。盡吾天職，此乃一種不計權利之純義務性者。邾文公只求盡其爲君之天職，只求其可以利民，更不計及私人之一切利害禍福，至於雖死而不顧，故當時君子稱之曰知命，此非一種極高的道德精神之表現乎？

（九）晉鉏麑

左傳宣公二年載：

晉靈公不君，宣子驟諫。公患之，使鉏麑賊之。晨往，寢門闢矣，盛服將朝。尙早，坐而假寐。麑退而歎，言曰：「不忘恭敬，民之主也。賊民之主，不忠。棄君之命，不信。有一於此，不如死也」。觸槐而死。

鉏麑乃一力士，其使命乃以行刺。鉏麑啣君命而往，見趙盾侵晨朝服假寐，心爲感動，不忍刺之，然又謂君命不可棄，遂觸庭槐而死。此亦中國古語所謂發乎情，止乎禮義也。鉏麑之不忍刺趙盾，是其發乎情。然鉏麑又必堅持君命不可棄之義，是其止乎禮。如是遂造生了一種矛盾的局面。鉏麑之自殺，則亦惟在此矛盾局面下自求心安而已。故亦謂之是一種道德精神也。

（十）晉解揚

左傳宣公十五年載：

楚圍宋，晉使解揚如宋，使無降楚。曰：「晉師悉起，將至矣」。鄭人囚而獻諸楚。楚子厚賂之，使反其言，不許。三而許之。登諸樓車，使呼宋人而告之。遂致其君命。楚子將殺之，使與之言曰：「爾既許不穀，而反之，何故？非我無信，女則棄之。速卽爾刑。」對曰：「臣聞之，君能制命爲義，臣能承命爲信。載義而行之爲利。謀不失利，以衞社稷，民之主也。義無二信，信無二命。君之賂臣，不知命也。受命以出，有死無霣。又可賂乎？臣之許君，以成命也。死而成命，臣之祿也。寡君有信臣，下臣獲考死，又何求？」楚子舍之以歸。

解揚乃一使臣，使臣之職，在能傳達其使命。解揚亦志在盡職耳，死生有所不顧。此卽一種道德精神也。

（一一）齊大史兄弟

左傳襄公二十五年載：

齊崔杼殺景公，大史書曰：「崔杼弒其君」。崔子殺之。其弟嗣書而死者二人。其弟又書，乃舍之。南史氏聞大史盡死，執簡以往。聞既書矣，乃還。

史官之職，在據事實書。齊大使不畏强禦，直書崔杼弒其君，亦求盡史職而已。乃至於兄死弟繼，死者三人，而其弟仍守正不阿。南史氏恐大史兄弟一家盡死，復馳往續書。彼其心中，亦惟知有史職當盡而已，死生一置度外。此等精神，殊堪敬嘆。然在當時，齊大史氏兄弟及南史氏姓名皆不傳，則似時人亦視之若當然，若無甚大異乎尋常者。或因其時記載闊畧，乏人記之。然亦由此可想，此諸人之死，固亦未嘗有如後世人自有一種留名不朽之想。而在彼諸人當時之心中，則誠惟有天職當盡之一念而已。生爲人，盡人道。守一職，盡職守。爲史官，則惟知盡吾史職而已，外此皆可不計。此等精神，亦云偉矣！是又安得不謂其爲一種最高之道德精神乎？

（一二）宋伯姬

左傳襄公三十年載：

甲午，宋大災，宋伯姬卒，待姆也。君子謂宋共姬女而不婦。女，待人者也。婦，義事也，

穀梁傳亦載此事，曰：

伯姬之舍失火。左右曰：「夫人少辟乎！」伯姬曰：「婦人之義，傅母不在，宵不下堂」。左右又曰：「夫人少辟火乎！」伯姬曰：「婦人之義，保母不在，宵不下堂」。遂逮乎火而死。

伯姬嫁宋共公，至此四十年矣。若伯姬十五而嫁，至是亦且五十四歲。伯姬嫁十五年而寡，至是守節巳踰三十年。彼以一國之母，年既六十左右，縱無保傅在側，居舍火而避，此固無何不可。而伯姬拘守禮文，保傅不在，宵不下

堂，甯及於難。當時君子謂其女而不婦。蓋禮意，保傅不在，宵不下堂者，特爲少艾處女輩設耳。抑卽是少艾處女，驟值火災，焚及其屋，縱使不待傅保而走避，實亦無可非議。然伯姬寡居守節，近四十年，彼其平居，殆大小莫非一遵於禮。今已垂老，雅不願經變失禮，喪其故常。是亦一種人格自尊也。在彼心中，眞所謂死生事小，失節事大，夫亦行其一己之心之所安而已。此事縱若不可爲訓，然本非必欲人人盡如此，乃得謂之是道德也。若必强人人盡如此，則既已成爲法律，既已成爲風俗。法律風俗之下，無眞道德可言。道德則必爲其一己之事，必屬諸其人一己內心之自由，故道德乃惟以自求己心之所安耳。孔子謂爲斯世也善者爲鄉愿，又謂鄉愿者德之賊，正爲其立身行事，一依他人之好惡，風尚之從違，而不憑己心爲抉擇也。狂者進取，狷者有所不爲，雖非中道，猶爲孔子所取。若宋伯姬，亦可謂是女中狷者。雖其所守，若不足爲理想道德之普遍標準。要其事，亦不可謂非極富有一種道德精神之表現也。

（一三）楚伍尙

左傳昭公二十年載：

楚囚伍奢，使召其二子。曰：「來，吾免而父。不來，吾殺而父。」棠君尙謂其弟員曰：「爾適吳，我將歸死。吾知不逮，我能死，爾能報。聞免父之命，不可以莫之奔也。親戚爲戮，不可以莫之報也。奔死免父，孝也。度功而行，仁也。擇任而往，知也。知死不辟，勇也。父不可棄，名不可廢，爾其勉之！相從爲愈」。伍尙遂歸。

當伍尚之聞召，云：來則免爾父之死。在伍尚，亦未嘗不知其語之有詐。然若逆億其詐而不往，則若父死由我，將終生心不得安。然既心知其詐，而兄弟俱往受戮，非惜己死，父仇不報，心亦終不安。故由己歸死，而命弟奔吳，此亦自求其己心之所安而已。若兄弟俱往，是不智也。若兄弟俱不往，是不仁不孝也。然一往一不往，楚人仍可有辭責之，曰：「曷不兄弟俱來？今既一來一不來，爾父當仍不得免」。蓋遇此等事，本無必全之理。則利害是非，有不勝較。智計有所盡，則不得不憑己心之所安為抉擇。故孔子罕言利，與命與仁。伍尚兄弟之處境，亦所謂無可奈何者，是命也。尚之與弟謀，一求奔死以免父，一求違命以圖報，此皆發乎其心之仁。而事之利否固所不計。抑尚自處以死，而責弟以全身謀報，雖曰吾知不逮，我能死而已，亦可見其愛弟之心焉。斯可謂孝弟兩全也。

（一四）晉董安于

左傳定公十四年載：

梁嬰父惡董安于，謂知文子曰：「不殺安于，使終爲政於趙氏，趙氏必得晉國」。文子使告於趙孟，曰：「范中行氏雖信爲亂，安于則發之，是安于與於謀亂也。晉國有命，始禍者死。荀范二子既伏其罪矣，敢以告。」趙孟患之，安于曰：「我死而晉國寧，趙氏定，將焉用生？人誰不死，吾死莫矣。」乃縊而死。

董安于見誣就死，而曰人誰不死，我死而晉國寧，趙氏定，將焉用生。彼其意，蓋謂人生惟求於世有貢獻。有所貢獻於世而死，即爲死得其所。人誰不死，此乃中國古人一種甚深達觀。一切道德精神，則胥不由此種甚深達觀中爆發。宋儒葉水心有言：「當春秋時，未有生老病死入士大夫之心，不以聰明寄之佛老，爲善者有全力，故多成材。

凡人壯不自定，老而自逸，是末世人材也」。今觀於董安于之事，洵可證葉氏論史之卓具深識矣。

（一五）晉張柳朔

左傳哀公五年載：

初：范氏之臣王生，惡張柳朔。言諸昭子，（范吉射）使爲柏人。昭子曰：「夫非而讎乎？」對曰：「私讎不及公。好不廢過，惡不去善，義之經也。臣敢違之？」及范氏出，張柳朔謂其子曰：「爾從主，勉之。我將止死。王生授我矣，吾不可以僭之」。遂死於柏人。

王生與張柳朔相讐，而稱譽張柳朔於范吉射，以爲柏人宰。及范氏獲罪出奔，張柳朔死守柏人以報。此與上引狼瞫死秦師事，可謂迹相反而心相似。狼瞫耻於先軫之不己知，張柳朔恐辱王生之相知。彼二人之死，皆求自全其人格，自求其心之所安。故皆得目之爲是一種道德精神之表現也。

（一六）楚昭王

左傳哀公六年載：

楚子在城父，將救陳。卜戰，不吉。卜退，不吉。王曰：「然則死也。再敗楚師，不如死。棄盟逃讎，亦不如死。死一也，其死讎乎」。命公子申爲王，不可。則命公子結，亦不可。則命公子啓，五辭而後許。將戰，王有疾。庚寅，昭王攻大冥，卒於城父。是歲也，有雲如衆赤鳥，夾日以飛三日。楚子使問諸周大史，周大史曰：「其當王身乎？若禜之，可移於令尹司馬」。王曰：「除腹心之疾而寘諸股肱，何益？不穀不有大過，天其夭諸？有罪受罰，又焉移之？」遂弗禜。初，昭王有疾，卜曰：「河爲祟」。王弗祭。大夫請祭諸郊。王曰：「三代命祀，祭不越望。江漢睢漳，楚之望也。禍福之至，不是過也。不穀雖不德，河非所獲罪也」。遂弗祭。

楚昭王之事，可與邾文公後先媲美矣。此葉水心所謂私人之死生禍福，全不入其心中，故得如是。斯其所以表現爲一種最高的道德精神也。

（一七）衛子路

左傳哀公十五年載：

衛亂，季子將入，遇子羔將出。季子曰：「吾姑至焉。」子羔曰：「弗及，不踐其難。」季子曰：「食焉不辟其難。」子羔遂出。子路入。及門，公孫敢門焉。曰：「無入爲也。」季子曰：「是公孫也？求利焉而逃其難。由不然。利其祿，救其患」。有使者出，乃入。曰：「大子焉用孔悝，雖殺之，必或繼之」。且曰：「大子無勇，若燔臺半，必舍孔叔」。大子聞之懼，下石乞盂黶敵子路，以戈擊之，斷纓。子路曰：「君子死，冠不免」。結纓而死。孔子聞衛亂，曰：「柴也其來，由也死矣！」

此事已及春秋之末，子路子羔皆孔子之門人，孔子亦有以預見此兩人之一來一死。然孔子之於子路，固未嘗深讚許其死。亦未嘗深斥怪於子羔之不死。可見所謂道德者，不強人以一律。惟在子路之意，謂利其祿，必救其患，奉此標準以往，有死不顧。此則不得不謂其乃一種極富道德精神之表現也。尤其臨死纓斷，乃曰君子死，冠不免，結纓而死。不願臨死而有所失禮失態，此種精神，後人以之與曾子之臨死易簀並稱。亦一種極高道德精神之表現也。

檀弓記曾子易簀之事云：

曾子寢疾，病。樂正子春坐於牀下，曾元曾申坐於足。童子隅坐而執燭。童子曰：「華而睆，大夫之簀與？」子春曰：「止。」曾子聞之，瞿然曰：「呼！」曰：「華而睆，大夫之簀與？」曾子曰：「然，斯季孫之賜也，我未之能易也。元起易簀！」曾元曰：「夫子之病革矣，不可以變。幸而至於旦，請敬易之」。曾子曰：「爾之愛我也不如彼。君子之愛人也以德，細人之愛人也以姑息。吾何求哉？吾得正而斃焉，斯已矣」。舉扶而易之，反席未安而歿。

曾子在平居，子路臨戰鬬，兩人處境不同，然其能臨死不苟則一。曾子未嘗爲大夫，而臥大夫之簀，及其聞童子一言，憬然有悟，疚然有慚，必易簀而後死。此種不苟小節精神，至於臨死而不肯苟，是即一種最高之道德精神也。

惟論語載曾子臨終，曰：

曾子有疾，召門弟子，曰：「啓予足，啓予手。詩云：戰戰兢兢，如臨深淵，如履薄冰。而今而後，吾知免夫！小子。」

則似曾子實未嘗有臨死易簀事。或檀弓所載誠有其事，而論語特渾括記之。蓋論語所謂吾知免夫者，即猶檀弓之所謂得正而斃也。蓋猶謂至此乃始得爲一完人耳。人非至死，終不得爲完人。然既畢生瞿瞿，勉求爲完人矣，豈可臨死而轉失之。故子路之臨死結纓，曾子之臨死易簀，其意皆求爲完人耳。惟其畢生意志之所在，故不願當臨死俄頃而尚留有些微餘憾也。此種精神，則正是人生最高道德精神之表現。然深求之，則亦所謂自求一己內心之所安而已。非有他也。此亦不當以是非辨，亦不足以利害較，故以謂之爲是一種道德精神也。

上舉十七事，皆據左傳記載，藉以見春秋時代人道德精神之一斑。此外尚有一事，亦在春秋時代，而不見於左傳，僅載於史記。其事信否不可知，然其事流傳中國社會既極普遍，並甚悠久。其深入人心，蓋若尤有踰乎上舉十七事之上者。茲姑幷舉如下：

（一八）晉杵臼程嬰

史記趙世家載：

晉屠岸賈有寵，擅與諸將攻趙氏於下宮，殺趙朔趙同趙括趙嬰齊，皆滅其族。趙朔妻，成公姊，有遺腹，走公宮匿。趙朔客曰公孫杵臼，杵臼謂朔友人程嬰曰：「胡不死？」程嬰曰：「朔之婦有遺男，若幸而男，吾奉之。卽女也，吾徐死耳」。居無何，朔婦免身生男。屠岸賈聞之，索於宮中。夫人置兒絝中，祝曰：「趙宗滅乎，若號。卽不滅，若無聲」。及索，兒竟無聲。已脫，程嬰謂公孫杵臼曰：「今一索不得，後必且復索之，奈何？」公孫杵臼曰：「立孤死孰難？」程嬰曰：「死易，立孤難耳」。公孫杵臼曰：「趙氏先君遇子厚，子彊爲其難者。吾爲其易者，請先死！」乃二人謀，取他人嬰兒負之，衣以文葆，匿山中。程嬰出，謬謂諸將軍曰：「嬰不肖，不能立趙孤，誰能與我千金，吾告趙氏孤處」。諸將皆喜，許之。發師隨程嬰攻公孫杵臼。杵臼謬曰：「小人哉程嬰！昔下宮之難不能死，與我謀匿趙氏孤兒，今又賣我。縱不能立，而忍賣之乎？」抱兒呼曰：「天乎！天乎！趙氏孤兒何罪，請活之！獨殺杵臼可也」。諸將不許，遂殺杵臼與孤兒。諸將以爲趙氏孤兒良已死，皆喜。然趙氏眞孤乃反在，程嬰卒與匿山中。居十五年，晉景公與韓朔謀立趙孤兒武，諸將反與程嬰趙武攻屠岸賈，滅其族。復與趙武田邑如故。及趙武冠成人，程嬰謂趙武曰：「昔下宮之難，皆能死，我非不能死，我思立趙氏之後。今趙武旣立，爲成人，復故位，我將下報趙宣孟與公孫杵臼」。趙武啼泣頓首固請，曰：「武願苦筋骨以報子至死，而子忍去我死乎？」程嬰曰：「不可，彼以我爲能成事，故先我死。今我不報，是以我事爲不成」。遂自殺。

此事旣爲左氏所不載，又其所載與左氏有歧異，後之考史者皆疑其謬。清儒梁玉繩乃謂：「匿孤報德，視死如歸，乃戰國俠士刺客所爲。春秋之世，無此風俗。斯事固妄誕不可信，而所謂屠岸賈程嬰杵臼，恐亦無其人也」。今按視死如歸，如上引十七事，皆然，寧得謂春秋世無此風？託孤之事，如晉荀息，卽以死報命。至於報德，在春秋時更所常見。縱謂史記所載，或屬小說家言，其所記晉國君卿關係，及趙氏朔同括嬰齊諸人死亡年歲，容可有誤。然晉人確有屠岸氏，如里克殺奚齊卓子時，曾令屠岸夷告重耳是也。後之小說家記此，或出傳聞，然亦不必卽是憑空僞造。一爲其易，一爲其難，如伍尚之死，伍員之亡，亦其例也。後死者自殺以報先死，如衞急子之繼弟壽而死，亦其例。以彼例此，焉得謂春秋時決不能有杵臼程嬰其人其事乎？或屠岸賈乃當時嬖寵小臣，或趙武誠如左傳所載，非遺腹子，乃以孤童匿宮中，事後避禍，而屠岸賈搜索其蹤跡，此固無法斷其爲決不可有者。抑且縱謂其事全出揑造。當知揑造其事者之心中，卽已存有此等道德觀念與道德精神之想像矣。故揑造亦卽是一事實，爲考史者所當重視也。春秋事不載於左傳國語，而散見於戰國諸子之傳述者衆矣，不得盡謂是戰國時人所憑空揑造也。史公備存其事，以著於篇，其識卓矣！又烏得輕譏其爲好奇之過哉？

劉向新序節士及說苑復恩，皆取此文，特於新序評此兩人，曰：「程嬰公孫杵臼，可謂信友厚士矣」。又謂「嬰之自殺下報，亦過矣」。是謂程嬰可以不死也。孟子曰：「可以死，可以無死，死傷勇」。蓋後人感前人事，而特爲剖論其是非。然不得因後人所論，遂謂前人所爲，無當於道德。蓋所謂道德精神者，惟在行其一己之心之所安，本不求人人之盡必如我。亦非謂必其事之能至於易地皆然之境，乃始得謂之爲道德也。

以上列舉可資表見春秋時代人之道德精神者凡十八事。其地則徧及魯衛齊宋晉楚邾諸國。其人則有國君。有母后。有諸侯之太子，公子，及卿大夫之子。有大臣元老。有史官。有使臣。有車右勇士。有刺客。有家宰。有貴族之賓友。其間惟子路爲孔子門人，餘則皆非平居講道論德之學人也。其事則特就其有關於死生之際者始列焉。因生命爲人所最惜，其人至於寧死而不顧，而又非逼於外力，而乃特出於其心之所自願，此則最足以見道德精神之屬於人心之內發，而自有其一種不可自已之力量也。

上舉諸人，所以寧願捨其生命，至死不反顧，則皆有一種人生律則焉，在彼心中，自認爲萬不當逾越者。如邾文公認爲人君必以利民爲主。如宋伯姬認爲女子無傅保在旁，萬不當宵夜下堂。如衛急子晉太子申生，楚伍尚，皆認爲父命不可違。如鬻拳，先軫，皆認爲臣之於君不可無禮。如齊大史兄弟，認爲史識必當直書。如解揚鉏麑，認爲君命不可棄。如狼瞫，認爲勇者決不可以犯上作亂。如張柳朔，認爲知己必當副其所知，不得相孤負。如子路，認爲食人之祿，斯必救其難。如杵臼程嬰，認爲主恩必報。此等皆非當時所懸法律强其必如此，亦非當時社會風俗迫其不得不如此。而所以必如此者，實純由於其內心之一種認識，若誠知其非此而不可。乃至於重視此等人生律則，以爲其必當遵守，乃更有甚於生命之可寶者，此所以遂成爲一種最高的道德精神之表現也。

今試問此等人生律則何由生？當知此既不憑於對上帝之信仰，亦不歆動於死後之禍福。在中國古人觀念中，似乎所重乃僅限於當前現實之人生界。如何完成此當前現實之人生，即此若爲人生唯一主要事。至於死後如何，則更不置計慮中。此實一種至深邃之人文精神也。苟若越出此人生界，認爲冥冥中別有主宰，一切當信從其意志，此即當歸屬於宗教。或則窮究宇宙，旁窺萬有，深思博證，以尋求某種眞理，而揭出之以爲人生所當守，此種精神，亦不爲人文所限，而當歸屬於哲學與科學。而中國文化之傳統精神，則乃偏重於人文界，乃即就於當前現實之人文而建立，而完成。其所憑以建立而完成之者，則僅憑於人心之面對此人文現實之所敏感而自安焉者以爲準，此以謂之爲一種人文精神也。

至於此等人生律則，爲其心之所敏感而自安焉者，其果眞爲人生所必當遵守而不可或逾之律則與否，則非無可加以討究之餘地，抑且隨時有其變通之可能。惟在其當時，彼既深感其當若此，而自認其爲不可稍渝，而寧願恪守，以至於死而不悔，此即是一種至高之道德精神矣。故道德精神者，必專限於現實人文界，即是一種人文精神也。此等爲同時人所共同尊信之人生律則，用中國傳統語說之，則皆是一種禮教也。禮教之在春秋時，其影響人心者，可謂已甚深甚厚。然亦可謂必先有此人心，乃始有此禮教之出現。否則，任何人固不能違於人心，而憑空建立出此等禮教，以使人至死而不違。亦必本於此等禮教，而以之敎忠焉、敎孝焉、敎信焉、敎勇焉、敎直焉、敎義焉、敎人以視死如歸，敎人以不違其內心之所安焉。於是而有種種之德目。而外界之利害禍福，可以一切不顧。即他人之是非評騭，亦可以棄置不問。惟此即爲道德之完成。道德完成，即是其人人格之完成，亦即是其人生命之完成也。蓋人生必達於是，乃始爲完成其生命之大意義，乃始爲善盡其生命之大責任。死生一以貫之，人之死即所以成其生。則於完成道德完成人生之一大觀念之下，實無生死之可辨也。由於一己生命之完成，而人類之大生命，亦藉之得完成。故當一種道德行爲之發乎其人之內心，雖其一時之設心處慮，若僅顧己心，僅爲其一己當前作打算，而就其事之影響於人人之心者言，則已不啻爲全人類之全生命打算。故此亦謂之人道也。人道者，乃所以完成其人生。死亦人生中一事，生必合於道而生，則死亦必合於道而死。此非死生一以貫之乎。春秋雖爲一亂世，而此種精神，則仍是瀰漫洋溢，隨地隨時，隨事隨人，隨所遇而現，此實中國社會重視人文精神之文化傳統，至其時，已到達於一種相當高度之境界矣。孔子之教，則亦本於當時社會此等傳統之禮教精神而建立，故謂由於中國傳統文化而始產生出孔子，不能謂由有孔子而始有中國文化之創始也。

孔子亦自言之，曰：

我非生而知之者，好古敏以求之者也。

可見孔子之講學立教，固不從宗教信仰來，亦不從科學證驗來，仍不從如西方哲學家之思辨邏輯來。孔子之講學立教，乃從其對於當時之歷史知識，文化傳統，多聞多識，反之己心，擇善而從，而誠見其宜如此，而深見其必然當如此，而即本此以立教也。故孔子講學立教之精神，乃確然見其爲屬於一種人文精神道德精神也。

茲試再舉論語中孔子之述及人之死生之際者，而逐條畧加以闡釋，以竟我上述之義。

子曰：朝聞道，夕死可矣。（里仁）

如本篇上舉之諸事，實皆可謂是一種夕死可矣之精神之表現也。孔子特亦於此等已往故事，返就其內心敏感，而深悟人生之道當如此也。故孔子此條，僅爲一種綜括的叙述語，此乃歸納往事中所涵義訓而綜括述說之。孔子之得此啓示，乃得之於其好古敏求，乃得之於其博學多聞，乃得之於孔子當時之歷史傳統，與夫人文現實，此爲孔子講學立教一段精神之所由異於宗教、科學、與哲學，而自有其甚深邃之眞實淵源也。故孔子又曰：

吾欲託諸空言，不如見諸行事之深切著明也。

吾儕讀論語，凡孔子所陳義，亦不當僅以空言求，乃當從孔子以前之歷史行事之深切著明處求，則庶可以明孔子所從言之根據耳。

論語又曰：

志士仁人，無求生以害仁，有殺身以成仁。（衞靈公）

孔子講學立教之大貢獻，端在其就於歷史往事所得義訓而爲之籀出一大原則，指出一切人道核心而舉一言以名之曰仁。仁者，乃一切禮教之所從出，所從立之基本也。故孟子曰：「仁，人心也」。又曰：「仁，人之安宅也」。又曰：「人有不忍人之心，而仁不可勝用也」。就孟子語推說孔子仁字，仁卽人心，仁卽人心所安，仁卽不忍人之心之推演引申。大抵論語仁字，大義不違此諸端。如本篇上舉春秋十八事，此皆一種殺身成仁之往事先例也。此皆有一種不忍人之心，一種自求所安之心，爲之主宰，爲之決奪。故孔子所謂之志士仁人，無求生以害仁，有殺身以成仁者，此亦一種綜括的叙述語，此亦歸納其所知歷史往事內涵義訓而指說之如此也。故孔子此條，亦從其好古敏求而得，亦從其博學多聞而得。乃得其啓示於孔子當時之人文歷史與人文現實。而憑其自心之敏感靈覺以直知其如此。在此人文歷史人文現實中，則惟有此心可以相通相得，此卽孔子之所謂仁。故仁卽人道，亦卽人德也。

論語又曰：

微子去之，箕子爲之奴，比干諫而死。孔子曰：殷有三仁焉。（微子）

此可見或去或爲奴或死，皆可以得仁。則人之求仁，固不必盡出於殺身以死之一途。而死與不死，亦非判別人生道德之最高標準，惟仁與不仁，乃爲判別人生道德之最高標準也。孟子又曰：「仁者，人也。」此亦可謂惟仁者乃得謂之人，故求眞實人生者必求仁。是則殺身成仁，卽是殺身以完成其人生也。若違離於仁，卽不得謂之人。苟旣非人，則又何貴於有生？此仍是孔子就於歷史昔賢往事而推說之如此，非孔子憑空主張之論也。

論語又曰：

人之生也直，罔之生也幸而免。（雍也）

直者，直道而行，亦卽直心而行，卽直從其心之所安，此乃人生之所由可貴也。否則飛潛動植，凡百有生，皆知求幸而免。人之有生，又何以異？

論語又曰：

自古皆有死，民無信不立。（顏淵）

生必有死，故僅求免死，則決非眞知生人之道者。所謂信，亦卽人生一種不可逾越之律則也。人事萬變，變之來不可測，人若惟求其幸免於死焉，則一切人盡無可信，而人道終於不立矣。然而人之死則終於不可免，故生人之道不貴於幸而免也。

論語又曰：

見利思義，見危授命，久要不忘平生之言，亦可以為成人矣。（憲問）

有生，乃得成為人，故人道貴於因生以完成其為人耳，不貴僅守其生以惟求夫免死也。即如子路，張柳朔，解揚，皆見危授命也。知見危授命，即知直道而生。孔子此等語，仍是一種綜括的敍述語。

論語又曰：

篤信好學，守死善道。（泰伯）

中國古人非無信，惟所信即在人文界。能篤守其所信，又加之以好學，而嚴守以至於死，則可以善道矣。生有道，善道即所以善生。惟求幸免於死，非善生也，故亦不以幸免於死為善道。

季路問事鬼神，子曰：「未能事人，焉能事鬼？」曰：「敢問死？」曰：「未知生，焉知死？」（先進）

死乃生中所有事，故知所以為生，知所以善我生，即知所以為死，知所以善我死矣。孔子講學立教，只教人如何為人，如何善我之道以生，不教人學知死後事。此皆所謂死生一貫，天人合一，後世儒家每因此極深推論之。若觀我本篇上述春秋諸往事，則可以不煩推說，而其義躍然矣。故曰託諸空言，不如著之行事之深切著明也。

曾子曰：士不可不弘毅，任重而道遠。仁以為己任，不亦重乎？死而後已，不亦遠乎？（泰伯）

儒家言人道重仁字，仁雖內本於此心，然擴其量可以外通廣及於全人類。此因人心皆同，無不可以相通相得，故人人無不在我仁之心量中。雖其隨感而發，論其迹，若僅限於一人一事，如事父見為孝，事君見為忠，交友見為信，遇事見為義，皆是也。其實則觸機應變，孝者不盡於孝，忠者不盡於忠。此即人道也。即如上舉鉏麑張柳朔之徒，驟視之，若其人僅亦踐一小節而死，於人道無足輕重。然論其心量，此亦孔子所謂仁之一端，其道可以相通相得，廣被及於全人類，歷千古，經萬變，僅有此心隨感而應，遇變無方，生人之道，則惟此以爲之維繫而始得宏大也。故此不當以利害計。一時一事之利害，固何足以較量推說而盡其影響之所及乎？人若能善守此心而死生以之，至於殺身授命，此卽一種最高道德精神之表現。惟其擴申之而可以及於全人類，故曾子謂之重。至曾子之所謂遠，則極言之，亦僅止於其人之死而已。此更可以見孔門儒家之講學立教，徹始徹終，純爲一種人道精神，此卽謂之爲一種道德精神，因其僅限於人生現實中，故以異於宗教之信仰，與夫哲學科學之所探究也。

子張曰：士見危致命，見得思義，祭思敬，喪思哀，其可已矣。（子張）

子張在孔門，見稱爲堂堂乎，難與並爲仁者。然子張所守，亦僅是見危致命，見得思義，祭思敬，喪思哀，其大途轍，則依然是孔門精神也。

根據上列論語所載孔子及其門弟子之所講所教，重道德，一死生，視人生之有死，直如朝之有夕，日之有夜，一若其事固然，無足厝懷慮間。故喫緊爲人，惟計如何求仁，如何求道，如何得爲完人耳。死則盡人所不免，既所不免，則惟當善爲運用，藉此以求得完其人生之理想。此種精神，得謂其猶非一種最高之道德精神乎？而當時孔門師弟子，對於此等理論，亦僅若平白直率而言之，似無甚深妙義奧旨，有待於曲折發揮，深細剖揭者。此緣孔門之標宗立教，本非外於此現實人生，而必窮探宇宙鬼神，或深用思辨邏輯，以別出其奇義奧旨，以圖說服人，以求人之翻然相從。而特就於此人生現實，本於已往歷史行事，而就我心之所感，而綜括述說之，以待於人之同具此心者之相通而相得焉。故若僅見其爲一種固然與當然。故其所說，亦不期人之信服而終於得人之信服，乃終以大行於後世。故儒家思想，乃得終成其爲中國文化傳統之一大骨幹也。

本文主旨，卽在上探孔門教義淵源，以見孔學精神之重在人文歷史已往現實，而所謂好古擇善，述而不作之深旨，亦可於此窺見其一斑爾。

論春秋時代人之道德精神（下）

余草論春秋時代人之道德精神上篇，專舉有關於死生之際者爲例。然非謂必如是乃見道德精神也。爰續草此篇，以竟我未盡之旨。

春秋時代人之道德精神，亦可謂是一種禮教精神，此已於上篇發其旨。禮貴讓，不貴爭。權利名位富貴，皆人之所爭也，於此而能讓，斯不得不謂是一種道德精神之表現。至於能讓國讓天下，此眞人情所難，誠可謂是一種道德精神之至高表現也。中國古史傳說，有堯舜之讓天下。至於周初，泰伯仲雍，讓國王季，而逃之荆蠻。伯夷叔齊，亦以讓國見稱。此皆中國傳統文化中一種道德精神之至高表現，而其事至春秋時，猶不乏其例。茲再逐事列舉之如下。

（一）宋目夷

左傳僖公八年載：

宋公疾，大子茲父固請，曰：「目夷長，且仁，君其立之」。公命子魚，子魚辭，曰：「能以國讓，仁孰大焉，臣不及也。且又不順。」遂走而退。

明年，宋桓公卒，襄公卽位，卽太子茲父也。子魚卽目夷，乃襄公之庶兄。左傳是年載：

宋襄公卽位，以公子目夷爲仁，使爲左師，以聽政。於是宋治。故魚氏世爲左師。

觀於是，知宋襄公眞可謂仁者，賢其兄而讓之國，子魚既固辭不受，襄公卽位而復委政焉。兄弟之間，一讓一辭，一與一受，相信相愛，曾不見有絲毫之芥蔕。子魚既爲政而宋治，則子魚誠能者也。宋襄之能繼齊桓而爭霸，殆卽仗子魚之治國有成。然則宋襄誠能識其兄之賢，讓之國而不受，而仍授之以政，在宋襄心中，絕無疑忌猜防之迹，則其讓國之誠可見矣。子魚雖辭國，然不辭政，竭其能以使國治，在其心中，亦絕無避嫌躲閃之迹。此已難能矣。及宋襄爲楚執於盂，使子魚歸而君宋，子魚不復讓，卽歸而君之。楚人釋襄公，子魚復歸國，而復其故位。斯二人者，較之伯夷叔齊，若僅就其讓國之一節而言，則不徒可相媲美，抑若猶爲有勝矣。

（二）曹子臧

左傳成公十三年載：

曹宣公卒於師，曹人使公子負芻守，使公子欣時逆曹伯之喪。秋，負芻殺其大子而自立。諸侯請討之。晉人以其役之勞，請俟他年。冬，葬曹宣公。既葬，子臧將亡。國人皆將從之。成公乃懼，告罪，且請焉。乃反而致其邑。

今按：晉人率諸侯之師伐秦，曹宣公亦從焉。曹成公卽公子負芻，子臧卽公子欣時，兩人皆曹宣公庶子也。左傳成公十五年載：

會于戚，討曹成公也。執而歸諸京師。諸侯將見子臧於王而立之。子臧辭，曰：「前志有之，曰：聖達節，次守節，下失節。爲君，非吾節也。雖不能聖，敢失守乎？」遂逃奔宋。

負芻殺太子自立，子臧義不食其邑。至於諸侯來討，欲見子臧於王而立之，此固曹人之所願，亦曹國之利。子臧果立，天下後世，必絕無非之者。然子臧守其節不屈，終避不受，此尤難能也。蓋子臧力不能誅負芻，其心有憾焉。今乘諸侯之誅負芻而得國，在子臧之心，必有所不忍。是可謂質直而好義矣。故甯出於讓國去家，以逃亡終其身。此亦絕不願自違其心之所安也。當子臧之世，貪利忘義，子弒其父，臣弒其君，以謀得國者，衆矣。子臧之守節，不僅足以媿此輩，殆亦所謂貪夫廉，薄夫敦，懦夫有立志，子臧之節，實可以風千古而常在矣。較之於君曹而曹治，其所貢獻於道義與風俗者，深淺大小，何可比量？縱子臧不爲此而辭，然而衡量道德之與世運，則於此不可不知也。

（三）吳季札

左傳襄公十四年載：

吳子諸樊既除喪，將立季札。季札辭，曰：「曹宣公之卒也，諸侯與曹人不義曹君，將立子臧。子臧去之，遂弗爲也。以成曹君。君子曰：能守節。君義嗣也。誰敢奸君。有國，非吾節也。札雖不才，願附於子臧以無失節。」固立之，棄其室而耕，乃舍之。

公羊傳載此事云：

謁，餘祭，夷昧，與季札，同母者四。季子弱而才，兄弟皆愛之，同欲以爲君。季子猶不受。謁請兄弟迭爲君而致國乎季子，皆曰諾。故謁也死，餘祭立。餘祭死，夷昧立。夷昧死，則國宜之季子，季子使而亡焉。

僚者長庶也，卽位。闔閭曰：「將從先君之命與，則國宜之季子者也。如不從先君之命焉，則我宜立者也。僚惡得爲君？」於是使專諸剌僚。

其事在魯昭公二十七年。左傳載：

吳公子光曰：「我，王嗣也。事若克，季子雖至，不吾廢也。」遂弒王。季子至，曰：「苟先君無廢祀，民人無廢主。社稷有奉，國家無傾，乃吾君也。吾誰敢怨？哀死事生，以待天命。非我生亂。立者從之，先人之道也。」復命哭墓，復位而待。

史記亦載此事云：

壽夢有子四人，季札賢而壽夢欲立之。

是季札之賢，其父其諸兄，皆欲奉國而傳焉。其父死，其兄讓國而不受。於是彼三兄者，更迭爲君，以冀季子之終於得國焉。逮夷昧死，季札適出使於外，其賢聲流聞於上國諸夏賢卿大夫間。誠使季子遄返，吳人必奉以爲君無疑。乃季子亡逃不返，俟王僚立乃返。及王僚被弒，季子又適出使。及其返，終守臣節，曰：立者從之，復位以事闔閭。此其高風讓德，誠可昭示百世。而觀於諸樊兄弟之更迭傳國，不傳子而傳弟，以終希季子之得爲吳君，彼其誠心相讓之意，亦至難能矣。是蓋其遠古先人泰伯仲雍之流風餘韻，傳誦於子孫後禩，猶有未沫者。故亦相感而慕效之耳。至於此下夫差失國，此乃在王僚闔閭再傳之後，事變之來，何能逆測，固不得以此而責季札之守節而終讓也。若使季札立爲吳君，亦豈能保其子之必賢？若季札而能保其子之必賢，豈不猶賢於堯舜？故知以後事之禍福，逆繩前人之節義，之非通方之論也。

以上宋子魚，曹子臧，吳子季札，此三人者，皆一世之名賢。察其才能，實皆經國之長材。誠使得一國而君之，其權大矣，其位高矣。富貴既極，而其功名建白，亦豈不足以歆動一世，永垂千古。而之三子者，淡然若不以經懷，漠然若無感於其心，皆能卓然守節而不變。斯其高標孤光，誠如矗立雲表，使後世人望之，若邈然不可攀。而宋襄公及吳諸樊兄弟，既推明手足之賢，復掏掬肺腑以讓，其所表現，實亦難能而可貴也。

（四）韓無忌

左傳襄公七年載：

晉韓獻子告老，公族穆子有廢疾，將立之。辭曰：「詩曰：豈不夙夜，謂行多露。又曰：弗躬弗親，庶民弗信。無忌不才，讓其可乎？請立起也。與田蘇游而曰好仁。詩曰：請共爾位，好是正直，神之聽之，介爾景福。恤民爲德，正直爲正，正曲爲直，參和爲仁。如是則神聽之，介福降之。立之，不亦可乎？」使宣子朝，遂老。晉侯謂韓無忌仁，使掌公族大夫。

無忌，穆子名。起，宣子名，乃穆子弟。據左傳成公十八年，無忌與荀家荀會欒黶同爲公族大夫，在此七年前。又據晉語，晉厲公時，無忌已爲公族大夫，則當尤在前。無忌既讓位，而晉侯使掌公族大夫。是使無忌爲此四人之長也。然則無忌雖自云有廢疾，固非不能出身承事。彼其引詩弗躬弗親之語，亦求讓之推辭耳。則韓無忌之讓其家，固可與曹子臧吳子季札之讓國媲美矣。

上述讓君位者三事，讓卿位者一事。又如晉趙姬讓叔隗爲嫡妻而己下之，又讓嫡子於趙盾而使其三子者下之。又如狐偃讓上軍於其兄毛，趙衰讓卿於欒枝先軫，春秋時人讓德可書者尚多。復有一事，與此若稍不類，而可連類以及者，則爲晉介之推之讓賞。左傳僖公二十四年載：

（五）晉介之推

晉侯賞從亡者，介之推不言祿，祿亦弗及也。推曰：「獻公之子九人，唯君在矣。惠懷無親，外內棄之。天未絕晉，必將有主。主晉祀者，非君而誰。天實置之，而二三子以爲己力，不亦誣乎？竊人之財，猶謂之盜，況貪天之功以爲己力乎？下義其罪，上賞其姦，上下相蒙，難與處矣」。其母曰：「盍亦求之？以死，誰懟？」對曰：「尤而效之，罪又甚焉。且出怨言，不食其食」。其母曰：「亦使知之，若何？」對曰：「言，身之文也。身將隱，焉用文之，是求顯也。」其母曰：「能如是乎，與汝偕隱。」遂隱而死。晉侯求之不獲，以緜上爲之田，曰：「以志吾過，且旌善人。」

今按：介推之事，傳誦中國社會，迄今弗衰。相傳寒食禁火，卽由介推而起。此與屈原投江，至今端午有角黍競渡之俗，同見爲其人其事之入人心者深，故能蔚成風俗，有如此之廣而且久也。然據左傳，介推特終身隱不復見，晉文公求之不獲，遂以緜封爲介推之田。呂氏春秋亦曰：「負釜蓋簦，終身不見」。楚辭惜往日乃云：「介子忠而立枯兮，文公寤而追求。」莊子盜跖篇則曰：「介推抱木而燔死。」故後漢書周舉傳，乃云介推焚骸。古琴操亦有介推抱木而死之語。直至近代戲劇，乃有火燒緜山，與杵臼程嬰之搜孤救孤，蓋同爲中國社會所樂於稱道，故遂煊染失其本眞。顧炎武日知錄所謂：「瑰奇之行彰，而廉靖之心沒，」其語良是。蓋此等廉靖之心，其實已是瑰奇之至。俗人不察，增其瑰奇，則轉失當事者一番廉靖之心之眞實體段也。

嘗試論之，中國人之道德精神，就其表顯於外者言，固可謂是一種禮教之精神。禮既貴讓，不貴爭。故國人傳統風俗，臨事每易主於退讓，退讓之極卽爲隱。隱者之所爲，可以終身不求人知，抑且終身不爲人知，而其內心之所守所信，則耿然烱然，有若可以歷千古萬古而不昧不失者。此其不與人爭，不求人知，確然自信自守以至於隱淪終身而不悔不悶之一段精神，亦卽是一種至高之道德精神也。故廉靖之心之至極，其所養所詣，已是瑰奇之至，固不必定以陷於殺身而不顧者之乃見爲瑰奇也。故余論次春秋時代人之道德精神，先之以殺身成仁，次之以讓國讓祿，而連帶及於終身隱淪自晦之士，亦本此義而論次之也。

又按：關於隱淪自晦之故事，在中國歷史傳說中，亦已先有其甚深之淵源。如孟子曰：

舜發於畎畝之中，傳說舉於版築之間，膠鬲舉於魚鹽之中，管夷吾舉於士，孫叔敖舉於海，百里奚舉於市，

此皆千古聖君賢相，豪傑大人。然方其未爲人知，則或在畎畝，或業版築，或鬻魚鹽。或屈身士伍，或蟠居海濱，或混迹市販。方其時，雖抱奇才，負盛德，然既不爲人知，則固何異於庸俗。然雖不爲人知，其爲有奇才盛德在身，則與其被舉之後，縱其大有所表顯，而其先後之同爲一人，則固無以異也。故就中國人傳統觀念言，知與不知，若於其身可以無所益損，而毋寧不爲人知，其人若更見瑰奇，更爲高出於流俗焉。故曰：盛德若愚，良賈深藏若虛，此既不爲人知，抑亦不求人知，而且甚至於務求不爲人知焉。故此種故事之傳說，與夫此種心理之蘊積，而蔚成爲中國社會尙隱自退之風，此亦文化傳統之歷有傳遞，決非忽然無故而有此也。故如介之推，雖隱淪終身，絕無事功

表白，則又安知其人才德抱負之誠不若舜，若傳說膠鬲，若管孫百里之儔乎？故中國人社會風習，重抱負，賞隱淪，其推崇想慕之情，往往不亞於事功之確有所表顯者。流傳至戰國，此等風氣達於極盛。道家於堯舜禪讓之外，復增出許由卞隨務光。齊太公乃周之外戚，而謂其釣於渭濱。此外如申徒狄鮑焦，越王子搜，顏闔屠羊說之徒，爲當時人所樂道者，何可勝數。一若其人必先有一段隱晦避世之事蹟，乃更增其身價。即後世人物如諸葛孔明，方其高臥隆中，自比管樂。若使無劉先主三顧野廬，豈不將以抱膝長吟終其身。然終無害於諸葛之可以比擬管樂也。田疇管寧，其獲後人之景仰，亦復何遜於諸葛乎？中國人此等心理，此等觀念，尙隱自晦，確然不拔，遂成爲中國歷史人物中一大類，而其影響於中國文化與歷史者，其意義至深且鉅，抑且無從估量。而遠在春秋以前，已有不少此等人物，此等故事，遙爲此一風氣之前驅矣。故介推之隱，其自身才德所至，誠以無可展布，因亦無可徵信，然終使後人想望其才德於若隱若顯中。故曰神龍見首不見尾，一鱗片爪，隱約雲中，亦所以想見其爲神龍之夭矯也。諒介推之在當時，其終隱之志，亦已先有所爲之啓召而感動其心者，固非無端特起，忽然而有此終身隱淪之一想也。

今試仍本上篇之旨，復雜引論語孔門師弟子之言，而畧加闡說之如次。

子夏曰：吾聞之矣。死生有命，富貴在天。（顏淵）

今按：此兩語，其垂爲中國社會之習熟語，亦既二千五百年於今矣。近人率好言中國文化重現實，不知重現實而能淡於死生富貴，乃所以創成中國文化之深趣也。人之宅心處慮，苟惟以一己之死生富貴爲準，則何能有崇高之道德精神之表現？苟非有一種極崇高之道德精神，淪浹浸漬於其間，而徒知重現實，則又何能有此緜歷數千載而不衰不竭之文化傳統乎？此義尤爲讀吾文者所當深玩也。本文上篇所述，可謂是死生有命之一觀念之具體表現。本文下篇所述，可謂是富貴在天之一觀念之具體表現。易言之，此皆不以一己之死生富貴置念慮間，故能有此種崇高之道德精神之表現也。子夏所謂商聞之矣者，苟非聞之於師門，必是聞之於時人之通語，而亦爲師門所認許。要之子夏死生有命，富貴在天之兩語，仍是一種綜括的叙述語，在子夏脫然出口，視若固然，似不煩更爲之推闡而說明。此種思想觀念之來源，則尤爲吾儕今日研究中國古代思想者所必須鄭重注意也。

論語記孔子述及富貴，無不淡然視之。故曰：

富與貴，是人之所欲也。不以其道得之，不處也。貧與賤，是人之所惡也。不以其道得之，不去也。（里仁）

又曰：

富貴可求也，雖執鞭之士，吾亦爲之。如不可求，從吾所好。（述而）

又曰：

飯疏食，飲水，曲肱而枕之，樂亦在其中矣。不義而富且貴，於我如浮雲。（述而）

又曰：

篤信好學，守死善道。危邦不入，亂邦不居。天下有道則見，無道則隱。邦有道，貧且賤焉，耻也。邦無道，富且貴焉，耻也。（泰伯）

孔子此條，乃正式提出一隱字。隱之一字，在中國文化精神中，蓋有其莫大之意義焉。若謂人生貴有所表現，隱者，乃一種不表現之表現也。若謂人生貴有所作爲，隱者，乃一種無作爲之作爲也。隱之爲德，不惟無動於富貴，抑且不歆於事功。其心超然，一志於道。儒家精神之所憑以撥亂而反治轉危而爲安者，隱之一義，蓋寓有其甚深之機括焉。天下不能無無道之時，居危亂之邦，善道而隱，隱者卽所以善吾道。甚至善道而死，死亦所以善吾道也。如是，則雖死而道存，雖隱而道顯。道之終於存而顯，有時轉出於隱之爲功。故隱者，亦大仁大智大勇之所爲，非苟且不得已而退處於無用者之比也。故孔子亦常有隱志。旣曰「余欲無言」，無言卽大隱也。又曰：「欲居九夷」，又曰：「道不行，乘桴浮於海」。居夷浮海，亦大隱也。「暮春者，春服旣成，冠者五六人，童子六七人，浴乎沂，風乎舞雩，詠而歸。夫子喟然歎曰：吾與點也」。與點之心情，卽大隱之心情也。

孔子之稱寧武子，曰：

寧武子，邦有道則知，邦無道則愚。其知可及也，其愚不可及也。（公治長）

寧武子之愚，此卽退藏於密，無所表現，無所作爲，而孔子極稱之，以爲不可及，此孔子之深賞於居無道之世而能隱也。

孔子之稱蘧伯玉，則曰：

君子哉蘧伯玉！邦有道，則仕，邦無道，則可卷而懷之。（衞靈公）

卷而懷之者，亦隱也。故孔子之稱顏淵，則曰：

用之則行，舍之則藏，唯我與爾有是夫。（述而）

藏卽隱德也。君子之隱，非其空無所有，乃由其能有而不用，卷而懷之之爲可貴也。此後唯孟子能發揮其深意，曰「禹稷顏回同道，易地則皆然」。蓋禹稷處有道之世，顏回値無道之際耳。季氏使閔子騫爲費宰，閔子騫曰：「善爲我辭焉。如有復我者，則我必在汶上矣」。則閔子亦能隱。孔子之稱仲弓，曰：「雍也可使南面。」然仲弓之在孔門，乃極少言行可見。是仲弓亦能隱。孔門四科，列德行者，惟顏淵閔子騫冉伯牛仲弓。則此四人者，蓋身懷言語政事文學之才，而能卷而懷之，藏於不用者也。則孔門之於德行，乃惟以能隱者爲有德也。

隱之爲德，必先有不求人知之素養。孔子常言此矣。故曰：

人不知而不慍，不亦君子乎。（學而）

不患人之不己知，患不知人也。（學而）

不患無位，患所以立。不患莫已知，求爲可知也。（里仁）

不患人之不己知，患其不能也。（憲問）

君子病無能焉，不病人之不己知也。（衞靈公）

孔子教人不患人之不已知，可謂反復申言，而不憚煩之至矣。故曰：

莫我知也夫！不怨天，不尤人，下學而上達，知我者其天乎。（憲問）

孔子雖曰「知其不可而爲之」，又曰：「吾非斯人之徒與而誰與。」然孔子終其身而有莫己知之歎，有知我者其天乎之歎。是孔子實無異乎終其身而大隱也。故道高德邃而至於莫我知，而吾心不以爲慍，此尤隱德之最高深致也。此種精神，則豈得不謂之是一種最高之道德精神乎？

孔子又曰：

見善如不及，見不善如探湯，吾見其人矣，吾聞其語矣。隱居以求其志，行義以達其道，吾聞其語矣，未見其人也。（季氏）

此尤孔子之深讚賞夫能隱也。就此條言之，隱居亦卽所以行義，行義亦可出於隱居。求志之與達道，二者亦一以貫之矣。若果以隱居與行義，求志與達道，必分作兩事，謂於行義之外，別有隱居之安，達道之外，別有求志之業，此則不明夫孔門之所言隱矣。

故孔子於古代與當世之隱士逸民，皆所稱賞。嘗歎曰：

作者七人矣。（憲問）

又曰：

賢者辟世，其次辟地，其次辟色，其次辟言。（憲問）

而論語微子一篇，尤爲有天風飄渺，白雲邈然之致。蓋微子一篇，皆所以深賞於隱之爲德也。故曰：

逸民，伯夷叔齊，虞仲夷逸，朱張柳下惠少連。子曰：不降其志，不辱其身，伯夷叔齊與。謂柳下惠少連，降志辱身矣，言中倫，行中慮，其斯而已矣。謂虞仲夷逸，隱居放言，身中淸，廢中權。我則異於是，無可無不可。（微子）

此孔子評騭古今隱德，有此三品也。伯夷叔齊，實爲隱德之最高尙者。柳下惠少連次之，以其不能辟世辟地也。虞仲夷逸，辟世辟地而放，斯能隱而非義之至，非道之無可疵也。後世如莊周，其殆虞仲夷逸之儔乎？

子貢問曰：伯夷叔齊何人也？曰：古之賢人也。曰：怨乎？曰：求仁而得仁，又何怨。（述而）

是孔子之深推夫伯夷叔齊者，乃推其能仁。隱居求志，卽求仁也。行義達道，亦卽以達仁也。若不務求仁而徒隱，若徒隱而不能達其仁，斯則非孔門所言之隱矣。故曰：

微子去之，箕子爲之奴，比干諫而死，孔子曰：殷有三仁焉。（微子）

微子之去，卽隱也。微子之隱，與比干之死諫，箕子之爲奴，其爲仁則一。故大隱之與殺身，皆可以成仁焉。成仁斯卽達道矣。

孔子又曰：

伯夷叔齊，餓於首陽之下，民到於今稱之。（季氏）

夫曰民到於今稱之者，斯卽道之終不可隱，而伯夷叔齊之終爲大仁，可知矣。

孔子既深賞夫隱德，故亦極推乎讓道。人非善讓，亦不能隱也。隱之與讓，其迹若異，其德則一。故孔子又深讚於泰伯，曰：

泰伯其可謂至德也已矣。三以天下讓，民無得而稱焉。（泰伯）

此所謂民無得而稱者，非謂其沒世而名不稱，乃謂其既讓天下，乃無事功建白可以見稱於民也。不知縱無事功建白，而其大德之所昭示影響於後世，則有遙勝於事功建白之有迹可指者。故孔子既許管仲以仁，亦許伯夷叔齊以仁也。

孔子又極稱堯，曰：

大哉！堯之爲君也。巍巍乎！惟天爲大，惟堯則之。蕩蕩乎！民無能名焉。巍巍乎！其有成功也。煥乎！其有文章。（泰伯）

此所謂民無能名，卽猶泰伯之民無得而稱也。泰伯以天下讓，不在其位，不謀其政，其無事功建白，使民無得而稱，則固宜矣。堯身爲天子，居於有天下之位，而亦使其民無能名焉，則何也。蓋堯能選賢善任，如舜、如禹、如稷、三子者之成功，則皆堯之成功也。三子者之有文章，則皆堯之文章也。故曰惟天爲大，惟堯則之。此所謂「天何言哉，四時行焉，百物生焉。」天不自爲，亦不自居功也。然則堯之所以爲大，尚不在其以天子之位讓於舜，此則有迹可指。而在其身居天子之位，而巳以一切事功建白讓之於舜矣。此尤無迹可指，乃以爲盛德之至也。故堯之爲君，其事顯，人知之。堯之無事功建白，而實當時之事功建白一切由於堯，則其事隱。堯之爲君而民無能名，此即莫己知也。此即堯之大隱之德之所蘊，亦即堯之大仁之道之所達也。孔子心中，實以堯爲法則焉。孔子雖終其身栖栖遑遑，道不行於世。而孔子之道終以大明於後世。若以當世之事功建白繩孔子，孔子亦無何事功建白也。孔子曰：「我久矣不復夢見周公，」孔子不得法周公，乃猶有堯可法。故孔子曰：「道之不行，我知之矣。」然則道之不行於當世，而終行於後代，孔子之所建白，在當時固不爲人知，亦無可求人知。而知孔子者推之，謂其賢於堯舜遠矣，豈不然哉。吾人必明乎此，乃可以與論夫孔門之言隱矣。

孔子又極推舜與禹，曰：

巍巍乎！舜禹之有天下也，而不與焉。（泰伯）

此孔子深闡乎舜禹當日之心境也。堯以天下讓舜，舜以天下讓禹。舜受堯之天下，禹受舜之天下，在舜禹之心中，方其受天下而有之，不自感其有天下也。舜禹之有事功建白，亦不自感其有事功建白也。故曰：有天下而不與。後世有宋程子明道闡其說，曰：「堯舜事業，亦只如太虛中一點浮雲過目。」此非謂堯舜事業，在他人視之，可以當作如太虛中一點浮雲過目也。若其人如此，斯其人，必爲不仁無知之歸矣。程子之意，乃謂在堯舜心中，其有天下，其有事功建白，只則如太虛中一點浮雲過目也。此種心境，眞所謂人莫我知，知我者其天乎。在眞能有此心境者，亦決不求人知也。故大隱之與大仁，在儒家精神中，實可一以貫之而無二。則讓天下不見其爲讓天下，受天下亦不見其爲受天下，亦曰求仁而得仁斯已耳。

若如我上文之所闡發，則後世莊周老聃之言，殆有得於孔門尊讓重隱之一端。而殺身成仁，舍生取義，墨氏則有得於孔門積極進取之一端也。墨近於狂，道近於狷。孔子則尚中道。隱居以求志，有天下而不與，此道家莊周老聃之所尚，而孔子則曰，我則異於是，無可無不可。此孔子精神之所以爲大，所謂道大而莫能知，蓋孔子之爲隱，固遠過於莊周老聃之爲隱矣。

儒家經典論此進退隱顯之義最明備者，孟子之外獨有周易，以易傳成書已出老莊後，故於孔門此義獨能推闡之明備也。乾文言曰：

> 亢之爲言也，知進而不知退，知存而不知亡，知得而不知喪。其惟聖人乎！知進退存亡而不失其正者，其惟聖人乎！

如墨家殆所謂知進存得而不知退亡喪者也。惟易之爲書，主於吉凶禍福之趨避，故每偏於退，多所不爲，少所必爲。雖曰「天行健，君子以自强不息」，而殺身舍生，終非易之所尚。故論易之大體，實偏近於莊老也。乾之初九，潛龍勿用，文言曰：

> 子曰：龍德而隱者也。不易乎世，不成乎名，遯世无悶，不見是而无悶，樂則行之，憂則違之，確乎其不可拔，潛龍也。

坤之文言曰：

天地閉，賢人隱。易曰：括囊，无咎无譽，蓋言謹也。

否之象曰：

天地不交，否，君子以儉德辟難，不可榮以祿。

隨之彖曰：

隨時之義大矣哉。

其象曰：

隨：君子以嚮晦入宴息。

蠱之上九，曰：

不事王侯，高尚其事。

按：象曰：不事王侯，志可則也。疑高尚其事當作高志其志。涉上文事字譌。剝之彖曰：

君子尚消息盈虛，天行也。

遯之彖曰：

遯之時義大矣哉。

蹇之彖曰：

蹇，難也。險在前也。見險而能止，知矣哉。蹇之時用大矣哉。

凡此，大抵皆出孔子以後人語。惟蠱之上九，既已有不事王侯之辭，則隱遯之義，固已遠有所起，不起於孔門之後矣。惟易言否泰剝復，貞下起元，則隱遯之義，若偏重於社會氣運之斡旋與效用，而道德精神之內蘊，則轉爲之掩抑而不彰。此其易義之所以爲更近於道家，而微遠於儒義也。然周易六十四卦，顯是早在孔門之前。故知孔子之學，於中國傳統文化之多所承宣闡揚，而非盡出於孔子一人之所特創也。

釋論語狂簡義

牟潤孫

論語公冶長篇云：

子在陳，曰：「歸與！歸與！吾黨之小子狂簡，斐然成章，不知所以裁之。」

集注云：

此孔子周流四方，道不行而思歸之歎也。吾黨小子，指門人之在魯者。狂簡，志大而畧於事也。斐，文貌。成章，言其文理成就，有可觀者。裁，割正也。夫子初心，欲行其道於天下，至是而知其終不用也。於是始欲成就後學，以傳道於來世，又不得中行之士，而思其次。以爲狂士志意高遠，猶或可與進於道也，但恐其過失中正，而或陷於異端耳，故欲歸而裁之也。

朱子解「狂簡」爲「志大而畧於事」，蓋以爾雅釋言、論語集解與孟子趙注均云：「簡，大也」。而孟子以嘐嘐然解狂者，趙注云：「嘐嘐，志大言大者也。」復以論語子路篇云：

子曰：「不得中行而與之，必也狂狷乎！狂者進取，狷者有所不爲也。」

孟子盡心篇云：

萬章問曰：「孔子在陳，曰，盍歸乎來！吾黨之士狂簡進取，不忘其初。」孔子在陳，何思魯之狂士？孟子曰：「孔子不得中道而與之，必也狂獧乎？狂者進取，獧者有所不爲也。孔子豈不欲中道哉？不可必得，故思其次也」。「敢問何如斯可謂狂矣？」曰：「如琴張、曾晳、牧皮者、孔子之所謂狂矣。」「何以謂之狂也？」曰：

其志嘐嘐然，曰古之人古之人，夷考其行而不掩焉者也。狂者又不可得，欲得不屑不潔之士而與之，是獧也，是又其次也。

自來注論語者，多合萬章之問與論語公冶長子路兩篇所記爲一事，朱子亦同此意，故於注中申明之曰，又不得中行之士，而思其次云云。然如此解說，有不可通者兩端：

（一）狂簡指人之行爲言，何以能斐然成章？

（二）簡與獧古韻固同部，（狷卽獧，古今字也。）然實不同義。公冶長篇爲「狂簡」，子路篇爲「狂狷」，萬章所問者亦爲「狂簡」，孟子答萬章之問則爲「狂獧」。簡縱有大義，而僅能用以解志大言大之狂，不能解有所不爲之獧。

朱子語類卷二十九云：

蜚卿問：「孔子在陳，何故只思狂士，不說狷者？」曰：「狷底已自不濟事，狂底却有個軀殼可以鞭策。斐只是自有文采。詩云，有斐君子，萋兮斐兮。成章是自有箇次第，自成箇模樣。」

又云：

問：「先生解云，斐，文貌。成章，言其文理成就有可觀者。不知所謂文是文辭耶？亦指事理言之邪？」曰：「非謂文辭也，言其所爲皆有文理可觀也」。又問：「狂簡既是志大而畧於事，又却如何得所爲成章？」曰：「隨他所見所習，有倫有序有首有尾也。便是異端，雖與聖人之道不同，然做得成就底，亦皆隨他所爲，有倫序有首尾可觀也。」

朱子門人對其師之解釋已不能無疑。朱子既云狷底已自不濟事，是其亦知「狂簡」不同於「狂狷」，而於集注猶云不得中行之士，而思其次，何也？至於解「斐然成章」比附異端之有倫序有首尾，殊失諸支離。門人問既志大而畧於事，何得成章？恐未可以此答之也。

皇侃論語義疏卷三云：

孔曰：簡，大也。孔子在陳思歸欲去。故曰，吾黨之小子狂（集解「狂」下有「簡」字）者，進趨（集解作取）於大道，妄（集解「妄」下有「作」字）穿鑿，以成文章，不知所以裁制；我當歸以裁之耳。遂歸。

論語孔安國注，清人多以爲僞託之作。沈濤有論語孔注辨僞，丁晏有論語孔注證僞，沈以爲出於何晏，丁以爲王肅所作。孔注果出何人？非此所當論，可姑置之。潤孫則以爲作者縱有問題，其說解要不能無所依據，學者當分別觀之。論語孔注辨僞云：

釋文云：「鄭讀至小子絕句」，是孔以狂簡絕句者誤也。史記孔子世家：「哀公三年，孔子在陳，魯召冉求。孔子曰，歸乎！歸乎！吾黨之小子，狂簡斐然成章，吾不知所以裁之。」是此節爲冉求而發。「吾黨之小子」，蓋指冉求也。「歸與歸與」，亦謂冉求將歸。今曰孔子在陳思歸，誤矣。不知所以裁之，蓋謂已不能裁制，求之狂簡也，故史記上有吾字。今曰我當歸而裁制之，更誤矣。史遷親從安國問故，不應說之歧異，其僞灼然。禮記表記正義引論語，「子在陳曰，歸與！歸與！吾黨之小子。」是與鄭讀相合。禮記大學注，「斐，有文章貌也。」爾雅釋訓注，「斐，文貌。」太玄，「斐如邠如」注，「斐邠者，文盛貌也。」斐字從文，古訓無不以爲文貌者，今云妄作穿鑿，謬矣。皇氏此疏云，「斐然，文章貌也。」蓋亦知孔說之不可從。

史記孔子世家云：

　孔子居陳三歲，會晉楚爭彊，更伐陳。及吳侵陳，陳常被寇。孔子曰，「歸與！歸與！吾黨之小子，狂簡進取，不妄其初。」於是孔子去陳……孔子遂行，復如陳……（魯）使使召冉求，冉求將行。孔子曰，魯人召求，非小用之，將大用之也。是日，孔子曰，「歸乎！歸乎！吾黨之小子狂簡，斐然成章，吾不知所以裁之。」子贛知孔子思歸，送冉求，因誡曰，「卽用，以孔子爲招云。」

史記兩載孔子歸與之歎，均爲在陳時事，一從孟子，一從論語，前人多疑其爲重出，而無謂其非孔子思歸者。卽以沈氏所徵引者言之，史記明云子貢知孔子思歸，何能謂「歸與歸與」爲指冉求將歸？劉寶楠論語正義已辨其非。若以此證孔注之僞，眞爲寃詞矣。鄭讀固至小子絕句，而亦未可卽謂其指冉求也。沈氏疑斐然成章，不可以「妄作穿鑿」解之則誠是；蓋狂簡之確義旣已迷失，詁經者遂不能無此疑也。焦循論語補疏云：

　按「妄作穿鑿」四字申解斐然二字，蓋讀斐爲匪，匪猶非也，非猶不也。下「蓋有不知而作之者」注引包曰，「時人有穿鑿妄作篇籍，」「穿鑿妄作」解「不知而作」。妄卽不知，不知卽非然矣。皇邢兩疏以斐爲文章貌，未得注義。

焦氏所疑亦同於沈，特讀「斐」爲「匪」，因解爲「非」，更推爲「不知」爲「妄」，輾轉附會以求其通，如此訓說，誠穿鑿矣，其蔽亦由昧於狂簡之解耳。

　狂，說文作⿰犭㞷，云：「狾犬也，從犬㞷聲。⿰忄㞷，古文，從心。」段玉裁云：「按此字當從古文作⿰忄㞷，小篆變爲從犬，非也」。朱駿聲云：「按移以言人，乃製⿰忄㞷字也。」二氏之說雖畧有出入，而⿰犭㞷⿰忄㞷之別在於人犬，則無異解。說文：「㞷，草木妄生也。」是㞷之義爲妄，故人妄爲⿰忄㞷，犬妄爲狂。後雖廢⿰忄㞷用狂，其義之爲妄，固未變也。論語陽貨篇，「好剛不好學，其蔽也狂，」孔注，「狂，妄抵觸人，」益可證。

說文：「簡，牒也」。「牒，札也」。「札，牒也。」段玉裁云：「按，簡竹爲之，牘木爲之，牒札其通語也。」爾雅釋器云：「簡謂之畢。」禮記學記：「呻其佔畢」，注，「但吟誦其所視簡之文。」論衡量知篇云：「截竹爲筒，破以爲牒，加筆墨之迹，乃成文字，大者爲經，小者爲傳記」。然則所謂簡者卽後世之書卷，狂簡者，蓋妄以己意著之簡牒也。說文：「篇，書也。」段玉裁云：「書，著也。著於簡牘者也。」漢書晁錯傳云：「著之予篇」，注，「篇，謂竹簡也。」以繩編串竹簡，於是成書爲篇。荀勗穆天子傳序：「汲縣民不準盜發古冢所得書也，皆竹簡靑絲編」。勞榦居延漢簡考釋云：「居延簡，廣地南部候兵物册共七十七簡，以麻繩二道編之，如竹簾狀，可以卷舒。」（今人於古代簡策之制考證頗詳，茲不多及）。古時編簡爲書，故稱之曰篇，亦謂之曰書，析言之則曰簡。狂簡者，妄著簡牘也。

何晏論語集解引孔注「簡，大也。」而邢昺論語疏未有以釋之，以致所有誤解皆由此引起。義疏云：

狂者，直進無避者也。簡，大也。大謂大道也。斐然，文章貌也。孔子言我所以欲歸者，爲我鄉黨中有諸末學小子，狂而無避，進取正經大道，輒妄穿鑿，斐然以成文章。

又云：

趨，取也。大道，正經也。既狂，故取正典穿鑿之也。

邢疏省「大謂大道也」一語。於「進取正經大道」句，省「正經」二字。其下復畧去「大道，正經也。既狂，故取正典穿鑿之也，」數語。皇疏解簡爲大道爲正經，蓋尙存漢魏經師相傳之舊說，說苑修文篇云，「大者文也，」是大有文之訓，故孔注以大釋簡，而皇疏以大道正經解之也。邢疏如此删省，其義與皇疏乃大相逕庭。義疏孔注云，「吾黨之小子狂者」，集解孔注作「吾黨小子之狂簡者」，衍一「簡」字，於是用以稱大道稱正經之「簡」，轉移爲稱人之「簡」。後人沿之，不悟「簡」乃以稱書，非以稱人，更受子路篇及孟子之影響，迷途不返者幾千年矣。

孔注解「狂」爲「狂者」，其下復云「進趨於大道，妄穿鑿」云云。如此說解，則狂既爲稱人，又須解爲妄，狂簡爲妄穿鑿之意始能明。古人文字雖尙簡，亦斷無晦奧至於如是者，即以此注推之，恐不能無所脫誤增改也。狂之爲妄，已釋於前，妄穿鑿之義，即出於此，決非用以稱人。孔注蓋雜采先儒舊訓而成，故得失互見，爲說不純，須整理爬梳之耳。惜邢疏荒誕，不僅無所發明，且多刪省，苟非皇疏復出，何從窺見古義哉？

張栻論語解卷三云：

聖人道不行於當時，故退而明諸書，以私淑諸人。方聖人歷聘之時，詩書禮樂之文，固已付門人次序之矣。及聖人歸於魯，而後有所裁定，所謂刪詩、定書、繫周易、作春秋也。狂簡之士雖行有不揜，而其志大，蓋能斐然以成章矣。至於義理之安，是非之平，詳畧之宜，則必待聖人裁之，而後爲得也。

論語正義卷六云：

孔子世家言，陽虎亂政時，孔子不仕，退而修詩書禮樂；弟子彌衆，至自遠方，莫不受業。是孔子年五十內，已修詩書禮樂，非至晚年歸魯，始爲之也。弟子受業，即受孔子所修之業。當時洙泗之間，必有講肄之所，不皆從夫子出游，故此在陳得思之也。

張氏能自「斐然成章」推知門人次序六藝，殊爲卓識，顧仍迷於狂簡之解焉。劉氏引史記以證其義，謂夫子出游，門人不必皆從，洙泗之間，必有講肄之所，爲說益明。論語述而篇云：

子曰：述而不作，信而好古。

又云：

子曰：蓋有不知而作之者，我無是也。

義疏卷四云

包氏曰：時人多有穿鑿妄作篇籍者，故云然也。

夫子述而不作，故於時人之妄作頗不取之。包注之「穿鑿妄作」似與孔注之「妄穿鑿」同義，若然，「狂簡」當是「作」而非「述」，苟非是，何來「斐然成章」之歎？然亦是門人講習六藝，妄穿鑿以爲論。孔注云：「進趨於大道，妄穿鑿以成文章。」皇疏云：「取正典穿鑿之，」蓋均指門人之狂簡，而非臆說。張氏「義理之安，是非之平，詳畧之宜，必待聖人裁之」數語，良是也。

子路篇所言者爲狂狷，與此爲二事，可置無論。孟子盡心篇萬章之問，史記孔子世家亦採之，人多辨其爲一事誤傳爲二，（見崔述洙泗考信錄及錢穆先秦諸子繫年諸書）其說殆成定論。萬章述孔子之辭曰：「吾黨之士狂簡進取，不忘其初」，趙注：「簡，大也。狂者進取大道，而不得其正者也。不忘其初，孔子思故舊也。」則所謂大者同爲指大道，與論語孔注合，且亦云狂者進取，而非狂簡進取，足證簡非指人爲漢時經師古訓；惜後人未參之論語義疏，多昧其解耳。焦循孟子正義引儀禮及楚辭之注，證初有故義，其說是矣；趙氏釋不忘其初爲孔子思故舊，則似可商。夫所謂「不忘其初」，似是吾黨之士雖妄穿鑿以成文章，猶不忘昔日從孔子所受之業，初指昔日之業也。萬章問孔子何爲思狂士者，其人既狂簡進取，自可稱爲狂士，然如以此證狂簡之「狂」爲稱人者，則仍不可通也。

孟子答萬章問，捨妄穿鑿以成文章狂簡之事，而告以狂狷之人，蓋專就孔子思狂士而言，其說與論語子路篇之言合，而與公冶長篇及萬章所稱述者皆不合。後世以孟子所答者爲人，集解孔注又誤衍一簡字，狷簡古韻復又同部，簡爲稱人之解，說經者遂皆視爲當然無可疑矣。

史通卷四斷限篇云：

夫書之立約，其來尚矣。如尼父之定虞書也，以舜爲始，而云粤若稽古帝堯；丘明之傳魯史也，以隱爲先，而云惠公元妃孟子。此皆正其疆里，開其首端，因有沿革，遂相交互耳。事勢當然，非爲濫軼也。過此已往，可謂狂簡不知所裁者焉。

又卷八書事篇云：

大抵近代史筆敍事爲煩，榷而論之，其尤甚者有四……凡祥瑞之出非關理亂，蓋主上所惑，臣下相欺……史官徵其謬說，錄彼邪言；眞僞莫分，是非無別。其煩一也……夫臣謁其君，子覲其父，仰惟恒理。非復異聞，載之簡策，一何辭費？其煩二也……近世自三公以下，一命已上，苟沾厚祿，莫不備書……具之史牘，夫何足觀？其煩三也……聲不著於一鄉，行無聞於十室，乃敍其名位，一一無遺。此實家牒，非關國史。其煩四也。於是考茲四事，以觀今古。足驗積習忘返，流宕不歸。乖作者之規模，違哲人之準的也。「孔子曰，吾黨之小子狂簡，斐然成章，不知所以裁之。」其斯之謂矣。

劉氏猶知漢魏經師之舊義，論史書體製，兩引狂簡以喻著史者之濫載失裁。得此佐證，足堅潤孫自信。子玄初非經師，而其說乃可以解經，惜乎注論語諸家皆不之顧也。

朱子與校勘學

錢　穆

朱子曠代巨儒，其學所涉，博大精深，古今殆無匹儔。而以理學名高，自餘遂為所掩。即其詩文，亦巍然一世宗匠。其整理文學古籍，平生有三書。四十四歲成詩集傳，六十八歲成韓文考異，七十歲成楚辭集注。即就文學史範圍言，三書成績，已可卓然不朽。惟其詩楚辭兩種，既已膾炙人口，傳誦迄今弗衰。而韓文考異，獨少為人稱道。然自有韓文，歷四百年，考異出而始勒成為定本。(韓愈卒西歷紀元八二四，考異成書在南宋寧宗慶元三年，當西歷紀元一一九七。)自有考異，迄今又近八百年，誦習韓文者，皆遵之，更少重定。蓋後儒於朱子詩楚辭尚有諍辨，獨考異無間然。既羣相遵守，遂乃視若固然，而聲光轉闇也。茲篇特於考異獨加發揮，俾前儒之用心，重此展顯，而承學之士，亦有所取法焉。

自清儒標漢學之名，與宋樹異，存心爭雄長。其於訓詁考訂校勘，最號擅場。淺見者震於瞍聞，遂羣目宋儒為空疏。不悟即論讀書精密，朱子實亦逴然遠越，非清儒可比。校勘雖治學之末節，而欲精其事，亦非兼深於訓詁考訂者不辦。朱子韓文考異，成於晚年，學詣既邃，偶出緒餘，莫非精圓絕倫。雖若僅為校勘之末務，而訓釋之精，考據之密，後來清儒能事，此書實已兼備。所謂獅子搏兎，亦用全力也。本篇特就考異校勘之學，粗為籀述，指示大例。庶尊宋學者，勿鄙此為玩物喪志，謂為不足厝懷。而尚漢學者，庶亦破其壁壘，闢其戶牖，擴心胸而泯聲氣。知訓詁考訂校勘之業，亦復別有本源。凡其所得之淺深高下，將胥視其本原以為定。於是通漢宋之囿，袪義理考據門戶之蔽，而兼通幷包，一以貫之。此固朱子格物窮理之教之一端。則本篇之作，亦非僅為朱子考異一書作揄揚備鼓吹而已也。

朱子韓文考異，乃就方崧卿韓集舉正重加覈訂。崧卿，莆田人，南宋孝宗時，嘗知台州軍事，與朱子同時。其書入四庫。提要稱其書：

據碑本凡十有七，據諸家之書，凡唐令狐澄本，南唐保大本，秘閣本，祥符杭本，嘉祐蜀本，謝克家本，李昞本，參以唐趙德文錄，宋白文苑英華，姚鉉唐文粹，參互鈎貫，用力亦勤。

又曰：

自朱子因崧卿是書，作韓文考異，盛名所掩，原本遂微。越及元明，幾希泯滅。閻若璩號最博洽，亦未見此本，可稱罕覯之笈。

朱子所以繼方本而別有作者，其意備見於考異之序文。其文曰：

此集今世本多不同，惟近歲南安軍所刋方氏校定本，號爲精善。別有舉正十卷，論其所以去取之意，又他本之所無也。然其去取，多以祥符杭本，嘉祐蜀本，及李謝所據館閣本爲定。而尤尊館閣本，雖有謬誤。往往曲從。他本雖善，亦棄不錄。至於舉正，則又例多而詞寡，覽者或頗不能曉知。故今輒因其書，更爲校定。悉考衆本之同異，而一以文勢義理及他書之可證驗者決之。苟是矣，則雖民間近出小本不敢違。有所未安，則雖官本古本石本不敢信。又各詳著其所以然者，以爲考異十卷，庶幾去取之未善者，覽者得以參伍而筆削焉。

考異亦收四庫，提要稱其書

體例，本但摘正文一二字大書，而所考夾註於下，如陸德明經典釋文之例。於全集之外別行。至宋末，王伯大始取而散附句下，以其易於省覽，故流布至今，不復知有朱子之原本。其間譌脫竄亂，頗失本來。此本出自李光地家，乃從朱子門人張洽所校舊本繙雕，最爲精善。光地沒後，其版旋佚，故傳本頗少。

此爲朱子韓文考異之原本。章實齋校讎通義有朱子韓文考異原本書後一篇，謂：

朱子韓文考異十卷，自王留耕散入韓集正文之下，其原本久失傳矣。康熙中，安溪李厚菴相國，得宋槧本於石門書家，重付之梓，校讎字畫，精密綦甚，計字十一萬七千九百有奇。諦審此書，乃知俗本增刪，失舊觀也。

又曰：

古人讀書，不憚委曲繁重，初不近取耳目之便。故傳注訓故，其先皆離經而別自爲書。至馬鄭諸儒，以傳附經，就經作注，觀覽雖便，而古法乃漸亡矣。至於校讎書籍，則自劉向揚雄以還，類皆就書是正，未有辨論同異，離本文而別自爲書者。郭京周易舉正，自爲一書，不以入經，此尊經也，其餘則絕無其例。至宋人校正韓集，如方氏舉正，朱子考異，則用古傳注例，離文別自爲書。是皆後人義例之密，過於古人。竊謂校書必當以是爲法。刻古人書，亦當取善本校讎之，自爲一書，附刻本書之後。俾後之人，不憚先後檢閱之繁，而參互審諦，則心思易於精入。所謂一覽而無遺，不如反覆之覈核也。

今按李光地繙雕宋本韓文考異，今亦甚少流傳，惟商務印書館涵芬樓影印宋刻五百家注音辯韓昌黎先生集，并附考異十卷，亦宋本舊刻，有光緒二十二年丙申黃巖王棻跋一篇，謂：

右晦菴朱侍講先生韓文考異十卷，裝爲八冊，皆有祁氏朱氏惠氏印。惟首冊二卷係補鈔，止惠定宇名字二印。疑祁朱二家所藏本全，至惠氏而失其首二卷，乃借他本，屬善書者倣鈔，而鈐以己印耳。其書當與五百家注同時所刋，惟每葉十八行，每行十七字，小注則十九字，與五百家注異。蓋本朱子原定行欵也。今之學者，未窺許鄭藩籬，輒詆宋儒爲空疏。未入蕭選堂奧，輒訾八家爲塵腐。觀朱子於韓公之文，一字一句，不肯輕易放過，其服膺昌黎，詁訓不苟如此，豈東漢六朝，所能駕二公而上之者耶。

又有無錫孫毓修跋云：

考異十卷，猶是朱子原本，未爲王伯大所亂，更是罕見閟籍。自明山陰祁氏後，轉入惠丁諸氏。卷中亦有竹坨印記，然考曝書亭跋語，則竹坨藏本，有論語筆解而無年譜考異，與此本不同。豈朱氏有兩本耶？抑此印爲後人所加耶？

今姑畧此諸小節勿論，而涵芬樓此本，與李光地翻雕之祖本仍不同，有可得而辨者。據四庫提要，李氏翻雕本，乃從朱子門人張洽所校舊本，第一卷末有洽補注一條，稱陪杜侍御游湘西兩寺詩，長沙千里平句，當作十里，言親至嶽麓寺見之，方氏及朱子皆未知。又第四卷末，洽補注一條，辨原性一篇，唐人實作性原，引楊倞荀子注所載全篇，證方氏舉正不誤，朱子偶未及考。又第七卷末有洽補注一條，辨曹成王碑中搏力句卒之義，皆今本所未載。

今按：涵芬樓本，首冊二卷係補鈔，卷一末有陪杜侍御遊湘西兩寺張洽補注一條云：

洽嘗至長沙，登嶽麓寺，見相識云：長沙千里平，千當作十，蓋後人誤增也。州城方十里，坦然而平。湘西嶽麓寺乃獨在高處，下視城中，故云長沙十里平，勝地猶在險。寺中道鄉亭觀之信然。此朱先生及方氏所未及，漫誌於此，以備考訂。

而卷四卷七皆無張洽補注。可知涵芬樓本非卽張校本，其一二兩卷已佚去，而所從補鈔者，卻是張校本也。又其書除一二兩卷外，尙有殘缺，如卷六二十二頁，當韓集第二十二卷祭田橫墓文，卽殘缺半頁，二十二頁之後面，乃二十三頁之後半移前，而二十三頁之後半，則係二十四頁前面重複。此殆由書估，欲求彌蓋其書篇頁殘缺之跡，乃另覓他本剪黏。而同卷十四頁後半亦與十五頁前半重複，並原刻明注「此篇重了，錯誤，當看後篇。」則殆是刻書時原已誤，而未加毀板改正，此則更可怪。書估牟利，輕率如此，則古刻豈誠盡屬無誤可貴？卽此已是治校勘者眼前一好例。然居今可以見朱子當時考異原書者，亦僅此一本矣。

而此影本又復多誤字，此蓋原本有糢糊漫滅處，商務取以影印時，以己意妄加描寫而重以致譌，此當據考異別本細校，而今傳考異別本，亦屬影印本其中仍多臨影描摹，而其譌更甚者。故必相互對校，庶可得考異原書本眞之全也。

王伯大考異別本，亦入四庫，提要云：

伯大字幼學，號留耕，福州人。理宗朝，官至端明殿學士，拜參知政事。伯大以朱子韓文考異，於本集之外，別爲卷帙，不便尋覽，乃重爲編次。離析考異之文，散入本集各句之下，刻於南劍州。又採洪興祖年譜辨證，樊汝霖年譜註，孫汝聽解，韓醇解，祝充解，爲之音釋，附於各篇之末。厥後麻沙書坊以註釋綴於篇末，仍不便檢閱，亦取而散諸句下。蓋伯大改朱子之舊第，坊賈又改伯大之舊第，已全失其初。卽卷首題朱文公校昌黎先生集凡例十二條者，勘驗其文，亦伯大重編之凡例，非朱子考異之凡例。流俗相傳，執此爲朱子之本，實一誤且再誤也。然註附句下，較與文集別行者，究屬易觀。自宋以來，經典釋文，史記索隱，均於原書之外，別本各行，而監本經史，仍兼行散入句下之本，是卽其例矣。

今按商務印書館四部叢刊用元刋本影行朱文公校韓昌黎先生集，是卽四庫提要所謂麻沙坊本，改亂王伯大南劍州本之舊第，一誤而再誤者也。而商務於臨影時，遇字迹漫滅糢糊處，又率爲鈎摹，更滋譌誤。是爲再誤而三誤矣。

章實齋校讎通義有朱崇沐校刋韓文考異書後一篇，謂：

明萬曆中，朱子裔孫崇沐，取王伯大劍本重刻。此本行世最廣，而標名仍稱朱子韓文考異，學者不察，遂以王氏之書爲考異也。王氏此書，兼採樊韓孫祝諸家之說，補綴考異之所不逮，良亦有功。其於考異全文，初無改竄，至字句小有異同，或爲傳寫之訛。

此爲朱子韓文考異之別本。除原本別本外，復有東野堂刋韓集所附之節本。四庫提要引陳景雲韓集點勘書後云：

近代吳中徐氏東野堂刋韓集，用宋末廖瑩中世綵堂本。其註採建安魏仲舉五百家註本爲多。復刪節朱子單行考異，散入各條下，皆出瑩中手也。

以上畧敘考異原本別本節本竟，以下就考異原本，畧論其校勘之用意。朱子又自有一長序，備述其所以著考異之意。其言曰：

南安韓文，出莆田方氏，近世號爲佳本。予讀之，信然。然猶恨其不盡載諸本同異，而多折衷於三本也。原三本之見信，杭蜀以舊，閣以官，其信之也則然。然如歐陽公之言，韓文印本初未必誤，多爲校讎者妄改。

觀其言爲兒童時，得蜀本韓文於隨州李氏，計其歲月，當在天禧中年，且其書已故弊脫畧，則其摹印之日，與祥符杭本，蓋未知其孰先孰後，而嘉祐蜀本，又其子孫，明矣。然而猶曰，三十年間聞人有善本者，必求而改正之，則固未嘗必以舊本爲是而悉從之也。至於秘閣官書，則亦民間所獻，掌故令史所抄，而一時館職所校耳。其所傳者，豈眞作者之手藳？而是正之者，豈盡劉向揚雄之倫哉？讀者正當擇其文理意義之善者而從之，不當但以地望形勢爲輕重也。抑韓子之爲文，雖以力去陳言爲務，而又必以文從字順各識其職爲貴。讀者或未得此權度，則其文理意義，正自有未易言者。是以，予於此書，姑考諸本之同異而兼存之，以待覽者之自擇。區區妄意，雖或竊有所疑，而不敢偏有所廢也。

言校勘者首重版本，舊本如今言宋槧元刻之類是也。官本如今言殿版局刻之類是也。而朱子則謂舊本官本不盡可恃，故必多據異本。此王應麟所謂「監本未必是，建本未必非。」清儒焦循亦云：「漢學不必不非，宋版不必不誤。」段玉裁亦云：「宋本亦多沿舊，無以勝今本。」此治校勘學者所不可不知之最先第一義，而朱子固先發之矣。

然校勘既不能偏重一本，而必多據異本，而校勘之業，亦非僅於羅列異文，便謂可盡其能事也。諸本異同之間，則必有是非得失，而評判是非得失，則其學已越出校勘之外。故其學非眞能越出於校勘之外者，亦决不能盡校勘之能事。顧炎武音論，自言據詩經通古音之方法，曰：「列本證旁證二條。本證者，詩自相證也。旁證者，采之他書也。二者俱無，則宛轉以審其音，參伍以諧其韵。」可見考據之學，亦必有越出於證據之外者。朱子考異所重，則尤重在韓集本文之內證。所謂擇其文理意義之善者而從之是也。文理者，字法句法章法皆是。字句章節之法變，而文之意義亦隨而變，衡平得失，主要在是。而猶有不盡於是者，則又必深識夫韓氏一集所獨具之風格與個性焉，乃庶可以憑此權度，而以剖辨其是非得失於微茫疑似之間矣。就韓愈氏之所自言，則曰陳言務去，又曰文從字順各識職。此韓氏一集特出所在，故必二者兼盡，乃始可以得韓集之眞是也。抑猶不盡於此。夫曰文理，則決非僅盡於文字之理而已。夫亦曰理見於文，理由文見，故言文理者，則必深入於文中之意義。孟子曰：「說詩者不以文害辭，不以辭害志，以意逆志，是爲得之。」蓋必至於是而後始可謂能擇其文理意義之善者而從之矣。此又校勘之業之決不盡於校勘，而後始能盡校勘之能事之說也。

由此言之，校勘之學，固貴於客觀之與材，而尤貴乎主觀之鑒別。鑒別之深淺高下，則不憑乎外在之材料，而實憑乎校者之心智。而心智之深淺高下，則一視乎其學養所至，而其事固爲學者所不易自知者。是則校勘之學，若有憑，而實無憑。故朱子考異，有所主，無所廢，仍必兼存諸本異同，以待後之覽者之更有以自擇焉。此其至謹至愼，所以爲至密至當，而爲後之治校勘者所必守之矩矱也。故朱子之校韓集，不僅校勘訓詁考據一以貫之，抑考據義理文章，亦一以貫之矣。此固巨儒之用心，無往而不見其全體之呈露，而後之承學之士，更當於此悉心而體玩焉者也。

茲試就考異原文，麤舉例證，以見一斑。

夫校勘必羅舉異文，又必辨其得失，而辨定得失，則多有待於他書之旁證，此易知也。然旁證亦有不可恃。如考異卷二赤籐杖歌，浮光照手欲把疑，

諸本同，方獨從蜀本作照把欲手疑。云：檀弓有手弓，列子有手劍，史記有手旗，義同此。諸本多誤。

考異云：今按：方說手義固爲有據。然諸本云照手欲把疑，則是未把之時，光已照手，故欲把而疑之也。今

云照把，則是已把之矣，又欲手之，而復疑之，何耶？況公之詩，銜口而出，自然奇偉，豈必崎嶇傴仄，假此一字而后爲工乎？大抵方意專主奇澀，故其所取多類此。

此條方爲欲手手字覓證，證則是矣，而不悟其不可從也。朱子則細辨於本書之文理意義，不煩覓旁證而是非定。又方意韓文陳言務去，故專從奇澀處求之。不悟雖曰陳言務去，又必文從字順各識職，而後始可得韓文之眞。淸儒戴震有言：「學有三難。淹博難，識斷難，精審難。」朱子此條，可見其識斷，並見其精審。方氏一意於覓證，是知有淹博，而不知有識斷也。

又如考異卷一赴江陵途中，親逢道邊死，

方云：閣本作道邊死，而從杭蜀本作道死者。

考異云：今按：古人謂尸爲死，左傳生拘石乞而問白公之死。漢書何處求子死。且古語又有直如弦，死道邊之說，韓公蓋兼用之。此乃閣本之善，而方反不從，殊不可曉也。

此條方從杭蜀本，意謂道死者三字語義自明，故不須覓旁證。而朱子卻轉覓旁證，定當從閣本。方氏意尤尊閣本，雖有謬誤，往往曲從，而此處獨不從，乃轉失之。可見校勘之學，本於其人學養之深淺，識別之高下，固非僅務覓異本，求旁證，即可勝任愉快也。

又仝上：歸舍不能食，有如魚中鉤。

中或作挂。方從蜀本作出，云：選文賦若遊魚銜鉤而出重淵之深，公語原此。（此條方字，東野堂本改作或字，夫其旨矣。）

考異云：今按：韓公未必用選語，况其語乃魚出淵，非魚出鉤也。不若作挂爲近。然第五卷送劉師服詩有魚中鉤之語，則此出字乃是中字之誤，而尚存其彷彿耳。今定作中。

此條方覓文選旁證而誤其文理。就文當作中，亦可作挂，朱子卽於韓集他篇覓本證，而定爲中字，又解釋譌文爲出之由來，則決然捨挂從中，更無疑義矣。

又如考異卷七祭竇司業文，四十餘年，事如夢中。

諸本皆如此。方從閣杭苑及南唐本作事半如夢。云：古夢音平去聲通。石崇詩，周公不足夢，與可以守至冲叶。

考異云：今按：事半如夢，語意碎澁。不如諸本之渾全而快健。前人誤改，當以重押中字之故，不知公詩多不避也。

此條方覓旁證，而朱子卽就原文比對，又推論前人校者所以誤改之故，則更不須旁證而是非決。王念孫校淮南王書，曾謂：「典籍之誤，半由傳寫誤脫，半由憑意妄改，」此卽憑意妄改之證也。

又如考異卷八平淮西碑，弘，汝其以節都統諸軍。

節下或有度字。諸，方作討。

考異云：今按：前輩有引左傳討其軍實爲討軍之證者，恐未必然。若必作討，則秦之罘刻石，自有遂發討師之語，而晉官有都督征討諸軍事，皆足爲證。不必引左傳，却不相似也。但公所作韓弘碑，但云都統諸軍，則作討者爲誤矣。不可以偶有旁證，而强引以從之也。

此條見同是尋覓旁證，亦有高下，有貼切不貼切之辨。此等處，正貴學問之淹博，識斷之精審，而朱子此條，直從韓集他篇尋得本證，則他處縱有旁證，雖若貼切，亦不可從矣。

又如考異卷四游箴，余少之時，將求多能，蚤夜以孜孜。余今之時，既飽而嬉，蚤夜以無爲。嗚呼余乎！其無知乎！

余，方從閣蜀本作于。云：左傳于民生之不易，于勝之不可保。杜注：于，曰也。

考異云：今按：方說不爲無據，然與所證之文，初不相似。況下文有嗚呼余乎，則此于字皆是余字明矣。

此條方氏仍是覓旁證而不貼切，朱子即就原文上下得內證，而案定矣。

又如考異卷四師說，聖人無常師，孔子師郯子萇弘師襄老聃。（句絕）郯子之徒，其賢不及孔子。

方無孔子師郯子五字，而讀下六字連下句郯子之徒爲句。方云：校本一云，郯子下當有數子二字，其上當存孔子師三字爲是。

考異云：今按：孔子見郯子在適周見萇弘老聃之前，而聖人無常師，本杜氏注問官名語，故此上句既叙孔子所師四人，而再舉郯子之徒，則三子在其中矣。方氏知當存孔子師字，而不知當幷存上郯子二字，乃以下郯子二字屬上句讀之，而疑郯子之下更有數子二字，誤矣。

今按：韓氏師說，其文爲後世人人習誦，似乎此條所引，文義明白，絕無可疑者。不知在朱子前，其字數句讀無定，勞人如猜謎，有如是之紛紜也。其誤皆由文中郯子一名重出，而後人校者妄加臆測，奮筆塗竄，遂致莫衷一是。朱子據史事作旁證，定郯子之名，必當列萇弘師襄老聃三人之上。又據上下文義，知下文郯子一名重出，而郯子之徒四字，實兼萇弘師襄老聃三人在內。則一切自定，不煩再有所疑辨矣。從知治校勘，既必精熟文理，又須博涉兼通，始能勝任愉快。校勘之業，似易實難，即此一條已可見。固非僅從字句異同間臆測，所能定其一是也。又知學問之事，眞是一出，則衆疑皆消，而眞是之明白曉暢，事若固然，又往往使人忽於獨見此眞是者之在當時之非有甚深學養不辦也。然則輕視校勘之業，謂其微末不足道者，觀於此節，亦可以自見其爲意氣之偏矣。

又如考異卷五，重答張籍書，張而不弛，文武不能也。

能字本皆作爲。方云：考之記，實曰：張而不弛，文武不能也。弛而不張，文武不爲也。則此爲字當作能字乃是。但李本云：論衡嘗引此以闢董仲舒不窺園事，正作爲字。疑公自用論衡，非用戴禮也。

考異云：今按：作爲無理，必有脫誤。不然，不應舍前漢有理之禮記，而信後漢無理之論衡也。況公明言記曰，而無論衡之云。且又安知論衡之不誤哉？今據公本語，依禮記，定作能字。

今按：此條尤見校勘之不易。既各本盡作爲字，又有論衡作旁證，而朱子獨奮改各本，定從能字。此非有眞知灼見不辦。今考朱子所定，首從文義論，張而不弛，必是不能，非不爲，朱子認作不爲是無理，此等所謂識斷，所謂精審，實已越出於文字義解之外，固非僅僅從事於校勘文字異同者所能企。次則朱子認爲本文既明云記曰，則必本戴記，不當轉據論衡，此乃卽就本文得內證也。昔宋儒黃山谷嘗言：「退之文，老杜詩，無一字無來處」，正當從此等處審細認取。當知古人名家成學，作文著書，一字不苟。後人讀書校文，亦必一字不苟，乃庶有得於古人之眞是。若以粗心浮氣臨之，先不認古人著書有一字不苟者，乃妄憑己臆，恣情騁說。遇己意不可通，遂妄疑古書之多誤。此則尤下於僅知校文字異同者不知其幾等矣。朱子又云：且又安知論衡之不誤。此似一大膽語。自近人言之，幾所謂蔑視證據，憑主觀之尤矣。然當知此等處，非有眞知灼見者，萬萬不敢道，抑亦萬萬不宜道。學有高下深淺，此等則非淺學所可驟企也。清儒校書，往往好援他書，奮改本字。如喜據淮南改莊子，又如援引文選注太平御覽諸類書，改所引原書之類，皆是也。不知其所援引，豈便無誤？惟苟事校勘，卽不免好尋異同。苟無異同，校勘亦何從下手？故一見他處有作異字，校者常不免先存喜心，欣然躍然，若有所獲。此實治校勘者所首當先戒之心病。然此非學養之深，亦不足以語及於此也。至如各本均作某字，而校者不顧，必爲改定，此尤治校勘者首當力戒，不宜輕犯。而朱子此條，顧獨以奮改爲定，此戴震所謂「空所依傍，」錢大昕所謂「實事求是」，學者當心知其意，而未可輕率效之也。

又如考異卷五賀徐州張僕射白兎書，四方其有逆亂之臣，未血斧鑕之屬，畏威崩析，歸我乎哉，其事兆矣。

諸本多如此，嘉祐杭本亦然。方本之屬作其屬，屬下句。析作拆，云：漢終軍傳，野獸幷角，明同本也。衆支內附，示無外也。殆將有解編髮，削左衽，而蒙化者。又王褒講德論，今南郡獲白虎，偃武興文之應也。獲之者張武，張而猛也。公言蓋祖此。

考異云：今按：嘉祐諸本之析二字，文理分明。方氏但據蜀本，而不復著諸本之同異，其所定又皆誤。蓋其屬歸我，事小不足言。不若逆亂之臣歸我之爲大而可願也。崩拆亦不成文。若用論語分崩離析之語，則當從木。若用史記折而入於魏之語，則當從手。二義皆通，然既有崩字，則似本用論語中字也。

此條捨之從其，就事理而判文理也。捨拆從析，遵用旁證。而旁證多端，復須取捨決奪。故不旁證之於史記，而旁證之以論語。更要者，雖定一是，而仍必兼著諸本之異字，以明我取捨之意，而待讀者之自辨。故考異必先列方說，不掩其所從來，此不僅爲治校勘者所必守之大例，亦凡治訓詁考據之學者所應同具之美德也。

又如考異卷六送幽州李端公序，及郊，司徒公紅帓首，鞾袴，握刀，左右雜佩，弓韔服，矢插房，俯立迎道左。」方從杭本，刀下有在字，而讀連下文左字爲句。謝本又校作在右。

考異云：今按：若如方意，則當云左握刀，右雜佩矣。不應云握刀在左，亦不應唯右有佩也。在爲衍字無疑，杭本誤也。禮疏云：帶劍之法在左，右手抽之爲便，則刀不當在右，謝本亦非矣。左右雜佩，當自爲一句，內則所謂左右佩用者也。

今按此條，淸儒姚鼐曾於朱子考異持異議。姚氏謂：

此當從杭本作握刀在左。蓋握刀者，其佩刀之名。若不連在左二字，則眞爲手持刀而見，無是理也。此雜佩止是戎事之用，如射決之類，與內則之雜佩不同。右有而左無，無害。弓矢亦在右，右雜佩，弓韔服，矢插房，九字相連。送鄭尚書序，左握刀，右屬弓矢，文正與此同。

今按：姚氏此辨，細按仍不如考異所定爲是。握刀佩刀名，此說殊無據。然若不曲說握刀爲佩刀之名，則又無解於握刀在左之無此文理也。且握刀亦與持刀有辨。持刀而見，固無是理。若握刀，則握而未抽，不得卽認爲無理矣。故姚氏乃不期而曲說握刀爲持刀也。姚氏所以於此持異議，爲其據韓氏本集送鄭尚書序爲本證，故疑朱子有誤。然考送鄭尚書序云：府帥必戎服，左握刀，右屬弓矢，帕首袴鞾，迎郊。考異於此條云當作左握刀，不應云握刀在左，實卽同據送鄭尚書序文而云也。若雜佩如姚說，只指戎事所用，則亦如鄭尚書序文所云，左握刀，右屬弓矢，七字已足，何煩添作十三字？今依考異所釋，僅十二字，而又添叙出左右雜佩一事，故知姚氏之辨仍非矣。姚氏與朱子，同據送鄭尙書序。而所定是非高下顯不同。校勘之事，僅憑異本旁證之未能勝任而愉快，此豈不可見乎？

又如考異卷六送陸歙州詩序，我衣之華兮，我佩之光。陸君之去兮，誰與翱翔。

諸本如此。方從閣杭本，光翔下皆有兮字，去下無兮字。

考異云：今按：古詩賦有句句用韻及語助者，賡歌是也。有隔句用韻及兮，而兮在上句之末，韻在下句之末者，騷經是也。有隔句用韻，而上句不韻不兮，下句押韻有兮者，橘頌之類是也。今此詩，方本若用賡歌之例，則華光有兮而不韻，其去字一句，又幷無也。若用騷經之例，則光翔當用韻，而不當有兮。華雖可以有兮，而去復不可以無兮也。若用橘頌之例，則下三句爲合，而首句不當有兮也。韓公深於騷者，不應如此，蓋方所從之本失之也。今定從諸本，以騷經及賈誼弔屈首章爲例。若欲以橘頌爲例，則止去方本首句一兮字，尤爲簡便。但無此本，不敢以意創耳。

今按：校勘之事，有苟無旁證，則絕不可定者，如此條之例是也。然欲覓旁證，則書籍浩如烟海，有可引以證此，復有可他引以證彼者。證既多門，彼此兩歧，苟非本書確有近於某例之內證，則此多歧雜出之旁證，又何從爲抉擇從違乎？朱子此條，謂既無此本，不敢以意創，此尤至愼至密，爲治校勘者所必知也。

又如考異卷六送高閑上人序，今閑師浮屠氏，一死生，解外膠。

諸本作膠，方從杭歐謝本作繆。云：繆，莫侯切，猶綢繆也。莊子：內韄者不可繆而捉，義蓋同此。

考異云：今按：膠者黏著之物，而其力之潰敗不黏爲解。今以下文頹墮潰敗之語反之，當定作膠。

今按：此條見旁證之不如內證也。方證之於莊子，乃旁證。考異證之以本篇下文頹墮委靡潰敗不可收拾之語，而定爲膠字，是內證，而所勝於方者抑遠矣。

又如考異卷六祭田橫墓文，貞元十一年九月，愈如東京，道出田橫墓下。

十一年，諸本或作十九年。月下有十一日字。如東京，或作東如京。洪氏曰：東京、洛陽也。公以貞元十一年出長安，至河陽，而後如東都也。十九年秋，則公爲御史，是冬卽貶陽山，安得以九月出橫墓下。唐都長安，亦不得云東如京也。方從閣杭蜀本作東如京，云：田橫墓在偃師尸鄉，洛陽東三十里，今公自河陽道橫墓下以入洛，故云東如京也。

考異云：今按：洪氏作如東京，及考歲月皆是。方氏亦以京爲洛陽，但據三本必欲作東如京爲誤耳。今且未須別考他書，只以其所引田橫墓在洛陽東者論之。則自墓下而走洛陽，乃是西向，安得言東如京乎？況唐都長安，謂洛陽爲東京則可，直謂之京則不可，其理又甚明。若據元和郡國志，則河陽西南至河南府八十里，其大勢亦不得云東如京也。此又三本謬誤之一證，故復表而出之。

今按：如方說，原文當作自東如京，非東如京也。既不當直呼洛陽爲京，自河陽往，亦不得云自東往。此之謂不合文理，而方氏之誤斷然矣。校勘之事，重內證，有不煩旁考而可定者，如此條之例是也。

又如考異卷八平淮西碑，皇帝歷問於朝一二臣外。

或作外臣，方從杭苑無外字。（東野堂本删方從字。）

考異云：今按：此句若作外臣，則當時朝臣自以伐蔡爲不可，非獨外臣也。若作一二臣，則當時舉朝之臣，皆以伐蔡爲不可，又非獨一二人也。考之下文，所謂一二臣同，不爲無助者，又正指武元衡裴度一二人贊伐蔡之謀者而言。則此乃謂唯一二臣以爲可，而其外羣臣，皆以爲不可耳。諸本作外臣，及無外字，皆非是，惟作臣外者得之。

今按：此亦不煩旁證，卽本文自證而可定也。

又如考異卷四伯夷頌，若至於舉世非之，力行而不惑者，則千百年乃一人而已耳。

方從杭粹及范文正公寫本，無力行二字，千下有五字，云：自周初至唐貞元末幾二千年，公言千五百年，舉其成也。

考異云：今按：此篇自一家一國以至舉世非之而不惑者，汎說有此三等人，而伯夷之窮天地，亘萬世而不顧，又別是上一等人，不可以此三者論也。前三等人，皆非有所指名，故舉世非之而不顧者，亦難以年數之實論其有無。且以千百年言之，蓋其大約如此耳。今方氏以伯夷當之，已失全篇之大指。至於計其年數，則又捨其幾二千年全數之多，而反促就千五百年奇數之少，其誤益甚矣。方說不通文理，大率類此，不可以不辨。

今按：此條又是不煩再尋旁證，卽就文理定之而可者。學者觀於朱子之必向外尋證處，可見朱子讀書之博。遇其不煩向外尋證處，可悟朱子讀書之精。亦必博與精兼到，而後始盡校勘之能事，亦卽此而見矣。

又如考異卷六送李愿歸盤谷序，隱之者所盤旋，友人李愿居之。

諸本下皆有旋字。洪氏石本杭本同。或作桓。方從樊氏石本閣蜀苑刪去。

諸本及洪氏石本皆作友。方云：樊氏石本作有。

考異云：今按：校此書者，以印本之不同，而取正於石本。今石本乃又不同如此，則又未知其孰是也。然以理推之，則作有者爲無理。故今特詳著之，以見所謂石本者之不足信也。

今按：校書者苦於印本多異，而取正於石本，此又從事校勘者所共遵之一術也。朱子則謂卽石本亦有不可信，貴於以理斷，此豈非如近人所譏，宋儒好言理，爲喜憑主觀之確證乎？不悟取證雖多，仍須斷之以理。苟無理以通，而空取多證，則書籍浩瀚，何處而不可以爲證？如朱子此等例，實爲治校勘者所當細心研玩也。

又同篇，盤之泉，可濯可沿。

石閣杭本沿作湘。方從蜀本，云：洪氏以爲作湘者，石本磨滅，或以閣本意之也。然此文自如往而復以上，皆二語一韻，以稼叶土，此類固多，以容叶深，以詩七月，易恒卦小象考之，亦合古韻。獨湘不可與泉叶。按公論語筆解，以浴于沂作沿於沂，政與此沿同義。今只以沿爲正。

考異云：今按：方以古韻爲據，捨所信之石杭閣本，而去湘從沿，其說當矣。然必以筆解爲說，又似太拘。今世所傳筆解，蓋未必韓公本眞也。又按：洪云：石本在濟源張端家，皆缺裂不全，惟可濯可湘一句甚明，又與方引洪氏磨滅之說不同，不知何故，姑記之以俟知者。然其大歸，只爲從湘字耳。政使實然，亦不足取也。

今按：校勘考據之學，固貴能得證，然亦有不煩證而可論定者。復有多證轉失，反不如少證無證之得者。此非學養功深，於其所援以爲證者先有一鑒別之精心，而徒恃多證爲貴，則胥不失之矣。如方氏此條，以韓書證韓文，若爲有力，而不知論語筆解之未必眞韓書也。朱子又謂正使石本實作湘字，亦不足取。此則更非有眞識力，眞定見者，難與論此。苟是有眞識力，眞定見，則自可不煩多尋外證，亦必不僅恃多證爲貴矣。

又按：東野堂本，於此條攷異下又云：「或曰：湘字考之說文，云：亯也。詩采蘋，于以湘之。從湘爲正。」此不知何人語，而列之考異之下，更不加以分別，使讀者誤會亦若考異原文。且詩經湘訓亯，朱子寧所不知？試問卽不論韻，可濯可亯，成何文理？而淺人妄矜以爲創獲。莊子云：「時雨降矣，而猶浸灌。日月出矣，而爝火不息。」學問之事，前人早有定論，而後世浮議橫起，如此等者又何限。故終貴於讀者之自具識斷，能自爲別擇也。

又同篇，嗟盤之樂兮，樂無且殃。

殃，方從洪校石本作央。又云：樊本只作殃，然閣杭蜀本皆作央。王逸注離騷云：央，盡也，已也。方又云：此文如叢作蘩，俊作畯，時作旹，皆石本字也。

考異云：今按：作殃於義爲得。又按：此篇諸校本多從石本，而樊洪兩石已自不同，未知孰是。其有同者，亦或無理，未可盡信。按歐公集古跋尾云：盤谷序石本，正元中所刻，以集本校之，或小不同，疑刻石誤。然以其當時之物，姑存之以爲佳玩，其小失，不足校也。詳公此言，最爲通論。近世論者，專以石本爲正。如水門記，溪堂詩，予已論之。南海廟，劉統軍碑之類亦然。其繆可考而知也。

今按：歐公朱子，皆已發石本不可恃之論。而直至近代，治校勘者，得一石本，總以爲其價值必超刻本上，則甚矣流俗之難與語也。

又如考異卷四汴州東西水門記，維汴州，河水自中注。厥初距河爲城，其不合者，誕寘聯鎖于河。宵浮晝湛，舟不潛通。然其襟抱虧疏，風氣宣洩，邑居弗寧。

湛或作沉。不字，方從石本作用。

考異云：今按：上下文意，蓋言置鎖雖足以禁舟之潛通，然未免虧疏宣洩之患，故須作水門耳。諸本作舟不潛通者是也。今上文既言置鎖，而下文乃云舟用潛通，則是鎖爲虛設，而其下句亦不應著然字矣。若以爲誤，則石本乃當時所刻，不應有誤。然亦安知非其書者之誤？刻者之誤？況或非所親見，則又安知非傳者之誤耶？其說之未盡者，又見於溪堂盤谷等序，覽者詳之。

今按：朱子校韓文，認爲卽石本亦有不可恃，此乃治校勘者一甚大議論，故朱子特再三反復鄭重明白言之若是也。

又如考異卷五鄆州谿堂詩序，惟鄆也，截然中居，四鄰望之，若防之制水，恃以無恐。

閣杭蜀及諸本皆有四鄰望之一句，方從石本刪去。

考異云：今按：文勢及當時事實，皆當有此句。若其無之，則下文所謂恃以無恐者，爲誰恃之耶？大凡爲人作文，而身或在遠，無由親視摹刻，既有脫誤，又以毀之重勞，遂不能改。若此者，蓋親見之，亦非獨古爲然也。方氏最信閣杭蜀本，雖有謬誤，往往曲從。今此三本，幸皆不誤，而反爲石本脫句所奪，甚可笑也。

今按：此條朱子指明石本亦有誤，不可盡從，情事宛然，又出親見，其理殆無可疑矣。然朱子考異成書，距今又八百年，而治校勘者，獲一石刻出土，必羣認爲至寶，謂必可據，此非淺見，則必是成心爲病難療也。

又如考異卷七李元賓墓銘，已虖元賓，竟何爲哉！竟何爲哉！

考異云：諸本無此再出已虖元賓四字，方從石本。今亦從之。但方又云：上竟字石本作意，而邵公濟嘗歎其句法之妙。謂歐公而下，好韓氏學者，皆未之見。遂從其說，定上字作志意之意，下字作究竟之竟，則予不識其何說也。竊意若非當時誤刻，即是後來字半磨滅，而讀者不審，遂傳此謬，好事者又從而夸大之，使世之愚而好怪者，遂爲所惑，甚可笑也。

今按：此見石本有可從，有不可從。卽同在一石，亦當憑文理事理爲取捨。而方氏此處之盲從石本，更爲無理可笑。又按：上文已兩見巳虖元賓四字，故此處四字謂是再出也。

又如考異卷四汴州東西水門記，監軍是咨，司馬是謀。

諸本及石本，皆有此二句，方從閣本刪去，云：閣本蓋公晚日所定，當從之。

考異云：今註此二語，疑後人惡監軍二字而刪之耳。方氏直謂閣本爲公晚年所定，不知何據而云然。以今觀之，其舛誤爲最多，疑爲初出未校之本，前已辨之詳矣。大抵館閣藏書，不過取之民間，而諸儒畧以官課校之耳，豈能一一精善，過於私本？世俗但見其爲官本，便尊信之，而不復問其文理之如何，巳爲可笑。今此乃復造爲改定之說，以鉗衆口，則又可笑之甚也。

按：朱子謂官本亦未可盡信，亦未必盡勝於私本，如此處石本與諸本同，朱子捨官本，取石本，可見石本亦固當遵信，（此亦朱子語，）石本仍有勝官本者。惟既諸本互異，則仍當一一斷之以理，不能謂何本之必勝於何本也。

又如考異卷七國子助教河東薛君墓誌銘，曾祖贈大理卿，祖曰元暉，果州流溪縣丞，贈左散騎常侍。

方云：此十六字閣杭蜀本皆闕，惟監本與石本並同。

考異云：今詳：方氏所校專據三本，而謂今本皆不足取，今此數字，乃三本所無而今有者，若非偶有石本，則必以爲校增而不之信矣。故知今本與閣杭蜀苑粹不同者，未必皆無所自也。觀者詳之。

今按：此條又是取石本，捨官本之一例。可見朱子並不謂石本盡不可信也。然有兩石本相異，有官本與石本異，有諸本與官本石本異，此皆須平心考校，不得一憑成見。謂若者必是，若者必非。而八百年來，治校勘者，豈不仍尊石刻，仍尊官本，古官本，奉爲瑰寶，又爭斥宋儒治學憑主觀，主觀之獄，固誰當坐之耶？

又如考異卷五與孟東野書，獨其心追古人而從之。

從下方有今字。之下方有人字。云：謝以貞元本定。

考異云：今按：上語與世相濁，卽是從今之人，更著二字，則贅而不詞矣。舊書之不足據，有如此者。故特詳著其語云。

今按：韓公與東野此書，卽作於貞元十六年，謝氏得此書之貞元本，眞可謂稀世奇遇矣。竊疑此當不指刻本，或是傳鈔本也。然雖舊鈔，而不可信有如此，故朱子特大書之，曰特詳著其語。此五字乃朱子鄭重教人語也。東野堂本此條，乃刪去舊書不足據以下云云，則朱子校書精采，盡爲泯滅矣。自此以來，治校勘者，亦率尊古籍舊書，若不可違，此皆朱子所謂信本而不信理，好奇而不喜常（此十二字，亦朱子評方本語）之過也。

又如考異卷一古意，青壁無路難夤緣。

方從唐本作五月壁路難攀緣，云：鮑溶集有陪公登華山詩，蓋五月也。夤或作攀。

考異云：今按：公此詩本以古意名篇，非登山紀事之詩也。且泰華之險，千古屹立，所謂削成五千仞者，豈獨五月然後難攀緣哉。若以句法言之，則五月壁路之與青壁無路，意象工拙，又大不侔，亦不待識者而知其得失矣。方氏泥於古本，牽於旁證，而不尋其文理，乃去此而取彼，其亦誤矣。原其所以，蓋緣五月本是青字，唐本誤分爲二，而讀者不曉，因復刪去無字，遂成此誤。今以諸本爲正。

今按：方氏此條，既據唐本，又得鮑溶詩陪公五月登華山爲旁證，殆可謂鐵案如山，萬牛牽不動矣。而朱子專據本詩文理，寧取諸本，不從方校。治校勘者，遇此等別擇處，最當潛心深玩，乃可以悟讀書用心取捨之所當重也。

又如考異卷七曹成王碑，兼州別駕。

兼，方作處。云：考舊傳合。

考異云：今按：成王本以温州長史行刺史事，今兩奏功，而得處州別駕，又不行州事，則於地望事權，皆爲左降矣。以事理推之，不應如此。疑方本誤，而諸本作兼者爲是。蓋以舊官仍兼本州別駕以寵之爾。下文又云：部告無事，則謂温州前此旱飢，而今始無事也。又云：遷眞於衡，則是自行刺史事而爲眞刺史也。其間不應復有處州一節明矣。舊史亦承集誤，不足爲據。

今按：方氏此條，從唐史李皐本傳，校合韓集碑文，亦疑若證據明確，堪成定論矣。朱子獨謂推之事理，舊史亦襲韓文誤字，不足據。然試問所謂舊史亦襲韓文誤字者，其證又何在乎？據此可見治考據者，非尋證之難，而定其證之可據與不可據之實難。非文證之難，而實理證之更難也。

又如考異卷六送陳秀才彤序，如是而又問焉以質其學，策焉以考其文，則何信之有？

諸本何下有不字，方本亦然。

考異云：舊讀此序，嘗恠則何不信之有以下，文意斷絕，不相承應，每切疑之。後見謝氏手校眞本，卷首用建造奉使之印。末有題字云：用陳旡己所傳歐公定本讎正，乃刪去此一不字。初亦未曉其意，徐而讀之，方覺此字之爲礙，去之而後一篇之血脈始復貫通。因得釋去舊疑。嘗謂此於韓集最爲有功，但諸本既皆不及，方據謝本爲多，而亦獨遺此字，豈亦未嘗見其眞本耶？嘗以告之，又不見信。故今特刪不字，而復詳著其說云。

今按此條各本皆同，似不須校，亦無可校，而朱子獨抱心疑，終於獲得孤證，刪一不字，而全篇血脈始通。然學者苟非細讀通篇，亦不易知朱子刪此一字之妙也。學者非從此等處細參，亦不易悟治校勘者之所當用力用心之所在也。凡朱子考異特云詳著其說者，此皆寓深意，所以鄭重教人，非苟爾縱筆而已，此尤學者所當深心潛玩也。

又如考異卷一八月十五夜贈張功曹，君歌且休聽我歌，我歌今與君異科。

考異云：杭本如此，言張之歌詞酸苦，而已直歸之於命，蓋反騷之意。而其詞氣抑揚頓挫，正一篇轉換用力處也。方從諸本，我下去歌字，而君下著豈字，全失詩意，使一篇首尾不相運掉，無復精神。又不著杭本之異，考之亦未詳耶？

今按：此條盡斥諸本，獨從杭本，而以本詩通體血脈精神加以判定，正可與上一條合看。讀者必當於此等處深心潛玩，乃可以見識斷精審之所指也。

又如考異卷九進撰平淮西碑文表，今詞學之英，所在麻列。

麻，或作成，方從閣杭苑李謝本。

考異云：今按：作麻殊無理。疑此本是森字，誤轉作麻。後人見其誤而不得其說，乃改作成耳。且公答孟簡書，亦有森列之語，可考也。方氏固執舊本，定從麻字，舛謬無理，不成文章，固爲可怪。然幸其如此，存得本字，使人得以因疑致察，遂得其眞。若便廢麻而直作成字，則人不復辨，而本字無由可得矣。然則方本雖誤，而亦不爲無功。但不當便以爲是，而直廢他本，不復思索參考耳。今以無本，亦未敢輕改，且作麻字，而著其說，使讀爲森云。

今按此條，見治校勘者，縱舊本盡作某字，而苟有他本異字，仍當兼存不廢，以備思索參考，一也。又無本可據，則不當輕改，惟當著其說以存疑，二也。此皆至謹至愼，爲治校勘者所必遵之大例也。又按：陳景雲韓集點勘云：「麻，南宋初蜀人韓仲韶本作森，朱子之說，暗與舊本合，特偶未採及耳。然太白夢遊仙姥詩，仙之人兮列如麻，則作麻列，似亦有據」。今按：森列既有舊本作此，又有韓公答孟簡書爲本證，可成定讞矣。麻列縱有出處，可勿援以爲據。而陳氏點勘又誤將此條列入元和聖德詩。四庫提要特提此條，而亦未能指出其誤。故昔人謂校勘如掃落葉，隨掃隨積，事有如此。亦從可知校勘之業之所以不爲學者之首務，此又學校勘者所當心知也。

又如考異卷五與孟尙書書，要自胸中無滯礙，以爲難得。

諸本皆如此，方從閣杭蜀本刪胸中無滯礙五字。自又或作且。

考異云：今按：此書稱許大顚之語，多爲後人妄意隱避，刪節太過，故多脫落，失其正意。如上兩條，猶無大利害。若此語中刪去五字，則要自以爲難得一句，不復成文理矣。蓋韓公之學，見於原道者，雖有以識夫日用之流行，而於本然之全體，則疑其有所未覩。且於日用之間，亦未見其有以存養省察而體之於身也。是以，雖其所以自任者，不爲不重，而其平生用力深處，終不離乎文字言語之工。至其好樂之私，則又未能卓然有以自拔於流俗。所與遊者，不過一時之文士，其於僧道，則亦僅得毛千暢觀靈惠之流耳。是其身心內外，所立所資，不越乎此，亦何所據以爲息邪距詖之本，而充其所以自任之心乎？是以一旦放逐憔悴，亡聊之中，無復平日飲博過從之樂，方且鬱鬱不能自遣。而卒然見夫瘴海之濱，異端之學，乃有能以義理自勝，不爲事物侵亂之人，與之語，雖不盡解，亦豈不足以蕩滌情累，而暫空其滯礙之懷乎。然則，凡此稱譽之言，自不必諱。而於公所謂不求其福，不畏其禍，不學其道者，初亦不相妨也。雖然，使公於此，能因彼稊稗之有秋，而悵我黍稷之未熟，一旦翻然反求諸身，以盡聖賢之蘊，則所謂以理自勝，不爲外物所侵亂者，將無復羨於彼，而吾之所自任者，益恢乎其有餘地矣。豈不偉哉？

今按此條，就韓公與大顛交游事，而申論及於韓公平日之學養，身心內外，所立所資，將五百言。清儒治校勘，斷無此等筆墨，此則是漢學宋學之精神相異處。又按東野堂本於此書上文實能外形骸，以理自勝，不爲事物侵亂語下，添入司馬温公書心經後一段，與此條朱子所論，深淺偏周，甚相懸隔。讀者既不易別出此一條之並非考異原文，又其前後評騭大異，多列異說，將徒亂讀者之思理，亦使讀者昧失古人著書之精神。此所以徒務撏撦尙博之無當於學術也。章實齋有言，浙東貴專家，浙西尙博雅，又謂博雅之風，淵源朱子。竊謂章氏此論，若專以辨清儒之學風則可。若誠以論朱子，則朱子雖博雅，亦何害其爲專家乎？學者當從此等處細參之，乃可知徒博之無當也。

又如考異卷一感二鳥賦序，今是鳥也，惟以羽毛之異，非有道德智謀，承顧問，贊教化者，乃反得蒙採擢薦進，光耀如此。

此下諸本有可以人而不如鳥乎一句，方從閣本文粹刪去。

考異云：今按：諸本所有之句，乃全用大學傳中語，而意則異矣。二本無之，豈公晚覺其陋而自削之歟？抑後之傳者，爲賢者諱而刪之也。方從二本，意則厚矣。然凡讀書者，但當據其本文實事，考評得失，以自警戒，乃爲有益。正不必曲爲隱諱，以啓文過飾非之習也。今此一句，恐或公所自刋，故且從方本云。

今按此條，朱子謂讀書者但當據本文實事，考評得失，此亦錢大昕所謂實事求是之義也。而考異於此處，終從方本刪去此句，謂恐或公所自刋，此又何從而證之乎？當知此等處，尤見朱子用心之厚。與孟東野書，論大顚胸中無滯礙，此五字不可刪，因刪去則害文理也。此處刪去可以人而不如烏乎八字，於文理無妨，故刪之，而仍著其說，又特謂恐公之所自刋。此等處，可見朱子考異一書，用心精密，逐處不苟，眞可謂義理文章考據，兼容幷包，一以貫之，而更無遺憾矣。

又按：東野堂本於此條考異云云均刪去，僅存方從閣本文粹刪去八字一語，不知如此等處，正見朱子考異精神，不可刪也。東野堂本於孟尙書書中，添入司馬光一條，此處又刪去考異原文一條，讀者若僅窺東野堂本，必於朱子考異原書精神，多所漫失矣。故學者貴能誦原書，而刻書者，尤不當於古人書妄有增刪散亂。而治校勘者，則尤當於此等大關節處着意用心也。

上所稱引，於朱子考異原書，殆如一臠一炙，學者當進就韓集，逐篇逐行逐句逐字，細細連考異並讀，乃可以見校勘之業，雖曰小道，亦已包訓詁考據辭章義理，而兼通一貫之。而大儒之成學，其宏纖俱舉，細大賅備，必審必謹，不遺不苟，此亦朱子格物窮理精神之一種具體表現也。學者從此書入，庶乎可以有窺於昔人之用心，而豈高視闊步，血氣意見之所能想像企及哉。爰特不辭鈔摘之瑣瑣，以箸於篇，聊備尊古媚學之士之潛心焉。

元史藝文志補注

何佑森

序言

一九五五年底春天，錢師賓四囑我讀元儒的傳記和元明人的集子。是年夏，當我開始撰寫元代學術之地理分布和元代學術年表的時候，看出錢大昕的補元史藝文志（以下簡稱錢志）和元人文集上的記載有若干出入的地方。後來我在潛研堂全書中讀到：

「予補撰藝文志，所見元明諸家文集、志乘小說，無慮數百種；而於焦氏經籍志，黃氏千頃堂書目、倪氏補金元藝文、陸氏續經籍攷、朱氏經義攷采獲頗多。」錢大昕十駕齋養新錄卷十四

於是我循着錢氏所依據的這些目錄書，逐一地先作一番校勘的工作，試探一下錢志是否有值得補訂的價值。

到一九五六年春，初步的校勘完了以後，我看出：

一、錢志的經部抄撮朱氏經義攷而成，有時却忽畧了某些著者的字號、時代和地名。

二、倪氏顯然從黃氏千頃堂書目中摘出「宋元史藝文志補」，寫成遼金元藝文志一書，其中舛誤屢見，錢氏不察，竟依據了這第二手的材料。

三、我從疑年錄中看出：元代的學術以宋末元初和元末明初最爲重要，而錢氏遺漏了不少這兩個時期中大儒們的著作。如：梁寅的周易參義，據通志堂經解所引自序在後至元六年，梁寅雖然是元末明初時人，但據這部書的著

成時代，和錢氏錄元明初年著作的體例，應列入元史藝文才是。

四、有時同一人的著作也搜集得不够完備。如：錢志著錄了劉因的易繫辭說，而不著錄太極圖後記等是；又只收史部而不收經部的，如：吳師道的敬鄉前後錄見於史部，經部獨闕讀易雜記。

五、錢志和其它目錄書，彼此間的記載有全然不相吻合的，是否已經過錢氏的訂正，或者竟是錢志的訛誤，孰是孰非，使後人難下斷語。如：錢志易類蕭漢中讀易考原一卷，經義考作三卷，千頃堂書目和補遼金元藝文志均作四卷等是。

六、鍾嗣成錄鬼簿中收錄了很多元曲的作品，而錢氏一律割棄，對元代藝文來說，這不能不說是一個很大的缺陷。

於是我決心爲錢志做一番補注工作，對於有元一代的學術來講，這是值得的。

我的體例着重在：

一、補注著者的字號、時代、地名和成書的年月。

二、注出錢書的根源。

三、儘可能地約畧注出某些書籍的著書體例。

四、注出錢志和其它目錄書相互間的闕佚和謬踳。

五、注出錢志和諸家目錄分類的差異。

六、元曲作品附錄本書之後。

七、補列宋末元初和元末明初時的著作。
八、讀者或者可以從補注中看出新舊元史的不同，和柯氏新列元儒傳記的依據。
九、所引用的材料，一律用小字註明出處。
十、篇末附有元史藝文志人名書名索引，以便讀者檢查。

從我開始讀元明人的集子起，經過文字的校勘，體例的擬訂，到補注工作底完成，已經是第三年的春天了。自知學識淺陋，更不敢以指陳前人的得失自滿。錢氏說「非敢指前人之瑕疵，或者別裁苦心，偶有一得耳。」和「檮昧尠聞，謏多漏落，部分雜廁，亦恐不免，拾遺糾繆，以俟君子。」的話，我做這補注的工作，正和他有同樣的心情和期待呢。

一九五七年七月何佑森寫於九龍農圃道新亞研究所

原序

自劉子駿校理秘文，分羣書爲六畧。曰：六藝者，經部也；詩賦者，集部也；諸子兵書術數方技，皆子部也；世本、戰國策、楚漢春秋、太史公書、漢著紀，則入之春秋類；古封禪羣祀、封禪議對、漢封禪羣祀，入之禮類；高祖傳、孝文傳，入之儒家類。是時固無四部之名，而史家亦未別爲一類也。晉荀勖撰中經簿，始分甲乙丙丁四部，而子猶先於史。至李充爲著作郎，重分四部：五經爲甲部，史記爲乙部，諸子爲丙部，詩賦爲丁部，而經史子集之次始定。厥後王亮、謝朏、任昉、殷鈞，撰書目，皆循四部之名。雖王儉、阮孝緒析而爲七，祖暅別而爲五，然隋唐以來，志經籍藝文者，大率用李充部叙而已。宋時三館圖籍，號稱大備，汴京既破，輦歸金源氏。高宗南渡，復建秘書省，搜訪遺闕，優獻書之賞，館閣儲藏，不減東都盛時。元起朔漠，未遑文事。太宗八年，始用耶律楚材言，立經籍所於平陽，編集經史。世祖至元四年，徙置京師，改名宏文院。九年置秘書監，掌歷代圖籍，并陰陽禁書。及大兵南伐，命焦友直括宋秘書省禁書圖籍。伯顏入臨安，遣郎中孟祺籍宋秘書省國子監國史院學士院圖書，由海道舟運至大都，秘書所藏，彬彬可觀矣。唐以前藏書，皆出鈔寫；五代始有印板；至宋而公私板本，流布海內。自國子監秘閣刋校外，則有浙本蜀本閩本江西本，或學官詳校，或書坊私刋，士大夫往往以插架相誇。世祖用許衡言，遣使取杭州在官書籍板，及江西諸郡書板，立興文署以掌之。諸路儒生著述，輒由本路官呈進，下翰林看詳，可傳者命各行省，檄所在儒學及書院，以係官錢刋行。鄱陽馬氏文獻通攷，且出於羽流之呈進，亦一時嘉話也。至正儒臣，撰秘書監志，僅紀先後送庫若干部、若干冊，而不列書名。明初修史，又不列藝文之科。遂使石渠東觀所儲，漫無稽攷。茲但取當時文士撰述，錄其都目，以補前史之闕，而遼金作者亦附見焉。檮昧尠聞，諒多漏落，部分雜厠，亦恐不免，拾遺糾繆，以俟君子。

（卷一）

經類十有二曰易曰書曰詩曰禮曰樂曰春秋曰孝經曰論語曰孟子經解曰小學曰譯語

易類

斡道沖周易卜筮斷〇字宗聖西夏國相

趙秉文易叢說十卷

又象數雜說〇卷亡

雷思易解〇字西仲渾源人

馮延登學易記〇字子駿吉州人國子祭酒權刑部尚書

斡道沖周易卜筮斷〇一齋目有斷作法未見 經義考卷四十一

韓道沖周易卜筮法三卷 陳第世善堂書目

其先靈武人從夏主遷興州 道園學古錄卷十七

趙秉文周易蘩說十卷〇佚 經義考卷四十一

字周臣磁州滏陽人 金史本傳 自號閑閑 遺山文集卷十七

又象數雜說 千頃堂書目卷一 〇卷亡 倪燦盧文弨補遼金元藝文志

雷思易解〇佚　元好問思曰字西仲渾源人天德三年進士 經義考卷四十一

馮延登學易記〇佚　元好問墓誌曰字子駿吉州人國子祭酒權刑部尚書 遺山文集卷十九馮君神道碑銘

呂豫易說○字彥先修武人

單渢三十家易解○平原人

王天鐸易學集說○字振之惲之父開興初戶部主事

袁從義周易釋略○字用之虞鄉人中條山道士

張氏易解十卷○失其名

以上金

胡方平易學啓蒙通釋二卷○至元己丑自序

呂豫易說○佚　元好問誌墓曰豫字彥先修武人自號南峯山人（遺山文集卷二十四南峯先生墓表）

單渢三十家易解○佚　李簡曰平原人（經義考卷四十一）

王天鐸易學集說○佚（經義考卷四十一）　衞州汲縣人（元史卷五十四王惲傳）

袁從義周易釋略○佚（經義考卷四十一）

字用之虞鄉人中條山道士師事玉峯胡先生（元山遺集卷三十一）

張氏（失名）易解十卷○佚（經義考卷四十一）　曾寓居河南多藏書得前代以易名家者數十種後北歸（王惲秋澗集）

胡方平周易啓蒙通釋二卷○存（經義考卷四十一）一作四卷（千頃堂書目卷一）一作一卷（金門詔補三史藝文志）　按此通釋序已見三十一卷是朱子序也

翁方綱經義考補正卷二

易學啓蒙二冊（葉盛菉竹堂書目卷一）

又外易四卷

又易餘閑記一卷

俞玉吾大易會要一百三十卷〇或作一百卷

又周易集說四十卷

通釋易學啓蒙錢曾述古堂書目卷一

又外易一作翼四卷〇未見經義考卷四十

又易餘閑記一卷〇未見　董眞卿曰方平玉齋先生師鄱陽介軒董先生毅齋沈先生經義考卷四十徽州婺源人元史卷七十六胡一桂傳

俞琰大易會要一百三十卷〇佚經義考卷四十一作一百卷倪燦盧文弨補遼金元藝文志千頃堂書目　俞琰大易集說十卷一作會要金門詔補三史藝文志　自序內爲卷一百二十二當作三翁方綱經義考補正卷二

又周易集說四十卷〇存經義考卷四十　分上下經十翼今世傳本十卷千頃堂書目卷一　大易集說十卷一作會要金門詔補三史藝文志　十卷國史經籍志

周易解八冊註云周易集說四十卷石澗集自序云予自德祐後集諸儒之說錢謙益絳雲樓書目及陳景雲註

俞石磵周易集說十卷述古堂藏書目

大易集說十三卷金星軺文瑞樓藏書目錄

又讀易舉要四卷
又易圖纂要二卷○一名纂圖
又易古占法一卷
又經傳考證○卷亡
又讀易須知一卷
又六十四卦圖○卷亡
又卦爻象占分類一卷
又易圖合璧連珠說○卷亡
又周易象辭二卷

又讀易舉要四卷○未見 經義考卷四十
又易圖纂要二卷○存 經義考卷四十 大易纂圖二卷 千頃堂書目卷一 金門詔補三史藝文志
又易古占法一卷○未見 經義考卷四十
又經傳考證○佚 經義考卷四十
又讀易須知○佚 經義考卷四十
又六十四卦圖○佚 經義考卷四十
又卦爻象占分類○佚 經義考卷四十 一卷 金門詔補三史藝文志
又易圖合璧連珠○佚 經義考卷四十 有說字 千頃堂書目卷一
又周易象辭二卷 千頃堂書目卷一
又易外別傳一卷○存 千頃堂書目卷一 經義考卷四十
又周易參同契發揮三卷 千頃堂書目卷一
琰字玉吾吳人宋亡不仕 吳中人物志 平江人自號林屋山人 新元史卷二百三十四本傳 晚自號石澗 陳景雲絳雲樓書目註

陳深清全齋讀易編三卷○字子微吳人天曆間以能書薦不
就
周敬孫易象占
黃超然周易通義二十卷
又周易或問五卷
又周易釋蒙五卷
又周易發例一卷○字立道黃巖人
郝經周易外傳八十卷
又太極演二十卷
又太極傳一卷
劉肅讀易備忘

陳深清全齋讀易編三卷○未見　盧熊曰深字子微世爲吳人
生於宋亡學者稱爲寧極先生經義考卷四十
周敬孫易象占○佚　台州臨海人元史
黃超然周易通義二十卷
又周易或問五卷○佚
又周易釋蒙五卷○佚俱見經義考卷四十
又周易發例三卷○佚　黃超然字立道黃巖人赤城集　字壽雲赤城新志
自號壽雲千頃堂書目卷一
郝經周易外傳八十卷○佚經義考卷四十
又太極演二十卷千頃堂書目卷一
又太極傳一卷○存經義考卷七十一　郝文忠公名經字伯常澤州陵川
人蘇天爵名臣事畧卷十五其先潞州人元史卷四十四本傳
劉肅讀易備忘○佚　劉文獻公肅字才卿威州名水人蘇天爵名臣事

胡祗遹易直解○字紹聞磁州武安人翰林學士

李簡學易記九卷

薛微之易解○華陰人以薦得應縣教授改河南軍儲轉運使

中統初召爲平陽太原宣撫提舉河南學校俱不赴

許衡讀易私言一卷

方回讀易析疑

署卷十 洛水人金興定二年詞賦進士元史卷四十七本傳

胡祗遹易直解○佚經義考卷四十二 自號紫山王惲秋澗集 召拜翰林學士不赴改江西南渊西道提刑按察使元史卷五十七本傳

李簡學易記九卷○存經義考卷四十二 壬寅春三月予自泰山之萊蕪挈家遷東平李氏學易記自序 信都人官泰安州學判新元史卷二百三十四俞琰傳 號蒙齋倪燦盧文弨補遼金元藝文志 九冊葉盛菉竹堂書目卷一 仿李鼎祚集解房審權義海之例採子夏易傳以下六十四家之說自序在中統元年前

有圖綱領一卷通志堂經解目錄

薛玄易解○佚 鮮於樞曰庸齋先生諱微之程鉅失撰碑曰河南玄微之尊之曰庸齋先生家本下邽經義考卷四十二

許衡讀易私言一卷○存經義考卷四十二 許文正公衡字平仲懷慶河內人蘇天爵名臣事署八 父通避地河南以泰和九年生衡於新鄭縣元史卷四十五本傳

方回讀易析一作釋疑○佚千頃堂書目卷一經義考卷三十八

張特立易集說

吳澂易纂言十卷○或作十二卷

又易纂言外翼八卷

又易叙錄十二篇

又易中正考○佚

又易吟一百首○存　載桐江續藁 俱見經義考卷三十八

洪焱祖曰方回字萬里歙縣人

張特立周易集說○佚 經義考卷四十一 字文舉東明人初名永中泰和進士世祖賜號曰中庸先生 元史卷八十六

吳澂易纂言十卷○存 經義考卷四十二 或作十二卷 千頃堂書目卷一 一作十三卷 金門詔補三史藝文志 書成於至治二年秋 通志堂經解 八冊 葉盛菉竹堂書目卷一

又纂言外翼四冊 菉竹堂目卷一

又易叙錄十二篇○存　黃虞稷曰易叙錄因東萊呂氏古易重加修訂正其文字闕衍謬誤者 千頃堂書目卷一

又校定周易 元史卷五十八本傳

又易經著錄 金門詔補三史藝文志

字幼清晚稱伯淸其先自豫章之豐城遷居崇仁 虞集道園集卷四十四

齊履謙周易本說四卷
又易繫辭旨畧二卷
熊凱易傳集疏○字舜夫南昌人
龍仁夫周易集傳十八卷○今存八卷　字觀復永新人湖廣儒學提舉
鄭滁孫大易法象通贊七卷
又周易記玩○卷亡
又中天述考一卷
又述衍一卷

學者稱爲草廬先生元史卷五十八本傳
齊履謙周易本說六卷○佚經義考卷四十二　四冊葉盛菉竹堂書目卷一
又繫辭旨畧二卷○黃虞稷曰初補注繫辭旨畧二卷以敷暢本義之旨後更爲說四卷專釋卦爻之旨千頃堂書目卷一　字伯恒大名人元史卷五十九本傳
熊凱易傳集疏○佚經義考卷四十二　時稱遙谿先生江西通志
龍仁夫周易集傳十八卷○闕經義考卷四十二　董眞卿曰仁夫廬陵人一作永新人江西通志吉安廬陵人元史卷七十七
鄭滁孫大易法象通贊七卷○存經義考卷四十三　六冊葉盛菉竹堂書目卷一
又周易記亡○佚
又中天述考一卷○存俱見經義考卷四十三　一冊葉盛菉竹堂書目卷一
又述衍一卷千頃堂書目卷一
字景歐處州人宋景定間進士元史卷七十七本傳

熊禾易說○字去非建安人宋咸淳進士邵武軍司戶

胡一桂周易本義附錄纂疏十五卷○或作十四卷

又易學啓蒙翼傳三篇

又外篇一篇

胡炳文周易本義通釋十卷○或作十二卷一作義通八卷

熊禾易學圖傳一卷（千頃堂書目卷一）

又周易集疏（一齋書目作講義）○未見　李讓狀曰勿軒熊先生名鉌號退齋建陽崇泰里人入元不仕（經義考卷三十九）

又周易講義抄本（陳第世善堂藏書目錄）

胡一桂周易附錄纂疏十五卷○存（經義考卷四十三）　周易本義通釋附錄纂疏十四卷（千頃堂書目卷一）　疏當作注（翁方綱經義考補正卷二）

取朱子文集語錄之及於易者附於本義下謂之附錄取諸儒易說之發明本義者謂之纂注（通志堂經解目錄）

又周易發明啓蒙易傳四冊（錢謙益絳雲樓書目卷一）

又易學（千頃堂書目作周易）啓蒙翼傳四卷（經義考卷四十三）　周易啓蒙翼傳三卷外篇一卷（金門詔補三史藝文志）

字庭芳號雙湖徽州婺源人（元史卷七十六）

胡炳文周易本義通釋十卷（自繫辭以下俱佚取大全所輯一桂說補之）　十二卷○存

又周易啓蒙通釋二卷

齊夢龍周易附說卦變圖○字覺翁饒州德興人宋末進士

程時登周易啓蒙輯說○字登庸饒州樂平人

劉因易繫辭說

經義考卷四十三

義通八卷 國史經籍志

自序在延祐丙辰 通志堂經解

又易本義八冊 葉盛菉竹堂書目卷一

又周易啓蒙通釋□卷○俱見千頃堂書目卷一

字仲虎徽州婺源人自號雲峯先生 元史卷七十六

齊夢龍周易附說卦變圖○佚　董眞卿曰夢龍號節初與兄與龍先後登宋寶祐景定年第 經義考卷三十五

程時登周易啓蒙輯錄○千頃堂書目卷一（未見）經義考卷四十三

劉因易繫辭說○佚 經義考卷六十九

字夢吉保定人 元史卷五十八本傳 保定容城人 蘇天爵滋溪集

又太極圖後記一篇○存 經義考卷七十一

至元二十年召爲右贊善大夫未幾辭歸又召爲集賢學士以疾辭 元朝名臣事畧卷十五

程龍補程子三分易圖一卷

又筮法一卷〇字舜俞婺源人宋景定進士仕至徽州路同知

繆主一易經精蘊〇字天德永嘉人

丁易東周易象義十卷

又大衍索隱三卷

又易傳十一卷〇字漢臣龍陽人沅陽書院山長

史蒙卿易究十卷

程龍三分易圖 千頃堂書目卷一 易圖補一卷〇佚 經義考卷四十三

又筮法一卷〇佚　董眞卿曰龍號苟軒補程子三分易圖刊行外有弄環餘說筮法等書 經義考卷四十三

繆主一易經精蘊〇佚 經義考卷四十三 字天德永嘉人從葉味道游宋亡隱居教授大德間郡守廉希憲延爲經師 浙江通志

丁易東周易象義十卷〇存 經義考卷四十三 十冊 葉盛菉竹堂書目卷一

又大衍索隱三卷 千頃堂書目卷一 五冊 葉盛菉竹堂書目卷一

又易傳十一卷一作十四卷 見千頃堂書目卷一 周易傳疏 倪燦盧文弨補遼金元藝文志 丁易東龍陽人注周易傳疏 湖廣總志 字石潭著周易傳疏十卷 新元史卷二百三十五本傳

史蒙卿易究十卷〇佚 經義考卷三十八 字景正鄞人 袁桷清容集 咸淳元年進士早受業於巴川陽恪 宋史 號果齋宋亡不復仕自號靜清處士 宋元學案卷八十七

趙采周易程朱傳義折衷三十三卷○字德亮潼川人

黃定子易說○字季安

汪標周易經傳通解○字國表鄱陽人

程直方程氏啓蒙翼傳

又四聖一心

又觀易堂隨筆○字道大婺源人

何中易類象二卷

胡震周易衍義十六卷

趙采周易折衷二十三卷○存（經義考卷四十四）三十三卷潼川州人（千頃堂書目卷一）號隆齋（四庫全書總目提要）

黃定子易說○佚（經義考卷四十四）

汪標周易經傳通解○佚　鄱陽銀峯人（經義考卷四十四）

程直方啓蒙翼傳

又四聖一心

又學（千頃堂書目作觀）易堂隨筆○俱佚　董時乂曰先生號前村新安婺源人（經義考卷四十四）字道夫（倪燦盧文弨補遼金元藝文志）

何中易類象二卷○佚

字養正一字太虛宋末舉進士至順初聘爲龍興郡學師（江西通志）

世爲撫州樂安宦族（揭傒斯揭文安公集）

胡震周易衍義○存（經義考卷四十四）八卷（千頃堂書目卷一）十六卷子廣大續成（倪燦盧文弨補遼金元藝文志）八冊（葉盛菉竹堂書目卷一）

唐元易傳義大意十卷〇字長孺歙人徽州路儒學教授

劉淵易學須知

又讀易記〇字學海蜀人永州路學正

李恕易音訓二卷〇字省中廬陵人

范大性大易輯畧〇蜀人

倪淵周易集說二十卷

又圖說序例一卷〇字仲深烏程人

熊棟易說〇字季隆

唐元易傳大意十卷〇佚 經義考卷四十四

劉淵學易須知〇佚

又讀易記〇佚 俱見經義考卷四十四 初避地嶺南之桂尋之象還寓衡陽署號象環既沒門人私諡曰永政先生 歐陽公(玄)文集

李恕易音訓二卷〇未見 一冊 葉盛菉竹堂書目卷一

又周易旁注四卷〇未見 俱見千頃堂書目卷一經義考卷四十四

范大性大易輯畧〇佚 經義考卷四十四

倪淵周易集說二十卷〇佚 易圖說二十卷 倪氏補遼金元藝文志

又易圖說一卷〇佚 一作二十卷 千頃堂書目卷一

又序例一卷〇佚 圖說序例一卷 千頃堂書目卷一

又易卦說一篇〇存 俱見經義考卷四十四 從敖繼公遊 黃金華文集 爲湖學教授泰定元年官當塗主簿 千頃堂書目一卷

熊棟易說〇佚 熊良輔曰溪邊熊氏棟字季隆 經義考卷四十四

陳櫟東埠老人百一易畧一卷

吳鄹周易注十卷○永新人初名張應珍由從事郎歷秘書監

丞遷秘書少監更今姓名

彭絲庖易○字魯叔安福人

王申子大易緝說十卷○字巽卿卭州人南陽書院山長

張清子周易本義附錄集注十一卷○字希獻建安人

陳櫟東阜老人百一易畧一卷○存 經義考卷四十四

字壽翁自稱曰東阜老人 揭傒斯揭文安公集 徽之休寧人 元史卷七十六

延祐鄉貢 倪氏補遼金元藝文志

吳鄹周易注 菉竹堂聚樂堂目俱注張應珍名 十卷○未見 經義考卷四十四

自號義山 江西通志

彭絲庖易○佚 經義考卷四十四 宋江陵教授應龍之子 江西通志 字魯初

千頃堂書目 字曾叔 新元史卷二百三十六

王申子大易緝說十卷○存 經義考卷四十四 別號秋山臨卭人前卭州

兩請進士寓居慈利州天門山 千頃堂書目卷一 常德路推官田澤奏

進 倪燦宋史藝文志補

張清子周易本義附錄集注十一卷○佚 號中溪大德癸未自

序 經義考卷四十四 周易本義二冊 葉盛菉竹堂書目卷一

又易傳二冊 葉盛菉竹堂書目卷一

徐之祥讀易蠡測〇字麒父韶州德興人賓州上林簿

胡次焱易說〇婺源人

嚴養晦先天圖義一卷〇山陰人

吳迂易學啓蒙〇字仲迂浮梁人

倪公晦周易管闚〇字孟暘金華人

傅立易學纂言十八卷〇字權甫饒州德興人集賢院大學士
諡文懿

王結易說十卷〇一作一卷

徐之祥讀易蠡測 或作玩易詳說 〇佚　董眞卿曰之祥號方塘饒州德興人 經義考卷四十四

胡次焱餘學齋易說〇未見　董眞卿曰次焱字濟鼎姓譜次焱咸淳四年登第授湖口主簿改貴池尉 經義考卷三十八

嚴養晦先天圖義一卷〇佚 經義考卷四十四

吳迂易學啓蒙〇佚 經義考卷四十四　從饒雙峯學皇慶間講學於浮梁人稱西臺先生 千頃堂書目卷一

倪公晦周易管闚〇佚　金華縣志公晦字孟晦師事何北山 經義考卷四十四

傅立易學纂言十八卷〇未見　董眞卿曰號初庵 經義考卷四十五

王結易說十卷〇佚 經義考卷四十五　一卷 千頃堂書目卷一

字儀伯易州定興人祖逖勤以質子軍從太祖西征娶阿魯渾

何榮祖學易記

鄧文原讀易類編○卷亡

楊□龍易說綱要○字明夫淸江人

王希旦易通解○字兪明一字葵初饒州德興人一作易學摘編

張延周易備忘十卷○字世昌藁城人眞定路教授

曹說易說

劉傳易說○字芳伯鄱陽人

氏自西域徙戍秦隴又徙中山家焉（元史卷六十五本傳）

何榮祖學易記○佚（經義考卷四十五）

字繼先其先太原人徙家廣平（元史卷五十五本傳）

鄧文原讀易類編○佚（經義考卷四十五）

字善之一字匪石綿州人父漳徙錢塘（元史卷五十九本傳）

楊□龍易說綱要○佚（經義考卷四十五）

王希旦易通解（一作學易摘編）○佚　董眞卿曰希旦號葵初（經義考卷四十五）

張延周易備忘十卷○佚（經義考卷四十五）

節齋先生諱延（蘇天爵滋溪類稿）

曹說易說○佚（經義考卷四十五）

曹說所著易說爲里人所稱今不存（袁桷淸容集）

劉傳易說○佚（經義考卷四十五）

劉傳居鄱之淸溪（滋溪集）

葉瑞周易釋疑十卷〇字宗瑞金谿人江西儒學副提舉

鮑雲龍筮草研幾一卷〇字景翔歙人

胡允四道發明〇號潛齋饒州樂平人

余芑舒讀易偶記〇字德新饒州德興人

程珙易說〇字仲璧饒州德興人

劉莊孫易志十卷〇字正仲天台人

楊剛中易通微說〇字志行建康人翰林待制

李學遜大易精解

彭復初易學源流〇安福人

盛象翁易學直指本源〇字景則台州太平人昌國州判官

葉瑞周易釋疑十卷〇佚　許有壬作墓碑曰先生以薦授遼陽路儒學教授（經義考卷四十五）

鮑雲龍筮草研幾一卷〇佚　洪焱祖曰鮑雲龍大月令筮草研幾未傳（經義考卷四十五）

胡允四道發明〇佚（經義考卷四十五）

余芑舒讀易偶記〇佚　董眞卿曰芑舒號息齋（經義考卷四十五）

程珙易說〇佚　董眞卿曰珙爲文公門人（經義考卷四十五）

劉莊孫易志十卷〇佚（經義考卷四十五）

楊剛中易通微說〇佚　金陵新志云其先松陽人徙居建康（經義考卷四十五）　建康上元人（元史卷七十七）

李學遜大易精解〇佚　閩書學遜忠定九世孫（經義考卷四十五）

彭復初易學源流〇佚（經義考卷四十五）　本朱子邵子之說著是書（江西通志）

盛象翁易學直指本源〇佚　台州府志由薦辟爲汀州教授學

程璿易學啓蒙類編○新安人

侯克中大易通義○字正卿眞定人

謝仲直易三圖十卷○上饒人

張理易象圖說內篇三卷

又外篇三卷

又大易象數

又鉤深圖三卷○字仲純淸江人延祐中福建儒學提舉

保八易源奧義一卷

者稱爲象泉先生（經義考卷四十五）彭復（金門詔補三史藝文志）

程璿易學啓蒙類編○佚（經義考卷四十五）

侯克中大易通義○佚（經義考卷四十五）

謝仲直易三圖十卷○佚　袁桷序曰上饒謝先生遯於建安（經義考卷四十五）

張理易象圖說六卷○存　白雲霽曰仲純內篇諸圖乃述邵朱二子先天之學（經義考卷四十五）內篇三卷外篇三卷錄入道藏中（千頃堂書目卷一）自序在至正二十四年（通志堂經解）二冊（葉盛菉竹堂書目卷一）

又大易象數鉤深圖三卷（金門詔補三史藝文志）一冊（錢謙益絳雲樓書目卷一）

又易圖三卷○黃虞稷曰張理別有易圖三卷未知同否（千頃堂書目卷一）

按國史經籍志卷二亦有周易圖三卷

保八易源奧義（統名易體同）一卷○存（經義考卷四十五）保巴舊本作保八

又周易原旨六卷

又繫辭二卷○字公孟黃州路總管

紇石烈希元周易集傳二十卷○成都人

瞻思奇偶陰陽消息圖一卷

袁桷易說

今改正 四庫全書總目提要 一冊 葉盛菉竹堂書目卷一

又周易原旨六卷○存 經義考卷四十五 一作八卷 四庫全書總目提要

六冊 葉盛菉竹堂書目卷一

又繫辭二卷 千頃堂書目卷一

又周易尚占三卷 千頃堂書目卷一 經義考卷四十五

字普庵色目人居於洛陽 四庫全書總目提要

紇石烈希元周易集傳○未見　菉竹堂書有 經義考卷四十五

一冊 葉盛菉竹堂書目卷一

瞻思奇偶陰陽消息圖一卷○佚 經義考卷四十五

字得之其先大食國人國既內附大父魯坤乃東遷豐州家眞定 元史卷七十七本傳 案千頃堂書目作瞻思誤也

袁桷易說○佚 經義考卷四十六

字伯長慶元鄞縣人 元史卷五十九本傳

任士林中易○字叔實奉化人至大初安定書院山長

陳禧周易畧例補釋一卷○潮陽人

熊良輔周易本義集成十二卷○字季重南昌人舉延祐丁巳鄉試

蕭漢中讀易考原一卷○字景元吉州泰和人

董眞卿周易纂注會通十四卷

任士林中易○佚　寧波府志云其先緜竹人徙居奉化 經義考卷四十六

陳禧周易畧例補釋一卷○佚 經義考卷四十六

熊良輔周易本義集成十二卷○存 經義考卷四十六 一作二卷良輔字任重 千頃堂書目卷一 字任重 四庫全書總目提要 自序在至治二年五月 通志堂經解 良輔字任重著周易本義集成仍舊本上下經二卷謂之集成十翼十卷謂之附錄 新元史卷二百三十五本傳 又易傳集疏○不傳 經義考卷四十六

蕭漢中讀易考原三卷○存　是書成於泰定年間 經義考卷四十六 一作四卷 千頃堂書目卷一

董眞卿周易會通 一曰周易經傳集程朱解附錄纂注 十四卷○存 經義考卷四十六 周易纂注會通 千頃堂書目卷一 二冊 錢謙益絳雲樓書目卷一 自序在天曆元年前有例目姓氏因革一卷圖二卷此書板心

又易傳因革一卷〇字季眞鄱陽人

潘弼讀易管見四卷〇字良輔麗水人龍興路司獄

史公珽蓬廬學易衍義

又象數發揮〇字揩叟鄞人

許天箎易象圖說〇字時翁吉水人

陶元幹易注〇襄陽人

吾衍重正卦氣〇字子行錢塘人

惠希孟易象鉤元十卷〇江陰人

云周易會通而其每卷題云周易經傳集程朱解附錄纂注並無會通二字之名（通志堂經解目錄）

又易傳因革一卷〇存（經義考卷四十六）歷代因革（千頃堂書目卷一）

潘弼讀易管見四卷〇佚（經義考卷四十六）

史公珽蓬廬學易衍義

又象數發揮〇俱佚　寧波府志程端學薦主甬東書院棄去自號蓬廬處士（經義考卷四十六）

許天箎易象圖說〇佚（經義考卷四十六）

陶元幹易注〇佚（經義考卷四十六）

吾丘衍重正卦氣〇未見　陶宗儀曰衍字子行號竹房太末人寓杭之生化坊（經義考卷四十六）

惠希孟易象鉤玄十卷〇佚（經義考卷四十六）號秋崖（千頃堂書目卷一）

祝堯大易衍義○字君澤上饒人延祐進士無錫州同知

魯眞周易注○字起元開化人

蔣宗簡周易集義○字敬之鄞人

嚴用父易說發揮二卷○高安縣尹

解蒙易精蘊大義十二卷○字求我吉水人

解季通易義○吉水人

韓信同易經旁注○字伯循寧德人

李公凱周易句解十卷○字仲容宜春人

祝堯大易演義○佚 經義考卷四十六

字均澤 倪燦盧文弨補遼金元藝文志

廣信府志堯字君澤萍鄉州同知 經義考卷四十六

魯眞周易注○佚 經義考卷四十六

元統二年舉人隱居不仕 浙江通志

蔣宗簡周易集義○佚 經義考卷四十六

宗簡四明之程端禮弟子 黃溍黃金華文集

嚴用父易說發揮二卷○佚 經義考卷四十六

解蒙易經精蘊○佚

解季通易義○佚 俱見經義考卷四十六

韓信同易經旁注○佚　閩大紀韓信同會稽人居寧德從陳普游 經義考卷四十六

李公凱周易句解十卷○存 經義考卷四十六

衛謙讀易管窺三十卷〇字山甫華亭人進士

吳存周易傳義折衷〇字仲退鄱陽人寧國路教授

朱祖義周易句解十卷〇字子由廬陵人

盧觀易集圖〇字彥達崑山人

吳夢炎補周易集義〇歙人後至元中紫陽書院山長

胡持周易直解〇武安人祇遹之子官太常博士

郭鐙易說〇字德基長樂人宋進士至元中興化路教授

黃鎭成周易通義十卷〇字元鎭昭武人至元間謚貞文處士

衛謙讀易管窺三十卷〇佚　號有山（千頃堂書目卷一）　號山齋（倪燦盧文弨補遼金元藝文志）

吳存周易傳義折衷〇佚（經義考卷四十六）　程朱易傳本易折衷（千頃堂書目卷一）

朱祖義周易句解十卷〇佚（經義考卷四十六）

盧觀易集圖〇未見（經義考卷四十六）　盧熊之父（千頃堂書目卷一）

吳夢炎補周易集義〇佚（經義考卷四十六）

胡持周易直解〇佚　彰德府志云胡持元江浙提刑按察使贈禮部尚書（經義考卷四十六）

郭鐙易說〇佚　閩書郭鐙閩縣人至元中授泉山書院山長學者私謚純德先生（經義考卷四十六）

黃鎭成周易通義十卷（一齋書目有）〇未見　閩書鎭成隱居著書學者稱存齋先生（經義考卷四十七）

陳應潤周易爻變義蘊四卷○字澤雲天台人

石伯元周易演說

趙良震易經通旨○字伯起

錢義方周易圖說二卷○字子宜湖州人

黃澤易學濫觴一卷

又十翼舉要

又忘象辨

又象畧

邵武人四庫全書總目提要

陳應潤周易爻變義蘊四卷○存經義考卷四十七 蘊當作縕經義考補正卷二 四冊葉盛菉竹堂書目卷一

石伯元周易演說○佚 京兆人從賈仲元學經義考卷四十七

趙良震易經通旨○佚 蘇伯衡墓銘曰良震號東谷家平陽經義考卷四十七

錢義方周易圖說一卷千頃堂書目卷一經義考卷四十七 吳興進士千頃堂書目 按葉氏菉竹堂書目有篷錢氏圖說當即義方別號經義考卷四十七

黃澤易學濫觴○佚經義考卷四十七

又十翼舉要千頃堂書目卷一

又忘象辨元史卷七十六

又象畧元史卷七十六

又辨同論〇卷並亡
呂洙易圖說〇字宗魯永康人從許謙遊
盛德瑞易辨五卷〇字祥父崑山人平江路訓導
葉登龍周易記〇麗水人
黃瑞節易學啓蒙注四卷〇字觀樂安福人泰和州學正
朱隱老易說〇字子方豐城人
陳謙周易解詁二卷
又河圖說二卷〇或作一卷
又占法一卷〇字子平吳人

又辨同論（元史卷七十六本傳）
字楚望其先長安人徙資川又徙九江遂爲九江人（元史卷七十六本傳）
呂洙易圖說一卷〇佚（經義考卷四十七）
盛德瑞易辨五卷〇佚　陸元輔曰其先江陰人徙居崑山至正中聘入郡爲訓導（經義考卷四十七）
葉登龍周易記〇佚　括蒼彙記葉登龍號梅林（經義考卷四十七）
黃瑞節易學啓蒙注四卷〇存　吉安府志云瑞節入元不仕（經義考卷四十七）
朱隱老易說〇佚（經義考卷四十七）
陳謙周易解詁二卷〇佚（經義考卷四十八）
又河圖說二卷〇佚（經義考卷四十八）　一作一卷（千頃堂書目卷一）
又占法一卷（千頃堂書目卷一）
謙死於兵其所著周易解詁一書散失弟子范文絅僅收得二

曾貫易學變通六卷○字傳道泰和人紹興路照磨

雷杭周易注解○字彥舟建安人潮陽縣尹以死事贈奉化州知州

鄭玉周易大傳附注○史作周易纂注今據神道碑

又程朱易契

余闕易說五十卷

卷非全書也 千頃堂書目卷一

曾貫周易變通○佚 經義考卷四十八

雷杭周易注解○佚　閩書杭字彥舟授儒學提舉以死事贈奉化府知州 經義考卷四十八 官武平縣尹與父德潤兄機樞皆以易學名號雷氏易 千頃堂書目卷一

鄭玉周易大傳附注○佚 經義考卷四十八　以孔子繫易之辭爲大傳而附以己之注說 千頃堂書目卷一

又程朱易契○佚 經義考卷四十八

字子美徽州歙縣人至正十四年除翰林待制奉議大夫 元史卷八十三

余闕易說五十卷○佚　程邦民曰先生武威人至順癸酉進士官至淮南行省左丞嘗讀書青陽山中學者稱之曰青陽先生 經義考卷四十八

字廷心一字天心唐兀氏世家河西武威父沙剌臧卜官廬州

鄧錡大易圖說二十五卷

范氏竹溪易說○九江人失其名

趙氏讀易記

又大易忘筌一冊

包希魯易九卦衍義一卷○字魯伯進賢人

周聞孫河圖洛書序說○字以立吉水人

秦輔之易注○嘉定人

遂爲廬州人（元史卷三十本傳）

鄧錡大易圖說二十五卷○存（經義考卷四十八）黃虞稷曰鄧錡張理圖說俱錄入道藏中（千頃堂書目卷一）十八冊（葉盛菉竹堂書目卷一）

范氏竹溪易說○佚（經義考卷四十八）

趙氏讀易記○佚

無名氏大易忘筌一冊○未見

又易學變通十冊○未見

又易疑擬題一冊○未見　右三書載葉氏菉竹堂目（俱見經義考卷四六）

包希魯易九卦衍義一卷○佚（經義考卷六十九）

周聞孫河圖洛書序說○由鄉貢薦入史館修宋遼金三史從學吳澄（江西通志）

（新元史卷二百三十六）（經義考卷八十六）

雷思齊易圖通變五卷

又易筮通變三卷○字齊賢臨川道士

吳霞舉易管見六十卷○歙人

趙然明意官圖變五十卷○婺源人

陳樵易象數新說

孟文龍易解大全○無錫人

雷思齊易圖通變五卷○存　一作三卷千頃堂書目卷一

又易筮通變三卷○存　俱見經義考卷四十八　按易筮通變書凡五篇一卜筮二之卦三九六四衍數五命著

思齊臨川人幼棄家居烏石觀晚講授廣信山中　袁桷清容集

吳霞舉易管見六十卷○佚　經義考卷三十八　易管窺　千頃堂書目卷一

又筮易七卷○佚　千頃堂書目卷一　經義考卷三十八

又太玄潛虛圖說十卷　經義考卷三十八引新安文獻志

新安文獻志霞舉字孟陽號默室休寧人

陳樵易象數解新說　新元史卷二百三十六

又太極圖解一卷○佚　經義考卷七十一

字君采東陽人從程直方學　新元史卷二百三十六

孟文龍易解大全三十卷○佚

石一鼇互言總論十卷○字晉卿義烏人宋鄉貢進士入元不仕

曾巽申周易鑑○字巽初永豐人翰林應奉

黎立武周易說約一卷○字以常新喻人

王愷易心三卷○台州寧海人

張志道易傳三十卷○字潛夫金壇人

劉霖易本義童子說○安福人

姑蘇志孟文龍字震翁浙東提舉（俱見經義考卷三十八）

石一鼇周易互言總論十卷○佚（經義考卷三十八）

先生少受業於王君若訥既又從秘丞游晚而覃思於易其說皆本於徐氏（黃溍金華文集）

黎立武周易說約一卷○佚（經義考卷三十八）

湻熙四年進士累官國子司業其學宗白雲郭氏自號寄翁學者稱爲所寄先生（江西通志）

王愷易心三卷（葉氏菉竹堂目有之）○未見（經義考卷三十七）

張志道易傳三十卷（千頃堂書目卷一）

劉霖易本義童子說（千頃堂書目卷一）

又太極圖解一卷（經義考卷七十一）按陳第世善堂藏書目錄亦有太極圖解從虞集學至正丙申舉於鄉不仕（江西通志）

趙元輔編大易象數鉤深圖三卷
陳廷言易義指歸四卷○字君從寧海人
周之翰易象管見
又易四圖贊○字申甫華亭人
邵整六十四卦圖說
饒宗魯周易輯說
又易經庸言
邱葵易解義
陳宏易童子問一卷
又易象發揮
又易孟通旨○蒲田人宋末從華亭

趙元輔編大易象數鉤深圖三卷千頃堂書目卷一
陳廷言義指歸四卷○未見經義考卷三十七

邵整六十四卦圖說○福州人千頃堂書目卷一
饒宗魯周易輯說輯所聞於平山曾子良者○千頃堂書目卷一
又易傳庸言千頃堂書目作易經庸言○佚經義考卷三十八
字心道臨川人江西通志字以道千頃堂書目卷一
邱葵易解義○佚　閩書葵字吉甫同安人初從辛介甫繼從信
州吳平甫學自號釣磯翁經義考卷三十八
陳宏易童子問一卷
又易象發揮
又易孟通旨俱見千頃堂書目卷一

張希文十三卦考一卷〇字質夫瑞州新昌人

潘廸周易述解〇元城人國子司業

翟思忠易傳〇邳州人常知事

潘廸周易述解〇佚（經義考卷四十二）至元中官國子司業歷集賢學士（千頃堂書目卷一）

方逢辰易外傳五卷〇未見　董眞卿曰其書以土（按上之誤）下經各分一二作四卷此外有周易辨僞辨諸本互有不同易數圖易象數各附論說共爲一卷（經義考卷三十五）

方逢辰字君錫湻安人湻祐十年舉進士第一累官兵部侍郎宋亡不仕學者稱爲蛟峯先生（浙江通志）

何夢桂易衍二卷〇未見　姓譜夢桂字巖叟湻安人咸湻乙丑進士爲太常博士歷監察御史宋亡不仕（經義考卷三十八）一作易解（千頃堂書目卷一）

曾子良周易輯說〇佚（經義考卷三十八）

金谿人咸淳戊辰進士調興安尉遷淳安令入元程鉅夫薦爲憲僉不赴學者稱爲平山先生（江西通志）

邱富國周易輯解十卷〇佚

又學易說約五篇〇佚　閩書邱富國字行可建安人爲端陽僉判宋亡不仕（經義考卷三十八）

按新元史卷二百三十五有丘富國傳

鄭儀孫易圖說〇佚　閩書鄭儀孫號翠屏建安人從邱富國學易（經義考卷三十八）　按新元史卷二百三十五有鄭儀孫傳

魏新之易學蠡測〇佚　張時澈曰魏新之字德夫桐廬人咸淳辛未進士爲慶元府教授入元不仕（經義考卷三十八）

按新元史卷二百三十五有魏新之傳

練耒大易發微〇佚　閩書練耒（或作來）字彥本建安人宋遺民閉門著書（經義考卷三十八）

熊釆周易講義○佚　萬姓譜釆建陽人寧武州參軍入元不仕經義考卷三十八

案熊釆傳見新元史卷二百三十五

衛富益易經集說○佚經義考卷三十八

崇德人從金履祥學晚歲隱居湖之金蓋山浙江通志

案新元史作衛益富傳見卷二百三十四

陳普易經解注二冊○未見　閩書陳普字尙德別號懼齋福寧人居石堂山學者稱石堂先生宋鼎旣移三辟本省教授不起經義考卷三十八

又易講義一卷○存經義考卷三十八

案傳見新元史卷二百三十五

陳煥易傳宗○佚經義考卷三十八

字時可豐城人入元隱居不仕學者稱爲嶂山先生江西通志

龔煥易說○佚 經義考卷四十

字右文進賢人時稱泉峯先生 江西通志

劉整易纂圖一卷○佚　閩書整字宋舉古田人自號蒙谷遺老

經義考卷四十

案傳見新元史卷二百三十五

陳宏易童子問一卷○未見　菉竹堂目有之 經義考卷四十

案陳宏傳見新元史卷二百三十五

又易象發揮○佚 經義考卷四十

黃虞稷曰宏莆田人宋末徙華亭同知吳江州事 千頃堂書目卷一

吳師道讀易雜記二卷○佚 經義考卷四十六　易雜說 金門詔補三史藝文志

字正傳婺州蘭溪人至治元年進士 元史卷七十七

汪克寬周易程朱傳義音考○佚　字德輔一字仲裕自歙還

祁門縣泰定丙寅舉江浙鄉試學者稱爲環谷先生 經義考卷四十九

汪克寬傳見新元史卷二百三十六

趙汸大易文詮八卷○存　錢謙益曰汸字子常休寧人師事九江黃澤經義考卷四十九明史藝文志卷一四卷倪氏補遼金元藝文志

趙汸傳見新元史卷二百三十六

鮑恂大易舉隅卽大易鉤玄三卷○存經義考卷四十九

恂字仲孚崇德人徙居嘉興西溪三領元江浙省鄉試薦爲翰林不就浙江通志

郭樌易說○佚經義考卷四十九

樌字德茂仙居人徙家太平元世隱居授徒浙江通志

葉儀周易集解○未見經義考卷四十九

儀字景翰金華人受學於許白雲元末明初人千頃堂書目卷一

周老南易傳雜說一作集說○佚

錢謙益曰南老字正道其先道州人宋末徙吳元季以薦補信

州永豐學教諭又檄爲吳縣主簿進淮南省照磨經義考卷四十九

盧氏失名校正耶律文獻公大衍揲蓍說一卷○佚　許衡序經義考卷七十

程時登太極圖說○佚經義考卷七十一

胡希是太極圖說一卷○未見　姓譜希是仲雲之子元革命家居著述經義考卷七十一

程存太極圖說一卷○佚　休寧名族志存陳櫟弟子經義考卷七十

呂洙太極圖說一卷○佚　應廷育曰呂洙字宗魯永康人與弟溥從許謙遊經義考卷七十一

按呂洙傳見新元史卷二百三十四

朱本太極圖解○佚　南昌府志本字致眞富州人至正間用薦爲福州路儒學提舉經義考卷七十一　豐城人倪氏補遼金元藝文志

俞琬大易集說十卷○號石澗宋末遺老其書成於元至大間按

經義考作四十卷今以通志堂此刻板心計之則是十三卷通志堂經解目錄

周易俞石澗說四冊葉盛菉竹堂書目卷一

梁寅周易參義十二卷〇字孟敬新喩人自序在後至元六年通志堂經解

何基周易發揮七卷

又繫辭發揮二卷〇元人俱見國史經籍志卷二

許復易衍義二十一卷以下皆不知時代 按不知何時所撰姑附於此以備查考

楊幅周易餘義八卷

姚麒易經或問十卷

周方學易記三卷

詹一麟周易述說一卷

黃濳翁讀易備忘四卷

程輸浠南易說九卷
咎如愚古易便覽一卷
周佐補齋口授易說三卷
甯欽周易官旨八卷
葉山八白易傳十六卷
胡經胡子易演十八卷
臺坊易辨一卷
郭澹理數通考二卷
家人衍義二卷以下俱無名代不知誰人所撰姑附於此以備查考
乾坤二卦集解三卷
易象龜鑑三卷
周易宗孔篇三冊俱見千頃堂書目卷一
林光世水村易鏡一卷

李過西溪易說十二卷〇字季辨興化人或云在宋時

康用文易說發揮三卷〇高安縣尹 俱見倪燦盧文弨補遼金元藝文志

黃舜祖易說

陳尚德易說

胡特周易直解 俱見金門詔補三史藝文志

書類

趙秉文無逸直解

趙秉文無逸直解一卷〇佚 經義考卷九十七 正大年進 金門詔補三史藝文志

王若虛尚書義粹三卷〇一作二卷　字從之稾城人

王若虛尚書義粹三卷 按是書天一閣萬卷堂目均載之 〇未見 經義考卷八十五

號慵夫入元不仕 滹南集跋 一作十二卷 焦竑國史經籍志卷二

呂造尚書要畧〇金正大間同知集賢院

呂造尚書要畧〇佚 經義考卷八十五

以上金

金履祥尚書表注四卷〇或作十二卷一作一卷

金履祥尚書表注二卷〇存 經義考卷八十四 一作十二卷 千頃堂書目卷一 一作四卷 金門詔補三史藝文志 一作一卷 焦竑國史經籍志卷二 一部二冊闕 楊士奇文淵閣書目卷二

又尚書注十二卷

又尚書雜論一卷

繆主一書說

周敬孫尚書補遺

何逢原尚書通旨〇字文瀾分水人宋中書舍人至元中授福建儒學提舉不赴

趙孟頫書今古文集注

又洪範圖一卷

二冊葉盛菉竹堂書目卷一 一冊二卷錢謙益絳雲樓書目卷一

又尚書注十二卷〇存經義考卷八十四 為先生早歲所注晚復掇其要而為表注柳貫柳待制文集

又尚書雜論一卷千頃堂書目卷一

姓譜履祥字吉父經義考卷八十四 字祥父婺之蘭溪人元史卷七十六

繆主一書說〇佚經義考卷八十四

周敬孫尚書補遺〇佚經義考卷八十四

何逢原尚書通旨〇佚 嚴州府志咸淳間官中書舍人經義考卷八十四

趙孟頫書今古文集注〇未見

兩浙名賢錄趙孟頫吳興人兵部侍郎累官翰林學士承旨經義考卷八十五 字子昂湖州人元史卷五十九本傳

又洪範圖一卷〇未見

景印本・第二卷・第二期

吳澂書纂言四卷

齊履謙書傳詳說一卷

胡一桂書說

程直方蔡傳辨疑一卷

陳櫟書解折衷

又書集傳纂疏六卷

劉莊孫書傳上下篇二十卷

胡炳文書集解

董鼎尚書輯錄纂注六卷〇字季亨鄱陽人眞卿之父

吳澄書經纂言四卷〇存 經義考卷八十五 澄叙錄分別今古文纂言則今文之二十八篇也 千頃堂書目卷一 今文尚書纂言 通志堂經解目錄 一作八卷 國史經籍志卷二 一部二冊闕 楊士奇文淵閣書目卷二 二冊 葉盛菉竹堂書目卷一

又校定書經一部 一作書經序錄 〇 金門詔補三史藝文志

齊履謙書傳詳說 千頃堂書目作詳解 〇佚 經義考卷八十五

胡一桂書說〇佚 經義考卷八十五

程直方蔡傳辨疑一卷〇未見 經義考卷八十五 婺源州人 千頃堂書目卷一

陳櫟書解折衷〇佚 經義考義八十五

又尚書集傳纂疏六卷〇存 號定宇 經義考卷八十五

劉莊孫書傳上下篇二十卷〇佚 經義考卷八十五

胡炳文書集解〇未見 經義考卷八十五

董鼎尚書輯錄纂注六卷〇存 經義考卷八十五 注當作疏 翁方綱經義考補正

字秀亨鄱陽人 千頃堂書目卷一 字季亨德興人 江西通志

何中書傳補遺十卷
余芑舒讀蔡傳疑一卷
又書傳解
張仲實尚書講義
許謙讀說叢說六卷
程龍書傳釋疑
俞元燮尚書集傳十卷
又或問二卷○字邦亮建寧人徙於吳

何中書傳補遺十卷○佚 經義考卷八十五 書傳補疑 千頃堂書目卷一
余芑舒讀蔡傳疑一卷○佚
又書傳解○佚 經義考卷八十五 饒州德興人 倪燦補遼金元藝文志
張仲實尚書講義 原卷 ○佚 在江陰講學時作 經義考卷八十五
許謙讀書叢說六卷○存 經義考卷八十六 子仁及門人俞叟校正 千頃堂書目卷一 先生書說時有與蔡氏不盡合者要歸於是而已 黃溍金華文集
一部四冊闕 楊士奇文淵閣書目卷二 四冊 葉盛菉竹堂書目卷一
字益之其先京兆人後徙金華 元史卷七十六
程龍書傳釋疑○佚 經義考卷八十五
俞元燮尚書集傳十卷○未見 經義考卷八十六
又或問二卷○未見 經義考卷八十六
俞元燮 千頃堂書目卷一 建寧人居於吳 虞集道園集 張景春曰其先建寧人徙長洲 經義考卷八十六

吳萊尚書標說六卷

王充耘讀書管見二卷○字與畊吉水人永州同知

李天篪書經疏○吉水人

王天與尚書纂傳四十六卷○字立大梅浦人大德中臨江路

儒學教授

王希旦尚書通解

又書說

韓信同書經講義○一作集解

吳萊尚書標說六卷○未見 經義考卷八十六

王克耘讀書管見二卷○存 經義考卷八十六 元統甲戌進士 千頃堂書目卷一 原序及梅鶚跋云充耘字畊野 四庫全書總目提要 一冊 葉盛菉竹堂書目卷一 號耕埜授承務郎同知永新州事非永州也 彭元瑞知聖道齋讀書跋卷一

又書義主義六卷○存

又書義矜式六卷○存 俱見經義考卷八十六

李天篪書經疏○佚 經義考八十六

得劉靜修道學之傳 江西通志

王天與尚書纂傳四十六卷○存 贛州路先賢書院山長 經義考卷八十六 一作十卷 焦竑國史經籍志卷一 一部五冊闕 楊士奇文淵閣書目卷一

王希旦尚書通解○佚

韓信同書經講義 一作集解 ○未見 經義考卷八十六 五百餘篇 金門詔補三史藝文志

呂椿尚書直解〇字之壽晉江人

黃鎮成尚書通考十卷

陳師凱書蔡傳旁通六卷〇彭蠡人

李公凱纂集柯山尚書句解三卷

吳迂書編大旨

吾衍尚書要畧

周聞孫尚書一覽

呂椿尚書直解〇佚　閩書從邱釣磯學 經義考卷八十六

黃鎮成尚書通考十卷〇存 經義考卷八十六　一作十三卷 金門詔補三史藝文志　自序未嘗補云天曆三年正月 經義考補正

陳師凱書蔡傳旁通六卷〇存 經義考卷八十六　彭蠡人 千頃堂書目卷一　浮梁人 倪燦盧文弨補遼金元藝文志　陳澔子　江西都昌人 新元史卷二百三十六　不錄經文但摘蔡傳語猶如蔡傳之疏耳 通志堂經解目錄　一部二冊闕 楊士奇文淵閣書目卷二　二冊 葉盛菉竹堂書目卷一　一冊 錢謙益絳雲樓書目卷一

李公凱纂集柯山尚書句解三卷〇存　按公凱於詩取東萊呂氏於書則舍呂氏而從夏氏蓋不偏主一家者 經義考卷八十六　字仲容 千頃堂書目卷一　一部一冊闕 楊士奇文淵閣書目卷二　一冊 葉盛菉竹堂書目卷一

吳迂書編大旨〇未見 經義考卷八十六

吾邱衍尚書要畧〇未見 經義考卷八十六

周聞孫尚書一覽〇未見　吉水縣志云周聞孫字以立至正辛

余日强尚書補注○字伯莊崑山人

朱祖義尚書句解十三卷

馬道貫尚書疏義六卷○字德珍金華東陽人

胡一中定正洪範集說一卷○字允大諸暨人紹興路錄事

已舉於鄉後入史館修宋遼金三史棄職歸里尋授鰲溪書院山長改貞文書院（經義考卷八十六）

余日强尚書補注○佚　楊維楨作碣曰日强字產壯（經義考卷八十六）黃虞稷曰日强本福建吉田流寓太倉（經義考卷八十六引千頃堂書目說）字伯莊本福建古田人居於太倉明初以博雅稱自號淵默叟（千頃堂書目卷一）

朱祖義尚書句解十三卷○存　黃虞稷曰祖義字子由廬陵人（經義考卷八十六）　四冊（絳雲樓書目卷一）

馬道貫尚書疏義六卷○未見（經義考卷八十六）　師事許謙自號一得叟（千頃堂書目卷一）

胡一中定正洪範集說一卷○存　陳顯曾跋曰「會稽胡公允文因王文吳三先生所訂之旨更復詳考爲定正洪範一編」「以九爲圖以十爲書則劉牧氏之說允文宗之」（經義考卷九十六）

謝章洪範衍義

陳樵洪範傳一卷

田澤洪範洛書辨一卷○居延人延祐中常德路總管府推官

邱廸尚書辨疑○字彥啓吳人

王文澤尚書制度圖纂三卷○字伯雨松江人

韓性尚書辨疑一卷

黃虞集曰一中字允大諸暨人 千頃堂書目卷一

自序末當補云至正甲午春 翁方綱經義考補正

一部一冊闕 楊士奇文淵閣書目卷二 一冊 葉盛菉竹堂書目卷一

謝章洪範衍義○佚　吳師道後序曰謝氏章作衍義考圖書之錯綜而推極其變萃經說之精要而發明其遺 經義考卷九十六

陳樵洪範傳一卷○未見 經義考卷九十六

田澤洪範洛書辨一卷 葉盛菉竹堂目有之 ○未見 經義考卷九十六

邱廸尚書辨疑○佚　姑蘇志云從熊朋來學 經義考卷八十六

王文澤尚書制度圖纂三卷○佚　松江府志文澤別號梅泉家風涇遷上海鹹魚港 經義考卷八十六 華亭人 千頃堂書目卷一

韓性尚書辨疑一卷○佚　紹興府志韓性字明善會稽人 經義考卷八十六

鄒季友書蔡傳音釋六卷〇鄱陽人

邵光祖尚書集義六卷〇字宏道饒州人家於吳

陳希聖洪範述

姚良尚書孔氏傳〇字晉卿

胡之純尚書或問〇字穆仲金華人

張性尚書補傳〇字伯成金谿人元進士

字明善紹興人其先家安陽後從南渡家於越（元史卷七十七本傳）

鄒季友尚書蔡傳音釋六卷〇存（經義考卷八十六）　一卷（千頃堂書目卷一）

黃虞稷曰季友字晉昭（千頃堂書目卷一）

邵光祖尚書集義六卷〇未見　張景春曰邵光祖字宏道父宦遊來吳因家焉張士誠據吳授湖州學正不赴（經義考卷八十六）

陳希聖洪範述〇未見（經義考卷九十六）

張性尚書補傳〇臨川人（倪燦盧文弨補遼金元藝文志）

陳煥書傳通〇未見　王圻曰煥豐城人（經義考卷八十四）

陳普尚書補微〇佚

又書傳補遺〇佚

又書講義一卷〇存（俱見經義考卷八十四）

趙若燭書經箋注惋通 姓譜作趙嗣誠 ○佚　袁州府志趙若燭字竹逸宜春人寶慶二年進士知光澤縣事宋亡不仕教授於鄉 經義考卷八十四

邱葵書解○佚 經義考卷八十四 一作書經直解 金門詔補三史藝文志

熊禾尚書集疏○佚 經義考卷八十四

黃景昌尚書蔡氏傳正誤○佚　兩浙名賢錄黃景昌字清遠浦江人從方鳳吳思齊謝翱遊自號田居子 經義考卷八十四

案方鳳吳思齊謝翱傳見新元史卷二百四十一黃景昌傳見新元史卷二百三十五

元明善尚書節文○佚　陸元輔曰元明善復初以太子文學事文宗於東宮陞翰林直學士 經義考卷八十六

案元明善傳見新元史卷二百○六

李恕書旁注○佚 經義考卷八十六

倪士毅尚書作義要訣四卷〇存　按是書乃元時舉子兎園冊東山趙氏作仲宏改塋誌稱於他經皆未就度此必書坊僞託也經義考卷八十六　一冊葉盛菉竹堂書目卷一

吳師道書雜說六卷〇未見經義考卷八十六

案吳師道傳見新元卷二百三十五

季仁壽春谷讀書記〇佚　括蒼彙紀季仁壽字山甫龍泉人元末用薦教諭慈谿改松陽轉婺州教授經義考八十六

王道書億四卷〇未見經義考卷八十八

按王道傳見新元史卷一百九十四

陳櫟堯典中星考一篇〇存經義考卷九十三

陳剛禹貢手抄一卷〇佚　温州府志剛字公潛平陽縣人從胡石塘學隱居教授學者稱爲潛齋先生經義考卷九十四

按陳剛傳見新元史卷二百三十六

金履祥西伯戡黎辨一篇○存 經義考卷九十五

牟楷定武成錯簡一卷○佚　台州府志牟楷字仲裴黃巖人不仕教授生徒學者稱之曰靜正先生 經義考卷九十五

按牟楷傳見新元史卷二百三十六

陳剛洪範手抄一卷○佚 經義考卷九十六

胡希是洪範考訂○佚 經義考卷九十六

貢師泰題旅獒圖一篇○存 經義考卷九十七

方回顧命朝會考一篇○存 經義考卷九十七

孟夢恂七政疑解 倪燦補遼金元藝文志

葛大紀禹貢要畧一卷以下不知時代姑附於此

王蘖谷書經旨畧一卷

胡士行尚書詳解十三卷

尹洪尚書章句訓解十卷

趙杞尚書辨疑一卷
鄭瑤禹治水譜一卷
鄒近仁禹貢集說
張國賓書義元會四卷
胡誼尚書釋義十卷
尚書名數索至十卷 以下六書皆不知撰人姑附於此以備查攷
書傳集成
尚書原義
書經補遺五卷
書經講義十三冊
福極對義圖二卷 俱見倪燦補遼金元藝文志
蕭𣫍酒誥一卷○大德十一年古諭德蕭𣫍書以獻 金門詔補三史藝文志
吳師道書經雜說 金門詔補三史藝文志

詩類

李簡詩學備忘二十四卷

俞玉吾絃歌毛詩譜一卷

何逢原毛詩通旨

梁益尚書補遺

又七政疑解俱見金門詔補三史藝文志　按孟夢恂亦有七政疑解

陳尚德書傳補遺見金門詔補三史藝文志

徐蘭書經體要金門詔補三史藝文志

干房書傳金門詔補三史藝文志

胡誼尚書釋疑金門詔補三史藝文志

蘇鼎書傳六卷金門詔補三史藝文志

李簡詩學備志二十四卷〇佚經義考卷一百十一

十二冊闕楊士奇文淵閣書目卷二十二冊葉盛菉竹堂書目卷一

俞琰絃歌毛詩譜一卷〇未見經義考卷一百十

何逢原毛詩通旨〇佚　李德恢嚴州府志逢原字文瀾分水人

趙悳詩辨說七卷○一作一卷宋宗室隱居豫章

熊禾毛詩集疏

陳深清全齋讀詩編

雷光霆詩義指南十七卷○字友光寧州人

胡一桂詩傳附錄纂疏八卷

劉莊孫詩傳音旨傳二十卷

咸淳間官中書舍人入元被薦不起（經義考卷一百十）

趙悳詩辨說七卷○闕（經義考卷一百十）

趙德詩辨疑七卷○一作十卷本宋宗室入元隱居豫章東湖自號鐵峯（千頃堂書目卷一）

熊禾毛詩集疏○佚（經義考卷一百十）

陳深清全齋讀詩編○未見（經義考卷一百十）

雷光霆詩義指南十七卷○佚　南昌府志程鉅夫嘗從受業至元間遣使徵之未至而卒學者稱龍光先生（經義考卷一百十一）分寧人（千頃堂書目卷一倪燦盧文弨補遼金元藝文志）

胡一桂詩傳纂疏附錄八卷○未見（經義考卷一百十一）以朱子集傳爲主而纂諸儒異同之說及朱子語錄文集之要語附之（千頃堂書目卷一）八冊闕（楊士奇文淵閣書目卷二）八冊（菉竹堂書目卷一）

劉莊孫詩傳音指補二十卷○佚（經義考卷一百十一）

程直方學詩筆記
胡炳文詩集解
程龍詩傳釋疑
安熙詩傳精要
陳櫟詩經句解
又詩大旨
又讀詩記
吳迂詩傳衆說
李恕毛詩音訓四卷○黃丕烈云經義考別有毛詩詁訓四卷
似是一書重出

程直方學詩筆記○未見 經義考卷一百十一
胡炳文詩集解○未見 經義考卷一百十一
程龍詩傳釋疑○佚 經義考卷一百十一
安熙詩傳精要○佚 經義考卷一百十一
先生諱熙字敬仲姓安氏太原離石人也金亡徙山東愛眞定
風土家馬 蘇天爵滋溪集
字敬仲眞定藁城人 元史卷七十六本傳
陳櫟詩經句解○未見 經義考卷一百十一
又詩大旨
又讀詩記 俱見千頃堂書目卷一
吳迂詩傳衆說○佚 經義考卷一百十一 詩傳衆紀 千頃堂書目卷一 補遼金元藝文志
李恕毛詩音訓四卷○未見
一部三冊闕 楊士奇文淵閣書目卷二 三冊 葉盛菉竹堂書目卷一

朱近禮詩疏釋〇盱江人

蔣宗簡詩答問

周聞孫學詩舟楫

劉瑾詩傳通釋二十卷〇字公瑾安福人

梁益詩傳旁通十五卷

又詩緒餘〇字友直江陰人

又毛詩詁訓四卷〇未見俱見經義考一百十一　毛詩故四卷倪燦盧文弨補遼金元藝文志

又毛詩旁注〇未見經義考卷一百十一

朱近禮詩傳疏釋〇佚經義考卷一百十一

蔣宗簡詩答問〇佚經義考卷一百十一

周聞孫學詩舟楫經義考卷一百十一

劉瑾詩傳通釋二十卷〇存　楊士奇曰安成劉瑾吉安府志劉瑾安福人經義考卷一百十一安城人千頃堂書目卷一倪燦盧文弨補遼金元藝文志

梁益詩傳旁通十五卷〇存

又詩緒餘〇未見經義考卷一百十一字子方江陰人元史卷七十六黃虞稷曰益本閩人隨父家江陰舉江浙鄉試千頃堂書目卷一號庸齋其先福州人四庫全書總目提要

許謙詩集傳名物鈔八卷○一作十二卷

羅復詩集傳音釋二十卷○字中行廬陵人

朱公遷詩傳疏義二十卷○字克升樂平人處州學正

李公凱毛詩句解二十卷

許謙詩集傳名物鈔八卷○存 經義考卷一百十一 一作十二卷 讀書敏求記卷一
淳祐七年進士自號白雲山人世稱爲白雲先生 元史卷七十六本傳
八冊闕 楊士奇文淵閣書目卷二 八冊 葉盛菉竹堂書目卷一

羅復詩集傳音釋二十卷○存 按曹氏靜惕堂有藏本乃合白雲許氏名物鈔而音釋之 經義考卷一百十一

朱公遷詩傳疏義二十卷○存 樂平縣志公遷以至正辛巳領浙江鄉試教婺州嘗題其室曰陽明之所學者稱陽所先生 經義考卷一百十一
學於同郡吳中行徵授翰林直學士力辭乃出爲處州學正兵亂徙婺源 江西通志
詩經疏義 四庫全書總目提要
字克升 倪燦盧文弨補遼金元藝文志

李公凱毛詩句解二十卷○存 黃虞集曰公凱字仲容宜春人

曹居貞詩義發揮〇廬陵人

蘇天爵讀詩疑問一卷

吳簡詩義〇字仲廣吳江人紹興路學錄

楊舟詩經發揮〇江西通志字道濟吉水人　湖廣通志字梓夫慈利人登進士爲茶陵同知歷遷翰林待制

韓性詩音釋一卷

貢師泰詩補注二十卷

其書專取呂氏氏讀詩紀而隱括之 經義考卷一百十一

黃虞稷條內呂氏讀詩紀紀當作記 翁方綱經義考補正卷四

曹居貞詩義發揮〇未見 經義考卷一百十一

永樂中修大全多采之 江西通志

蘇天爵讀詩疑問一卷〇存　天爵自述曰戊辰之冬閱朱子詩集傳呂氏讀詩記偶有所疑輒筆錄之 經義考卷一百十一

字伯修眞定人 元史卷七十

吳簡詩義〇佚 經義考卷一百十一

楊舟詩經發揮〇佚 經義考卷一百十一

韓性詩音釋一卷〇佚　陸元輔曰元慈湖書院山長會稽人 經義考卷一百十一 字明善紹興人 元史卷七十七

貢師泰詩補註二十卷〇佚 經義考卷一百十一

秦玉詩經纂例○字德卿崑山人

余希聲詩說四卷○青田人

焦悅詩講疑○字子和

顏達詩經講說○江陵人

夏泰亨詩經音考○字叔通會稽人翰林院編修

盧觀詩集說

楊燧詩傳名物類考○字元度餘姚人歷寧海縉雲及本州學

字泰甫寧國宣城人元史卷七十四

秦玉詩經纂例○佚　楊維楨志墓曰其先鹽城人徙居崇明又徙崑之太倉家焉經義考卷一百十一

余希聲詩說四卷○佚經義考卷一百十一

焦悅詩講疑○佚經義考卷一百十一

蘇天爵曰先生姓焦氏諱悅字子和與同郡安熙講說六經之旨滋溪類稿

安熙字敬仲眞定藁城人元史卷七十六本傳

顏達詩經講說○未見經義考卷一百十一

夏泰亨詩經音考○佚經義考卷一百十一　字叔遠千頃堂書目卷一　翰林修撰

倪燦補遼金元藝文志

盧觀詩集說○未見經義考卷一百十一　詩集疏千頃堂書目卷一

楊燧詩傳名物類考○未見經義考卷一百十一

官

周鼎詩經辨正〇字仲恆廬陵人

方道壑詩記〇字以愚淳安人至正進士翰林編修改杭州判

官

朱倬詩疑問七卷〇一作八卷　字孟章建昌新城人以進士授遂安尹至正十二年寇至不屈死

二十卷倪燦盧文弨補遼金元藝文志

周鼎詩經辨正〇佚經義考卷一百十一

宋濂曰周鼎字仲恆先世自安成從廬陵從湜溪郭正表游宋學士文集

方道叡詩記〇佚　兩浙名賢錄曰方道叡蛟峯先生之曾孫登至順二年進士洪武初兩被召不赴經義考卷一百十一

朱倬詩疑問七卷〇存經義考卷一百十一一作六卷焦竑經籍志附詩辨說一卷四庫全書總目提要盱黎人千頃堂書目卷一　盱江人倪燦盧文弨補遼金元藝文志余始得是書稱盱黎進士朱倬莫知爲何如人考之漢書地理志豫章郡下有南城縣注云縣有盱水圖經云在縣東二百一十步一名建昌江一名盱江名勝志云縣之東境有新城縣後知倬爲建昌新城人納蘭成德詩疑問序末附趙德詩辨疑一卷倪燦補遼金元藝文志後附南昌趙悳疑問附編通志堂經解目錄一冊闕楊士奇文淵閣書目卷二

包希魯詩小序解一卷

曾堅詩疑大鳴錄一卷○字子白臨川人翰林直學士

劉玉汝詩纘緒十八卷○字成之廬陵人

包希魯詩小序解一卷○未見 經義考卷一百十九

曾堅詩疑大鳴錄一卷○未見　吳江人 經義考卷一百十二

吳江人 千頃堂書目卷一

陳普詩講義一卷○存

陳煥詩傳微○佚

邱葵詩正義 或作口義 ○佚 俱見經義考一百十 詩口義 金門詔補三史藝文志

吳師道詩雜說二卷○未見 經義考一百十一

汪克寬詩集傳音義會通三十卷○佚 經義考卷一百十二

先生名克寬字德輔學者尊爲環谷先生 宋濂宋學士文集

案克寬傳見新元卷二百三十六

王道詩億三卷○未見 經義考卷一百十三

趙孟頫豳風圖一卷○佚

方回鹿鳴二十二篇樂歌考一篇〇存

又彤弓考一篇〇存 俱見經義考卷一百十九

翟思忠詩傳旁通八卷 失時代 十卷 千頃堂書目卷一

李少南詩解二十卷 失時代 〇 千頃堂書目卷一

錢氏詩集傳 以下俱失名

詩纂圖四帙

詩圖說 以上三書俱見千頃堂書目卷一

禿忽思錄毛詩一部〇至元五年敕從臣禿忽思從錄 金門詔補三史藝文志

塔失不花豳風圖〇皇慶二年進 金門詔補三史藝文志

吳澂校定詩經

黃舜祖國風小雅說

蕭山讀詩傳十卷

王都中詩集三卷

禮類

趙秉文中庸說一卷

李純甫中庸集解一卷

以上金

吳澂周禮經傳十卷

熊凱風雅遺音 以上俱見金門詔補三史藝文志

逸齋補傳二十二卷 千頃堂書目卷一

趙秉文中庸說一卷〇存 經義考卷一百五十三

一作二卷 千頃堂書目卷二

李純甫中庸集解一卷〇佚 經義考卷一百五十三

純甫字之純弘州襄陰人永安二年經義進士薦入翰林歷京兆府判官 金史本傳

楊雲翼周禮辨一篇〇未見 經義考卷一百二十五 字之美家平定之樂平縣登明昌五年進士第一拜翰林學士禮部尚書 金史本傳

吳澂周禮經傳十卷〇存 題曰吳澄著中間多有改削又有黏

籤其議論序次均不同於考注疑是其孫伯當之書然無先公字樣但有聞之師曰之文不審爲誰所撰姑附於此 經義考卷一百二十五

又周禮考注十五卷○存 經義考卷一百二十五

又周官叙錄六篇 倪燦補遼金元藝文志

又周官考正六卷 世善堂書目上

又叙次儀禮十七篇 倪燦補遼金元藝文志

又儀禮逸經五卷 金門詔補三史藝文志

又校定儀禮 金門詔補三史藝文志

又儀禮逸篇八篇

又儀禮逸經八篇 焦氏經籍志作六卷非 ○存 一作一冊 葉盛菉竹堂書目卷一 一作一冊六卷 絳雲樓書目卷一 一作儀禮逸經傳一卷 文瑞樓藏書目錄卷一 一卷經八篇傳十篇 通志堂經解目錄

又傳十篇

又儀禮傳十篇○存 經義考卷一百三十三 一作十五篇 倪燦補遼金元藝文志 一作十五卷 金門詔補三史藝文志

又禮記纂言三十六卷

王申子周禮正義

臧夢解周官考三卷

毛應龍周官集傳二十四卷○今存十六卷

又禮記纂言二十六卷○存見經義考卷一百四十三 一作二十五冊葉盛菉竹堂書目卷一 一作三十卷錢曾述古堂藏書目卷一 一作十三冊或作二十五冊或作十二冊文淵閣書目卷二

又校定禮記

又校定大戴禮○一作校定大戴記三十四篇世善堂藏書目錄卷上

又曲禮考註十卷俱見金門詔補三史藝文志

又序次小戴記八卷千頃堂書目卷一 校定小戴記三十六篇陳第世善堂藏書目錄卷上

王申子周禮正義○佚經義考卷一百二十五

臧夢解周官考三卷○未見 陸元輔曰夢解鄞人宋末進士至元中授婺州路儒學提舉官至廣東廉訪使士大夫稱曰魯山先生經義考卷一百二十五

毛應龍周禮集傳二十四卷○存經義考卷一百二十五

又周官或問五卷〇字介石豫章人大德間澧州教授

吳當周禮纂言

周禮附音重言重意互注十二卷〇未詳撰人

陳深考工記句詁一卷

又周禮訓雋一卷

又周禮訓注十八卷

敖繼公儀禮集說十七卷〇字君善長樂人信州教授

一作十三卷（千頃堂書目卷二）　一作十六冊（葉盛菉竹堂書目卷一　文淵閣書目卷二）　一作二十卷（述古堂書目卷一）

又周官或問五卷〇未見（經義考卷一百二十五）　一作一冊（葉盛菉竹堂書目卷一）

吳當周禮纂言〇未見　陸元輔曰入明不仕隱居吉水之谷坪（經義考卷一百二十五）

字伯尚澄之孫崇仁人（元史卷七十四）

周禮附音重言重意互註〇存（經義考卷一百二十五）

陳深考工記句詁一卷〇存（經義考卷一百二十九）

又周禮訓雋十卷〇存

又周禮訓注十八卷〇存（俱見經義考卷一百二十七）

敖繼公儀禮集說十七卷〇存　姓譜敖繼公字長壽福州人寓居湖州趙孟頫師事之平章高顯薦於朝授信州教授命下而卒（經義考卷一百三十三）

顧諒儀禮注八卷〇字季友吳江人

葉起喪禮會記〇字振卿永嘉人

戴右玉治親書〇凡三篇一曰釋親二曰宗法三曰服制

張頲喪服總類

一作十二冊 葉盛菉竹堂書目卷一 一作十冊 錢謙益絳雲樓書目卷一

閩長樂人 千頃堂書目卷二 家於吳興 四庫全書總目提要

字君善長樂人著儀禮集說十三卷大德中以高克恭薦授信州教授未仕而卒 新元史卷二百三十五

顧諒儀禮注〇未見 經義考卷一百三十三

葉起喪禮會經〇佚 經義考卷一百三十七

喪禮會經 千頃堂書目卷二

戴石玉治親書三卷〇佚 經義考卷一百三十七 戴石玉治親禮書三篇 倪燦補遼金元藝文志 石玉盧陵人治親禮書凡三篇一曰釋親二曰宗服三曰服制 千頃堂書目卷二

張頲喪服總類〇佚 經義考卷一百三十七

喪服總數 千頃堂書目卷二

又釋奠儀注 千頃堂書目卷二

趙居信禮經葬制

繆主一禮記通考

彭絲禮記集說四十九卷

陳伯春禮記解〇字耀卿晉江人

呂椿禮記解

陳澔禮記集說十卷〇一作十六卷字可大都昌人

程時登禮記補注

字達善其先蜀之導江人蜀亡僑寓江右金華 元史卷七十六

繆主一禮記通考〇佚 經義考卷一百四十二

彭絲禮記集說四十九卷〇佚 經義考卷一百四十三

陳伯春禮記解〇佚 經義考卷一百四十三

呂椿禮記解〇佚　王圻曰晉江人學於邱葵 經義考卷一百四十三

陳澔禮記集說三十卷〇存　陸元輔曰宋亡不樂仕進教授鄉里學者稱雲莊先生 經義考卷一百四十三

禮經集說十卷 陳第世善堂藏書目錄卷上　一作四冊或作二冊 文淵閣書目卷二

一作三十卷號雲柱又號北山叟 千頃堂書目卷二

雲莊禮記集說十卷 四庫全書總目提要

此書成於元英宗之二年入元四十三年矣 經義考補正卷六

程時登禮記補注〇未見 經義考卷一百四十三

又深衣翼一卷
又大學本末圖說一卷
又中庸中和說
陳櫟禮記集義詳解十卷
又深衣說一卷
又中庸口義一卷
程龍禮記辨證
周尚之禮記集義○字東陽南安路上猶縣尹

又深衣翼一卷○未見
又大學本末圖說一卷○佚經義考卷一百六十一
又中庸中和說一卷○佚　咸淳甲戌合試江東九路士子時登居首入太學宋鼎既移入元不仕經義考卷一百五十五、一百六十一
陳櫟禮記集義詳解十卷○未見經義考卷一百四十三
禮記集義十卷千頃堂書目卷二　禮記集義抄二卷陳第世善堂藏書目錄卷上
禮記集義六冊詳解四冊文淵閣書目卷二
又深衣說一卷○未見經義考卷一百五十
又中庸口義一卷○未見經義考卷一百五十三
程龍禮記辨證○佚經義考卷一百四十三
周尚之禮記集義○佚經義考卷一百四十三
延祐四年江西以春秋舉上禮部不得第至元元年擢丙科授將仕郎永州零陵縣丞調南安路上猶縣尹柳貫柳待制文集

韓性禮記說四卷
王夢松禮記解〇字曼卿青田人
張宏圖大禮記〇字巨濟福清人
葉遇春禮記覺言八卷
楊維楨禮經約
汪汝懋禮學幼範七卷
又深衣圖考三卷〇字以敬嚴陵人定海縣尹
劉莊孫周官集傳二十卷
又深衣考一卷

韓性禮記說四卷〇佚（經義考卷一百四十三）
王夢松禮記解〇佚　括蒼彙紀隱居不仕學者稱順齋先生（經義考卷一百四十三）
張宏圖大禮記〇佚（經義考卷一百四十三）
葉遇春禮記覺言八卷〇佚（經義考卷一百四十三）
楊維楨禮記約〇未見　錢謙益曰維楨字廉夫會稽人泰定丁卯進士歷江西等處儒學提舉兵亂避地富春山徙錢塘又自蘇徙松江（經義考卷一百四十三）
諸暨人自號鐵崖亦號鐵笛子（新元史卷二百三十八本傳）
汪汝懋禮學幼範七卷〇佚（經義考卷一百四十八）
又深衣圖考三卷〇佚（經義考卷一百五十）
劉莊孫
又深衣考一卷〇佚（經義考卷一百五十）

許衡中庸說

李思正中庸圖說一卷

又中庸輯釋一卷〇江西德興人

劉惟思中庸簡明傳一卷〇字良貴

夏侯文卿中庸管見〇華亭人

齊履謙中庸章句續解一卷

又大學四傳小注一卷

王奎文中庸發明一卷

薛子晦中庸注〇東陽人

李思正中庸圖說一卷〇佚

又中庸輯釋一卷〇佚 經義考卷一百五十三　入元不仕 千頃堂書目卷二

劉惟思中庸簡明傳一卷〇佚 經義考卷一百五十三

夏侯尚玄中庸管見聚疑〇佚　錢金甫曰夏侯尚玄字文卿華亭人趙孟頫薦爲東宮伴讀 經義考卷一百五十三

齊履謙中庸章句續解一卷〇未見 經義考卷一百五十三

又大學四傳小注一卷 經義考卷一百五十七

王奎文中庸發明一卷〇未見 經義考卷一百五十三

案王奎文爲宋末元初人

薛玄中庸注〇佚　陸元輔曰玄字子晦一字若晦從許謙遊不仕 經義考卷一百五十三

又中庸質疑 新元史卷二百三十四

程逢午中庸講義三卷○字信叔休寧人元貞中海鹽州教授

魯眞中庸解一卷

黃鎭成中庸章旨二卷

練魯中庸說一卷○松陽人

金履祥大學章句疏義一卷

又大學指義一卷

馬端臨大學集傳一卷○字貴與樂平人

李師道大學明解一卷

王文煥大學發明一卷○字子敬括蒼人

程逢午中庸講義三卷○佚　姓譜云元貞中薦授紫陽書院山長 經義考卷一百五十三

魯眞中庸解一卷○未見 經義考卷一百五十三

黃鎭成中庸章旨二卷○未見 經義考卷一百五十三

練魯中庸說一卷○佚　括蒼彙紀練魯至正間登第入明辭聘不赴 經義考卷一百五十三

金履祥大學章句疏義一卷○未見

又大學指義一卷○未見　一齊書目有 俱見經義考卷一百五十七

馬端臨大學集傳一卷○未見　一齋書目有 經義考卷一百五十七

右相延鸞仲子以蔭補承事宋亡隱居教授 江西通志

李師道大學明解一卷○佚 經義考卷一百五十七

高郵人學者稱爲月河李氏嘗爲通州教授 千頃堂書目卷二

王文煥大學發明一卷○佚　括蒼彙紀文煥一字叔恭入元不

吳浩大學講義一卷○字義夫休寧人

許衡大學要略直說一卷

熊禾大學廣義二卷

胡炳文大學指掌圖一卷

李朝佐大學治平龜鑑○雲陽人失其名

程仲文大學釋旨一卷○失其名

呂洙大學辨疑一卷○永嘉人

仕學者稱西山先生（經義考卷一百五十七）

吳浩大學口義（千頃堂書目卷二倪燦盧文弨補遼金元藝文志亦作大學口義）一卷○佚　徽州府志吳浩隱居不仕著直軒大學口義（經義考卷一百五十七）

許衡大學要略直說一卷○存

又魯齋大學詩解一卷○未見（俱見經義考卷一百五十七）

黃虞稷曰每大學一義賦七言絕句解之（千頃堂書目卷二）

熊禾大學廣義（一作口義）二卷○未見　一齋書目有（經義考卷一百五十七）

一作大學口義（千頃堂書目卷二）

胡炳文大學指掌圖一卷○未見（經義考卷一百五十七）

李朝佐大學治平龜鑑○佚（經義考卷一百五十七）

程仲文大學釋旨一卷○未見　胡炳文序曰程仲文舊從予游

（經義考卷一百五十七）

呂洙大學辨疑一卷○佚

呂溥大學疑問一卷○字公甫永嘉人

錢天祐大學經傳直解○延祐初人

潘廸庸學述解

葉瑞庸學提要六卷

曾貫庸學標旨

饒魯中庸大學纂述二卷

又庸學十一圖一卷

袁明善大學中庸日錄○字誠夫臨川人

呂溥大學疑問一卷○佚　金華府志呂溥字公甫永康人與兄洙均從許謙學（經義考卷一百五十七）俱永嘉人從兄弟也（千頃堂書目卷二）金華人（新元史卷二百三十四）

潘廸中庸大學述解○佚（經義考卷一百六十二）字牖民元城人（新元史卷二百三十四）

葉瑞中庸大學提要六卷○佚（經義考卷一百六十二）

曾貫庸學標注○佚（經義考卷一百六十二）字傳道泰和人至正中爲紹興路照磨（新元史卷二百三十六）

饒魯中庸大學纂述二卷

又庸學十一圖一卷○俱未見（俱見經義考卷一百六十二）

袁明善大學中庸錄○未見　從吳澄學（經義考卷一百六十二）

倪公晦學庸約說

黃文傑大學中卷雙說○字顯明上猶人大德中安遠教授

鄭奕夫中庸大學章旨

秦玉大學中庸標說

吳澂三禮考注六十八卷○或云晏壁僞託

又從虞集學（千頃堂書目卷二）元明善（倪燦盧文弨補遼金元藝文志）字復初大名清河人其先蓋拓跋魏之裔居於清河（元史卷六十八元明善傳）按元史新元史皆無袁明善傳

倪公晦學庸約說○佚（經義考卷一百六十二）

黃文傑大學中庸雙說○佚（經義考卷一百六十二）

案黃文傑傳見江西通志

鄭奕夫中庸大學章旨○佚（經義考卷一百六十二）

秦玉大學中庸標說（一作探說）○佚　王逢曰秦玉字德卿隱居崇明（經義考卷一百六十二）太倉人約之父（千頃堂書目卷二）

吳澂三禮考註六十四卷○存　鄭瑗曰考工記別爲一卷附之經後竹坨按今所傳三禮考注以驗對先生之書論議體例多有不合其爲晏氏僞託無疑（經義考卷一百六十四）一作四十八卷成化九年癸巳羅倫序（千頃堂書目卷二）

蕭𣂏三禮記四卷

韓信同三禮旁注

湯彌昌周禮解義○字師言吳人瑞安州判官

惠希孟雜禮纂要五卷

吳霞舉文公喪禮考異

一作六十八卷 倪氏補遼金元藝文志

又三禮序錄 金門詔補三史藝文志 三卷 陳第世善堂藏書目錄卷上

蕭𣂏三禮記四卷○未見　按蕭公三禮說蘇氏墓志不載而連江陳氏書目有之 經義考卷一百六十四

三禮說 倪氏補遼金元藝文志

字維斗其先北海人父仕秦中遂爲奉化人 元史卷七十六

蕭貞敏公𣂏京兆人 綴耕錄

韓信同三禮旁注○佚 經義考卷一百六十四

湯彌昌周禮講義○佚　盧熊曰彌昌號碧山咸淳丁卯進士 經義考卷一百二十五

惠希孟雜禮纂要六卷○江陰人 千頃堂書目卷二

吳霞舉文公喪禮考異○新安人 千頃堂書目卷二　文公家禮考異 倪燦補遼金元藝文志

黃澤二禮祭祀述畧
又禮經復古正言
又殷周諸侯禘祫考
又周廟太廟單祭合食說
陳友仁周禮集說十二卷○字君復湖州人
邱葵周禮全書六卷
又周禮定本三卷
黎立武中庸指歸一卷
又提綱一卷

黃澤二禮（金門詔補三史藝文志作三禮）祭祀述畧（千頃堂書目卷二）
又殷周諸侯禘祫考
又周廟太廟單祭合食說（俱見金門詔補三史藝文志）
周禮集說十二卷○不知何人所輯元吳興陳友仁君復得之於沈則正因傳之內地官末卷亡明關中劉儲秀補注（千頃堂書目卷二）
邱葵周禮全書一曰周禮補亡六卷○存　按此書蓋合俞壽翁王次點兩家之說而損益之（經義考卷一百二十五）
又周禮訂本三卷○同安人馬祖常嘗薦於朝命未下而卒（千頃堂書目卷二）
黎立武中庸指歸一卷○存（經義考卷一百五十三）
又提綱一卷○前有大德八年趙秉文（按千頃堂書目作政字誤也）序（千頃堂書目卷二）

又大學發微一卷
又本旨一卷
趙友桂夏小正解〇字誂仲

又中庸分章一卷〇存　按黎氏中庸分爲十五章各繪一圖大指謂中庸之道出於易蓋主郭氏父子兼山白雲之說者（經義考卷一百五十三）元中子黎氏擢進士第三人歷國子司業官秘省時閱官書愛二郭氏中庸郭遊程門新喻謝尚書仕夷陵嘗傳其學將由謝溯郭以嗣其傳故於大學中庸等書間與世所宗尚者異（吳澄文正集）宋咸淳進士爲華文閣待制吳澄其所取士也入元屢徵不起（千頃堂書目卷二）
又大學發微一卷〇存（經義考卷一百五十七）　大學發明一卷（千頃堂書目卷二）
又大學本旨一卷〇存（經義考卷一百五十七）
趙友桂夏小正集解一卷〇未見（經義考卷一百四十七）
案是書卷首有王褘序
括蒼人（新元史卷二百三十六）

史季敷夏小正經傳考三卷○鄞人

馮翼翁士禮考正○永新人

張才卿葬祭會要一卷

程榮登翼禮

龔端禮五服圖解一卷○泰定間人

史季敷夏小正經傳考三卷 千頃堂書目卷二 一作二卷○存 經義考卷一百四十七

張萱曰元末鄞人史季敷釆儀禮集解參究同異附以釋音復取先儒解經所引語及事相附近者綴於傳文之下凡三卷 經義考卷一百四十七

以字行明州人釆傳（崧卿）氏本作夏小正經傳考三卷 新元史卷二百三十六

馮翼翁士禮考證○字子羽永新人泰定元年進士撫州守 千頃堂書目卷二

張才卿葬祭會要一卷 約朱子家禮爲之 ○ 千頃堂書目卷二 奉新人 倪燦補遼金元藝文志

程榮登翼禮○取朱子之言行有係於禮者以羽翼家禮故名 千頃堂書目卷二

龔端禮五服圖解 千頃堂書目卷二 一作一冊 葉盛菉竹堂書目卷一

陳普周禮講義三篇○存　經義考卷一百二十五
何夢中等周禮義一卷○佚　王圻曰周禮義一卷元東陽內舍
生何夢中與弟參知政事夢然所作　經義考卷一百二十五
方回儀禮考○未見
陳普儀禮說一卷○存　按陳氏儀禮說惟士冠禮鄉射禮燕禮
聘禮四篇載石堂集　俱見經義考卷一百三十二
陳普士冠禮說一篇載石堂集○存
方回覲禮辨一篇○存　俱見經義考卷一百三十四
吳澂大戴禮序錄一篇○存　經義考卷一百三十八
鄭樸翁禮記正義一卷○未見　經義考卷一百四十二
字宗仁溫州平陽人宋亡不仕　浙江通志
陳普禮記講義一卷○存
陳煥禮記釋○佚　俱見經義考卷一百四十二

熊朋來投壺說一篇○存

王惲投壺引一篇○存 俱見經義考卷一百四十七

陳普檀弓辨一篇○存 經義考卷一百四十八

方回明堂位辨一篇○存

金履祥深衣小傳外傳一卷○存

牟楷深衣刊誤一卷○佚 俱見經義考卷一百五十

方逢辰中庸注一卷○佚

趙若煥中庸講義一卷○佚 俱見經義考卷一百五十三

字堯章進賢人宋亡不仕 江西通志

許謙中庸叢說一卷○未見

劉清中庸章句詳說○未見 永嘉人 俱見經義考卷一百五十三

許謙大學叢說一卷○未見 經義考卷一百五十七

方逢辰中庸大學釋傳三卷○未見

鄭儀孫中庸大學章句一卷○佚　俱見經義考卷一百六十二

鮮雲龍大月令　倪燦補遼金元藝文志　鮑雲龍　千頃堂書目卷二

程復心大學章圖纂釋一卷　千頃堂書目卷二

景星大學中庸集說啓蒙二卷

汪克寬經禮補逸九卷　儀禮補逸一冊十卷　錢謙益絳雲樓書目卷一國史經籍志卷二

鈔合三禮三傳諸經之文以五禮統之與草廬之書不侔矣　通志堂經解目錄

范可仁釋奠通載

又通祀纂要

黃以謙通祀輯畧三卷○泉州路教授

黃元暉通祀輯畧續集一卷○以謙從子

吳夢賢釋奠儀圖一卷

張頚釋奠儀注

曾巽申致美集三卷

韓謣重定先世祭式一卷 俱見倪燦補遼金元藝文志

黃舜祖禮記說

周成大三禮服制考

康宗成三禮考註 俱見金門詔補三史藝文志

連伯聰禮記集注十六卷 以下不知時代姑附於此以備查攷

馮公亮深衣考正一卷

陸琪中庸發明要覽二卷

劉永澄曲禮刪注一冊

蔡季成大學說約一冊

周公恕大學總會五卷

蔣文質大學通旨一卷 俱見千頃堂書目卷二

樂類

程時登律呂新書贅述

余載皇元中和樂經二卷〇一作十卷

又皇元韶舞九成樂譜一卷

劉瑾律呂成書二卷

彭絲黃鐘律說八篇

吾衍十二月樂舞譜

鐵柱琴譜八卷〇字明善畏吾人

鄭瀛琴譜三卷〇浦陽人

程時登律呂新書贅述 千頃堂書目卷二

余載 倪燦補遼金元藝文志 皇元中和樂經十卷 千頃堂書目卷二
一作一冊 文淵閣書目卷三

又皇元韶舞九成樂補 千頃堂書目卷二題云不知撰人
一作二冊 文淵閣書目卷三

劉瑾律呂成書 千頃堂書目卷二 二卷 倪燦補遼金元藝文志
字公瑾安福人 新元史卷二百三十五 一作安成人 錢大昕補元史藝文志詩類

彭絲黃鐘律說八篇 千頃堂書目卷二

鄭瀛琴譜二卷〇浦江人宋大理少卿楊公纘最知琴嘗與其客

俞玉吾琴譜四十篇

苗彥實琴譜

熊朋來瑟譜六卷

毛敏仲徐天民著紫霞洞譜一十三卷元季何巨濟受業於徐而瀛又受業於何（千頃堂書目卷二）

俞琰琴譜四十篇

熊朋來琴譜（千頃堂書目卷二）六卷（倪燦補遼金元藝文志）

杜瑛律呂律歷禮樂雜志三十卷（千頃善書目卷二）

趙孟頫樂原

又琴原

孔思道大元樂書〇孔子裔孫進道由常州教授歷官太常禮儀院判（以上俱見千頃堂書目卷二）

趙鳳儀釋奠樂器圖一篇〇汴人延祐四年温州守

胡氏律論一卷〇豫章人失其名（倪燦補遼金元藝文志）

吳澂校定樂律（金門詔補三史藝文志）

春秋類

吳澂春秋纂言十二卷

又總例二卷

李昶春秋左氏遺意二十卷

張樞春秋三傳歸一義三十卷

吳澂春秋纂言十二卷〇存　一作十冊（葉盛菉竹堂書目卷一）

又總例三卷〇存（千頃堂書目卷二經義考卷一百九十四）一作二卷（倪燦補遼金元藝文志）

黃虞稷曰草廬春秋纂言嘉靖中嘉興知府蔣若愚刻之郡齋湛若水爲之序

李昶春秋左氏遺意二十卷〇存（經義考卷一百九十五）

東平人字士都（元史類編）須城人（元史卷四十七）

昶父世弼從外家受孫明復春秋得其宗旨昶承家學集諸家之學而折衷之（千頃堂書目卷二）

張樞春秋三傳歸一義三十卷〇佚（經義考卷一百九十五）

又春秋三傳朱墨本〇唐陸淳纂春秋微旨以朱墨別三傳之當否歲久漫滅寖失其眞乃重加考正（千頃堂書目卷二）

敬鉉春秋備忘四十卷〇一作四十六卷一作三十卷

又明三傳例八卷

敬儼續屏山杜氏春秋遺說八卷

字子長金華人黃（溍）金華文集　金華府志云東陽人經義考卷一百九十五

敬鉉春秋備忘三十卷〇佚經義考卷一百九十三　一作四十六卷國史經籍志卷二　春秋備忘十卷續備忘遺說三十卷千頃堂書目卷二　春秋備忘續遺說二冊葉盛菉竹堂書目卷一

又明三傳例八卷〇佚經義考卷一百九十三　大寧先生續明三傳例說畧八卷〇集春秋諸儒之說而折衷之千頃堂書目卷一

金之鉅儒大寧敬先生黃（溍）金華文集

易水人儼之叔祖與太原元好問同登金進士科元史卷六十二敬儼傳

易州人倪燦補遼金元藝文志

又續屏山杜氏春秋遺說八卷〇佚　張萱曰敬氏續杜屏山遺說從孫儼編內曲折辨論扶持左氏罔敢訂砭爲左設也經義考卷一百九十三　大寧先生續屏山杜氏遺說八卷〇鉉續屏山杜氏說爲左設也千頃堂書目卷二

臧夢解春秋發微一卷

袁桷春秋說

齊履謙春秋諸國統記六卷

又目錄一卷

郝經春秋外傳八十一卷○春秋章句音義八卷制作本原十卷比類條目十二卷三傳折衷五十卷三傳序論列國序論一卷

字威卿其先河東人後徙易水（元史卷六十二）

臧夢解春秋發微一卷○佚（經義考卷一百九十四）

袁桷春秋說○佚（經義考卷一百九十五）按千頃堂書目有袁春補春秋說不著卷數

齊履謙春秋諸國統計六卷○存（經義考卷一百九十四）一作統紀（補遼金元藝文志）一作四冊（葉盛菉竹堂書目卷一）一作一冊（絳雲樓書目卷一）書成於延祐四年（千頃堂書目卷二）

又目錄一卷（倪燦補遼金元藝文志）

郝經春秋外傳八十一卷○佚（經義考卷一百九十三）經使宋時拘館眞州所作也爲章句音義八卷春秋制作本原十卷凡三十一篇比類條目十二卷凡一百三十一篇三傳折衷五十卷三傳序論列國序論一卷（千頃堂書目卷二）

杜瑛春秋地理原委十卷
吳萊春秋世變圖二卷
又春秋傳授譜一卷
又春秋經說胡氏傳正誤○未脫稿
周敬孫春秋類例
程端學春秋本義三十卷
又三傳辨疑二十卷
又春秋或問十卷
又綱領一卷

杜瑛春秋地理原委十卷○佚　馬祖常作碑曰公諱瑛字文玉其先霸州人金將亡避地河南緱氏山中世祖徵爲大名彰德懷孟等路提舉學校官不就（經義考卷一百九十三）

吳萊春秋世變圖二卷○未見

又春秋傳授譜一卷○未見

又春秋經說胡氏傳考誤○未完（俱見經義考卷一百九十六）

周敬孫春秋類例○佚（經義考卷一百九十一）

程端學春秋本義三十卷○存　一作一冊（葉盛菉竹堂書目卷一）

自序在泰定四年四月（通志堂經解目錄）

又春秋三傳辨疑二十卷○存　一作九冊（葉盛菉竹堂書目卷一）

又春秋或問十卷○存（俱見經義考卷一百九十五）　一作四冊（葉盛菉竹堂書目卷一）

又綱領一卷（千頃堂書目卷二）

張萱曰元至正間四明程端學本程子之學折衷百家而爲之

吳師道春秋胡傳補說

虞槃非非國語

黃澤春秋三傳義例考

又筆削本旨

又春秋師說三卷〇門人趙汸類次

說經義考卷一百九十五字時叔慶元人至治辛酉進士元史卷七十七韓性傳

吳師道春秋胡氏傳附辨雜說吳淵穎集作補說十二卷〇未見經義考卷一百九十六一作春秋胡傳附辨倪燦補遼金元藝文志

虞槃非非國語千頃堂書目卷一何孟春曰元虞槃讀柳子厚非國語曰國語誠可非而柳說亦非也於是作非非國語姓譜云槃遊吳澄之門官鄉州判官經義考卷二百九僑居臨川崇仁字仲常延祐五年進士授吉安永豐丞元史卷六十八

黃澤三傳義例考〇佚

又春秋筆削本旨〇佚

又春秋師說三卷〇存　李騰鵬曰趙汸作春秋師說以爲學者用力之階

又附錄二卷〇　汸輯其師資中黃澤所著書內春秋諸說及平日所聞者爲是書凡十有一篇附錄者錄澤所爲文及詩與己

季立道春秋貫串○字成甫處州龍泉人臨安書院山長

彭絲春秋辨疑

劉淵春秋例義

又春秋續傳記

又左氏紀事本末

所爲澤行狀也 千頃堂書目卷二

又春秋旨要○佚

又春秋諸侯娶女立子通考○ 俱見經義考卷一百九十六

又春王正月辨一卷○存 經義考卷二百十

又魯隱公不書卽位義一卷○佚 經義考卷二百十

又作邱甲辨一卷○存 經義考卷二百十

季立道春秋貫串○佚　鄧文原志墓曰立道嘗手鈔春秋左氏傳考摭史記國語諸國名謚同異及論著事變顚末名曰春秋貫串 經義考卷一百九十四

彭絲春秋辨疑○未見 經義考卷一百九十四

劉淵春秋例義○佚

又春秋續傳記○佚

又左傳紀事本末○佚 俱見經義考卷一百九十四

胡炳文春秋集解

又指掌圖

陳櫟三傳節注

熊復春秋會傳〇或作成紀　字庶可新建人

徐安道左傳事類

張鑑春秋綱常

程直方春秋諸傳考正

又春秋旁通

俞皐春秋集傳釋義大成十二卷〇字心遠新安人

胡炳文春秋集解〇未見

又指掌圖〇未見 俱見經義考卷一百九十四

陳櫟春秋三傳節注〇未見 經義考卷一百九十四

熊復春秋會傳 或作成紀 〇未見　南昌府志門人稱之曰西雨先生 經義考卷一百九十四 南昌人 新元史卷二百三十五　豐城人 千頃堂書目卷二

徐安道左傳事類〇未見　有吳澄序 經義考卷一百九十四

張鑑春秋綱常〇佚　有吳澂序 經義考卷一百九十四

程直方春秋諸傳考正〇未見

又春秋會通〇未見 俱見經義考卷一百九十四　春秋旁通 千頃堂書目卷二

俞皐春秋集傳釋義大成十二卷〇存 經義考卷一百九十四

泰定間人師宋進士趙良鈞是書取左胡公穀及程朱二子啖趙孫劉陳項呂張諸儒之長而附以所聞於父師者以發明經

程龍春秋辨疑

葉正道左氏窺斑○失其名台州臨海人

吳化龍左氏蒙求○字伯秀又字漢翔

俞漢春秋傳三十卷○字仲雲諸曁人

單庚金春秋三傳集說分紀五十卷

又春秋傳說集畧十二卷○字君範剡源人

劉莊孫春秋本義二十卷

陳則通春秋提綱十卷

王申子春秋類傳

呂椿春秋精義

景印本・第二卷・第二期

旨分別經傳是否而補胡氏之所未及 千頃堂書目卷二

程龍春秋辨疑○佚 經義考卷一百九十四

葉正道左氏窺斑○佚 經義考卷一百九十四

吳化龍左氏蒙求○佚　戴表元同時人 經義考卷一百九十四

俞漢春秋傳三十卷○佚 經義考卷一百九十四

單庚金春秋三傳集說分紀五十卷○佚

又春秋傳說集畧十二卷○佚　隱晦溪山中三十年 經義考卷一百九十四

劉莊孫春秋本義二十卷○佚 經義考卷一百九十四

剡溪人 新元史卷二百三十六

陳則通鐵山先生春秋提綱十卷○存 經義考卷一百九十四

胡光世爲序 千頃堂書目卷二・ 按陳則通爲宋末元初人

王申子春秋類傳○未見 經義考卷一百九十四 按王申子爲宋末元初人

呂椿春秋精義○佚　閩書呂椿字之壽晉江人從邱葵學隱居

郭鐙春秋傳論十卷

安熙春秋左氏綱目

劉彭壽春秋正經句解

又春秋澤存〇字壽翁淳安縣尹

吳迂左傳義例

又左傳分紀

教授（經義考卷一百九十四）

郭隚或作鐙春秋傳論十卷〇佚　長樂縣志郭隚字德基宋紹定進士至元中泉山書院山長遷吳江州教授再調興化人稱梅西先生（經義考卷一百九十四）

安熙春秋左氏綱目〇佚（經義考卷一百九十四）

字敬仲眞定藁城人（元史卷七十六）

劉彭壽春秋正經句釋〇佚

又春秋澤存〇佚　按壽翁爲象環先生淵之子其曰春秋澤存者衍父書而作也（經義考卷一百九十四）

彭壽字壽翁辟衡山縣教諭樂士習之美遂留居焉終淳安縣尹（歐陽公文集）

吳迂左傳義例〇佚

又左傳分記〇佚（俱見經義考卷一百九十四）

又春秋紀聞
李應龍春秋纂例○字玉林光澤人
尹用和春秋通旨○安福人
黃琢春秋擧要○字玉潤吉水人
蔣宗簡春秋三傳要義
潘廸春秋述解
許謙春秋温故管闚
又春秋三傳義疏
黃景昌春秋公穀擧傳論
又周正如傳考二卷○字明遠浦江人

又春秋紀聞 千頃堂書目卷二
李應龍春秋纂例○佚　閩書至元中薦爲白鹿洞書院山長及
漳州路儒學教授俱不赴 經義考卷一百九十四
尹用和春秋通旨○佚 經義考卷一百九十四
黃琢春秋擧要○佚 經義考卷一百九十四　陳琢春秋旨要 金門詔補三史藝文志
蔣宗簡春秋三傳要義○佚 經義考卷一百九十四
潘廸春秋述解○佚 經義考卷一百九十四
許謙春秋温故管闚○未見 經義考卷一百九十四
又春秋三傳義疏 千頃堂書目卷二
又三傳義例○未成 經義考卷一百九十四
黃景昌春秋公穀擧傳○佚　吳萊爲序 經義考卷一百九十四
春秋擧傳論○按擧傳有序或作黃澤 千頃堂書目卷二
又周正如傳考 千頃堂書目卷二　三卷 新元史卷二百三十五

張君立春秋集議○豫章人
楊如山春秋旨要十卷○字少游蜀嘉定州人淮海書院山長
黃清老春秋經旨○字子肅邵武人泰定進士翰林編修湖廣
儒學提舉
俞師魯春秋說○字唯道婺源人至治中廣德路儒學教授
戚崇僧春秋纂例原旨三卷
又春秋學講一卷○字仲咸金華人
馮翼翁春秋集解
又春秋大義
鄭杓春秋解義○或作表義　字子經福州人一云興化人泰

張君立春秋集議○佚　許有壬作序 經義考卷一百九十四
楊如山春秋旨要十卷○佚　鎮江府志宋末游江南四請漕舉
宋亡不仕大德間起爲淮海書院山長因家京口 經義考卷一百九十四
黃清老春秋經旨○未見　閩書號爲樵水先生 經義考卷一百九十五
俞師魯春秋說○未見 經義考卷一百九十五
戚崇僧春秋纂例原旨三卷○未見
又春秋學講一卷○未見 俱見經義考卷一百九十五
從許謙學人稱之曰朝陽先生 黃(溍)金華文集
馮翼翁春秋集解○佚
又春秋大義○佚 俱見經義考卷一百九十五
泰定元年進士撫州知府 千頃堂書目卷二
鄭杓春秋解義 或作表義 ○佚 經義考卷一百九十五

定中南安儒學教諭

鄧淳翁春秋集傳○邵武人

吳暾麟經賦一卷○字朝陽淳安人泰定進士鎮平縣尹

林泉生春秋論斷○字清源永福人天曆進士翰林直學士謚文敏

劉聞春秋通旨○字文霆安福人天曆進士翰林院修撰知沔陽府

莆田人 千頃堂書目卷二 案莆田志載於藝文作春秋解義表義或恐是二種閩書枸字子經福州人案枸興化縣鄭僑之元孫附載莆田志名臣傳閩書作福州人恐誤也 經義考補正卷八

鄧淯翁春秋集傳○佚 袁桷爲序 經義攷卷一百九十五

吳暾麟經賦一卷○佚 嚴州府志仕峽州路經歷方道叡師之 經義攷卷一百九十五

林泉生春秋論斷○佚 吳海志墓并狀曰公諱泉生居永福章山天歷庚午登進士第授承事郎同知福清州事遷永嘉縣尹調漳府推官陞奉政大夫知福清州事擢翰林待制退居入爲翰林直學士謚文敏 經義考卷一百九十五 興化莆田人至正二十一年卒謚文恪 新元史卷二百二十九本傳

劉聞春秋通旨○佚 經義考卷一百九十五 字文庭官太常博士遷翰林院編修進修撰 江西通志

方道叡春秋集傳十卷

蘇壽元春秋經世

又春秋大旨○字伯鸞福安人

吾衍春秋說

王惟賢春秋旨要十二卷○字思齊鄞人

萬思恭春秋百問六卷

曾震春秋五傳○廬陵人

方道叡春秋集釋十卷○未見（經義考卷一百九十五）

按千頃堂書目作春秋集傳

字以愚淳安人逢辰曾孫至順二年進士授翰林編修調嘉興推官再調杭州判官洪武初再召不起（浙江通志）號愚泉（千頃堂書目卷二）

蘇壽元春秋經世○佚

又春秋大旨○佚　蔣易曰北谿先生又字仁仲福安人隱居建陽之唐石著春秋經世春秋大旨凡數十萬言（經義考卷一百九十五）

吾邱衍春秋說○佚（經義考卷一百九十五）

王惟賢春秋旨要十二卷○佚（經義考卷一百九十五）

萬思恭春秋百問六卷○佚　按春秋百問作於萬思恭汪氏纂疏嘗采其說（經義考卷一百九十五）

曾震春秋五傳○佚　李祁爲序（經義考卷一百九十五）

汪汝懋春秋大義一百卷

梅致春秋編類二十卷〇一作致和宣城人

鍾伯紀春秋案斷補遺〇大梁人

潘著聖筆全經〇字澤民嘉興人湖安路儒學正

吳儀春秋稗傳

又春秋類編

又春秋五傳論辨〇字明善金谿人

汪汝懋春秋大義一百卷〇佚　戴良作志曰汝懋字以敬其先歙人遷睦之青溪今淳安縣也以薦授丹陽縣學教諭陞鄉郡教授調將仕佐郎浙東帥府都事未幾授登仕郎慶元路定海縣尹經義考卷一百九十五

梅致春秋編類二十卷〇未見經義考卷一百九十五宋濂有序千頃堂書目卷二

鍾伯紀春秋案斷補遺〇佚　戴良作序經義考卷一百九十五

潘著聖筆全經〇佚　貢師泰作序曰澤民受易於竹岡葉氏再從吳朝陽氏受春秋經義考卷一百九十五

吳儀春秋稗傳〇未見

又春秋類編〇未見　春秋數編千頃堂書目卷二

又春秋五傳論辨〇未見三書俱見經義考卷一百九十六

金谿吳先生儀明善登鄉先達虞(集)文靖公之門至正丙申

王元杰春秋讞義十二卷○字子英吳江人　黃丕烈云此書有千文傳序千頃堂別出千文傳春秋讞義十二卷似重出

鄭玉春秋經傳闕疑四十五卷

李廉春秋諸傳會通二十四卷○字行簡安福人至正壬午進士贛州路信豐縣尹遇寇亂戰敗守節死

王莊春秋釋疑

曹元博左氏本末○松江人

擧於鄉會海內兵起無意北上 宋(濂)學士文集 吳伯宗父 千頃堂書目卷二

王元杰春秋讞義十二卷○存 經義考卷一百九十六 一作十卷 千頃堂書目卷二

一作五冊 葉盛菉竹堂書目卷一

鄭玉春秋經傳闕疑二十卷○存 經義考卷一百九十七

至正間領薦値兵興不復仕敎授於鄉 千頃堂書目卷二

三十卷一作八卷 千頃堂書目卷二

李廉春秋諸傳會通二十四卷 經義考卷一百九十七

一作三冊 葉盛菉竹堂書目卷一 一作十四冊 絳雲樓書目卷一

廬陵人 四庫全書總目提要

至正九年七月自序 通志堂經解目錄

王莊春秋釋疑○佚　朱善序曰南昌守王侯莊當昔未仕之時潛心是書 經義考卷一百九十七

曹元博左氏本末○未見　楊維楨序曰雲閒曹元博氏 經義考卷一百

魏德剛春秋左氏傳類編○鉅鹿人

陳植春秋玉鑰匙一卷○永豐人翰林待制

陳大倫春秋手鏡○字彥理諸暨人

魯眞春秋案斷

楊維楨春秋定是錄十二卷○或作春秋大意

又左氏君子議

又春秋胡傳補正

又春秋透天關十二卷

九十七　曹元博以字行上海人著左傳序事本末 新元史卷二百三十五

魏德剛春秋左氏傳類編○未見　楊維楨序曰鉅鹿魏生德剛初授春秋經學於應君之邵 經義考卷一百九十七

陳植春秋玉鑰匙一卷○存 經義考卷一百九十七

陳大倫春秋手鏡○佚　紹興府志字彥理諸暨人學於吳淵潁 義經考卷一百九十七

字仲瑜鄞縣人江浙儒學副提舉 千頃堂書目卷二

魯眞春秋案斷○佚 經義考卷一百九十七

楊維楨春秋定是錄或作春秋大意○未見

又左氏君子議○未見

又春秋胡傳補正○未見 俱見經義考卷一百九十七

又春秋透天關十二卷 千頃堂書目卷二　一作二卷無名氏著葉氏菉竹堂書目有之 經義考

王相春秋主意十卷○字吾素吉水人延祐進士國子助教擢
翰林修撰
魯淵春秋節傳○字道源淳安人至正進士華亭丞
蔡深春秋纂十卷○字淵仲江西樂平人徽州路學教授
謝翶春秋左傳續辨
吳思齊左傳闕疑○字子美永康人

又春秋大議 千頃堂書目卷二
又春秋合題著說三卷 四庫全書總目提要存目
王相春秋主意十卷○佚 經義考卷一百九十七
魯淵春秋節傳○佚 經義考卷一百九十七
入明聘不起學者稱岐山先生 浙江通志
蔡深春秋纂十卷○佚 經義考卷一百九十七
明初陶安薦其學行以老病不赴 千頃堂書目卷二
謝翶春秋左傳續辨○佚　方鳳狀曰君諱翶字皐羽姓謝氏福
之長溪人後徙建之蒲城試有司不第落魄漳泉閒會丞相信
公開府署諮事參軍 經義考卷一百九十一
吳思齊左傳闕疑○未見　金華府志思齊用父遂蔭攝嘉興丞
宋亡隱浦陽自號全歸子與方鳳謝翶放遊山水間 經義考卷一百九十一

許瑾春秋經傳十卷○字子瑜紹興人

徐文鳳春秋捷徑十卷○字伯恭壽昌人

邱葵春秋通義

陳深清全齋讀春秋編十二卷○一作三卷

熊禾春秋通解○一作詮考

張著春秋檃括三卷

趙孟何春秋法度編○字漢弼鄞人

趙惟賢春秋集傳

張在四傳歸經○字文在眞定藁城人濮州教授

許瑾春秋經傳十卷○佚　紹興府志許瑾世居剡之東林宋亡不仕學者稱高山先生（經義考卷一百九十一）紹興人（千頃堂書目卷二）

徐文鳳春秋捷徑十卷○佚　嚴州府志云徐文鳳從吳興陳存受春秋咸湻閒釋褐權知象山縣宋亡不仕隱居教授（經義考卷一百九十一）

邱葵春秋通義○未見（經義考卷一百九十一）一作春秋正義（倪燦補遼金元藝文志）

陳深清全齋讀春秋編十二卷○存（經義考卷一百九十一）

熊禾春秋通解○佚（經義考卷一百九十一）春秋論考（千頃堂書目卷二）

曾元生春秋凡例○佚　王逢曰礁峯曾元生江西人宋末屛居

教授（經義考卷一百九十一）

汪克寬春秋胡傳附錄纂疏三十卷○存

又春秋諸傳提要○佚

又左傳分紀○佚

又春秋作義要訣一卷○未見（俱見經義考卷一百九十九）

又春秋尊王發微八卷（千頃堂書目卷二）

按汪克寬傳見新元史卷二百三十六

牟楷春秋建正辨一卷○存（經義考卷二百十）

按牟楷傳見新元史卷一百九十九

陳普春王正月說一篇○存　載石堂集（經義考卷二百十）

又考仲子之宮義一篇○存（經義考卷二百十）

又重耳天賜論一篇○存（經義考卷二百十）

許衡子玉請復曹衞論一篇○存（經義考卷二百十）

王應奎春秋管見〇德興人

王嘉春秋類義〇德興人

徐嘉善春秋原旨

又三傳辨疑〇字尚友德興人

章樵補春秋繁露

劉希賢春秋比事〇字彥理諸暨人

錢仲咸春秋纂例〇永康人許謙弟子

馬駢春秋微十四卷 以下皆不知時代姑附於此 一作探微 倪燦補遼金元藝文志

楊時秀春秋集傳三十卷

彭飛春秋啓鑰龍虎正印五卷

葉紹鳳左氏聯璧八卷

莊穀春秋十三伯論一卷

吳鵬舉春秋繁露節解十卷

春秋金鑰匙一卷以下俱失名氏姑附於此

靜庵春秋志疑九帙

春秋翼義一卷

春天通天竅一卷

左傳杜林合注九十卷合杜預林堯叟解注一作五十卷補遼金元藝文志

春秋集傳約記一冊

春秋紀事類編一卷俱見千頃堂書目卷二

春秋年考

春秋圖說俱見倪燦補遼金元藝文志

趙汸春秋師說三卷附錄二卷

又春秋屬詞十五卷

又春秋左氏補注十卷

又春秋集傳十五卷俱見千頃堂書目卷二

荀宗道春秋外傳五十卷

又春秋三傳序論一卷

郭正子春秋傳論

戴良春秋經傳考

戴栩春秋說

田君右春秋管見

高元之春秋義宗五十卷○集春秋說三百餘條

張浚春秋中的

春秋憲章 俱見金門詔補三史藝文志

孝經類

圖象孝經○大德十一年刊行

吳澂孝經定本一卷○即孝經章句

吳澂孝經章句一卷○存　朱鴻曰吳子章句經一章傳十二

李孝光孝經圖說一卷

小雲石海涯直解孝經一卷

白賁孝經傳○汴人

章其內合五刑一章去閨門一章刪去古文二百四十六字經義考卷二百二十七

一作訓釋千頃堂書目卷三

李孝光孝經圖說○至正七年進呈千頃堂書目卷三

孝經義疏一卷○未見經義考卷二百二十七

又圖一卷○未見　陸元輔曰李季和隱居雁宕山至正七年應

詔進孝經圖說經義考卷二百二十七

又孝經義疏一卷陳第世善堂藏書目錄卷上

字季和温州樂淸人元史卷七十七

小雲石海涯孝經直解一卷○佚經義考卷二百二十七

以貫爲氏以酸齋自號仁宗踐阼拜翰林侍讀學士中奉大夫

知制誥同修國史卒追封京兆郡公謚文靖元史

白賁孝經傳○佚經義考卷二百二十七

許衡孝經直說一卷

江直方孝經外傳二十二卷〇南充人

程𣊬道孝經衍義〇婺源人

錢天祐孝經直解

自號決壽老自上世以來至其孫淵皆以經學顯（元遺山集）

許衡孝經直說一卷〇未見　按連江陳氏一齋書目有之作孝經注（經義考卷二百二十七）　孝經注一卷（陳第世善堂書目卷上）一部一冊（楊士奇文淵閣書目卷三）

江直方孝經外傳二十二卷〇未見　張萱曰元至元中南充江直方摘孝經中指示切要條爲之說仍集經史子集中嘉言善行合經義者依經分類之（經義考卷二百二十七）

汪直方孝經外傳十冊（葉盛菉竹堂書目卷一）一作十冊（楊士奇文淵閣書目卷三）

程𣊬道孝經衍義〇佚　字松谷（經義考卷二百二十七）

錢天祐孝經直解〇佚　楊士奇曰元延祐中錢天祐著蓋以朱子刊誤爲主其黜閨門章及合五行章與上章爲一則從草廬吳氏考定此書當時已板行有程文海序（經義考卷二百二十七）

張頦孝經口義一卷

林起宗孝經圖解一卷○字始伯內邱人

楊少愚續孝經衍義○青陽人

余芑舒孝經刊誤一卷

陳樵孝經新說

吳迂孝經附錄一卷

沈易孝經旁訓一卷○字翼之松江人

張頦孝經口義一卷○佚　吳師道曰導江張頦達善魯齋高弟其學行於北方故魯齋之名因導江而益者經義考卷二百二十七

字達善金華人元史卷七十六

林起宗孝經圖解一卷○未見　一齋書目有經義考卷二百二十七

按林起宗傳見蘇天爵磁溪文稾

楊少愚續孝經衍義　一作孝經衍孝編楊或作陳○佚經義考卷二百二十七　讀孝經衍義千頃堂書目卷三

余芑舒孝經刊誤一卷○佚經義考卷二百二十七

陳樵孝經新說○佚經義考卷二百二十七

吳迂孝經附錄一卷○未見經義考卷二百二十七

沈易孝經旁訓一卷○未見　王逢曰沈易之名易嘗爲淮安分省幕吏擢理問所知事授徒淇上河南失守由青齊浮海船以歸陳繼儒序曰吾鄉沈翼之先生自號蔬食野人當至正間喜

釣滄子孝經管見一卷○至正間人失其名

董鼎孝經大義一卷

朱申孝解句解一卷○字周翰

許衍孝經注一卷

節俠負奇才公卿不能用退而與廬陵權公游經義考卷二百二十七

釣滄子孝經管見一卷○失名姓隱士萬歷間吳人朱鴻得其書於邨塾千頃堂書目卷三至正三年撰經義考卷二百二十七

董鼎孝經大義一卷○存　陸元輔曰鼎注朱子刊誤名曰大義經義考卷二百二十七

朱申孝經句解一卷千頃堂書目卷三一作注解經義考卷二百二十七

按朱申爲宋末元初人

許衍孝經注一卷千頃堂書目卷三

姜氏孝經說一卷○佚　失其名經義考卷二百二十七

孝經集說一卷○未見　王褘爲序

孝經明解一卷○佚

成齋孝經說一卷○佚按以上三書均無撰人俱見經義考卷二百二十七

論語類

斡道沖論語小義二十卷

趙秉文刪集論語解十卷

王若虛論語辨惑五卷

以上金

王鶚論語集義一卷

金履祥論語集注考證十卷

齊履謙論語言仁通旨二卷

劉莊孫論語章指

斡道沖論語小義二十卷○佚（經義考卷二百十九）

趙秉文刪集（經義考卷二百十九作刪存）論語解十卷（千頃堂書目卷三）

王若虛論語辨惑五卷○存（經義考卷二百二十）

王鶚論語集義一卷○佚（經義考卷二百二十）字百一曹州東明人金正大元年中進士第一授應奉翰林文字中統建元首授翰林學士承旨（元史卷四十七）

金履祥論語集注考證十卷（一齋書目作二卷）○未見（經義考卷二百十九）一作二卷（陳第世善堂書目卷上）

齊履謙論語言仁通旨二卷○佚（經義考卷二百二十）

劉莊孫論語章指○佚（經義考卷二百二十）

單庚金增集論語說約

陳櫟論語訓蒙口義

林起宗論語圖

郭好德論語義○字秉彝

歐陽溥一作博魯論口義四卷

任士林論語指要

吳簡論語提要

劉豈蟠論語句解十二卷○廬陵人

單庚金增集論語說約○佚 經義考卷二百二十

陳櫟論語訓蒙口義○未見 經義考卷二百二十

按千頃堂書目作論孟訓蒙口義

林起宗論語圖○佚 嘗從劉因遊 經義考卷二百二十

郭好德論語義○佚 京兆人 經義考卷二百二十

歐陽溥魯論口義四卷○未見 經義考卷二百二十

黃虞稷曰溥一作博或作淖其書一名曰論語口義正字新書 千頃堂書目卷三

任士林論語指要○佚 經義考卷二百二十

吳簡論語提要○佚 經義考卷二百二十

黃虞稷曰簡字仲廉吳江人元紹興路學錄

劉豈蟠論語句解十二卷○佚 張萱曰即用朱注分析之附以圖說 經義考卷二百二十

沈易論語旁訓
俞杰論語訓蒙○字仁仲麗水人處州路儒學教授
石洞紀聞十七卷○泰定間人或曰宋饒魯著
葉由庚論語纂遺○字成父義烏人
鄭奕夫論語本意
陳立大論語正義二十卷

沈易論語旁訓○未見（經義考卷二百二十）
俞杰論語訓蒙○未見　括蒼彙紀俞杰字仁仲麗水人將仕郎處州路儒學教授（經義考卷二百二十）
饒魯論語石洞紀聞十七卷○未見（經義考卷二百十九）
按宋饒魯齋建石洞書院著有語聞紀聞與其門人史泳自相問答或即此書以為元或誤（千頃堂書目卷三）
葉由庚論語纂遺○佚　金華志云由庚從學於徐僑絕意仕進學者稱通齋先生（經義考卷二百十九）
鄭奕夫論語本義○佚　寧波府志奕夫字景允鄞人丞相淸之曾孫為慈谿麗水常山三縣教諭調徽州紫陽書院山長陞浮梁州教授時稱為習齋先生（經義考卷二百十九）
陳立大論語正義二十卷○貴溪人（倪氏補遼金元藝文志）
戴表元論語講義一卷　按是書共二卷論語一卷凡一十六條

孟子類

趙秉文刪集孟子解十卷

王若虛孟子辨惑一卷

劉章刺刺孟一卷

以上金

李祁孟子權衡遺說五卷

其餘易書詩禮中庸孟子參雜載剡源集經義考卷二百二十

字帥初一字曾伯慶元奉化州人咸湻進士信州教授調婺州元史戴表元傳

許謙論語叢說三卷孫氏祠堂書目外編卷一

杜瑛論語旁通四卷國史經籍志卷二一作二卷倪氏補遼金元藝文志

吳迂語孟類次倪氏補遼金元藝文志

趙秉文刪集孟子解十卷○佚

王若虛孟子辨惑一卷○存

劉章刺刺孟一卷○佚見俱經義考卷二百三十五

李祁孟子權衡遺說五卷○佚經義考卷二百三十五

金履祥孟子集註考證七卷
吳萊孟子弟子列傳二卷
吳迂孟子集注附錄
又讀孟子法一卷
又孟子年譜一卷
又孟子冢記一卷
夏侯文卿原孟
許衡孟子標題
孟子通解十四卷〇以下四部不詳撰人
孟子衍義十四卷
孟子思問錄一卷

金履祥孟子集注考證七卷千頃堂書目卷三　孟子考證〇未見經義考卷二百三十五
吳萊孟子弟子列傳三卷千頃堂書目卷三　一作一卷經義考卷二百三十六
吳迂孟子集注附錄〇佚
又讀孟子法一卷〇未見經義考卷二百三十五
又孟子年譜一卷〇佚
又孟子冢記一卷〇佚俱見經義考卷二百三十六　一作衆記千頃堂書目卷三
夏侯尙玄原孟〇未見　陸元輔曰元華亭夏侯尙玄文卿撰別字石嵓經義考卷二百三十五雲閒人倪氏補遼金元藝文志
孟子通解十四卷〇佚
孟子衍義十四卷〇佚
孟子思問錄一卷〇佚

孟子旁解七卷

經解類

馬定國六經考

王若虛五經辨惑二卷

又四書辨惑一卷

以上金

五經要語○姚樞竇默王鶚楊果商挺同纂分二十八類

孟子旁解七卷○未見 倶見經義考卷二百三十五

李恕孟子旁注七卷○佚 經義考卷二百三十五

陳普孟子纂要○佚 經義考卷二百三十五

杜瑛孟子旁通四卷 倪氏補遼金元藝文志

徐達左孟子內外篇二卷○吳郡人 倪氏補遼金元藝文志

馬定國六經考○佚 經義考卷二百四十六

王若虛五經辨惑二卷○存 經義考卷二百四十六 經史辨惑 千頃堂書目卷三

又四書辨疑一卷 千頃堂書目卷三

姚樞等五經要語○未見 經義考卷二百四十六

至元三年進 千頃堂書目卷三

贍思五經思問
張頲經說
又四經歸極一冊
黃澤六經辨釋補注
又翼經罪言
又經學復古樞要
杜本四經表義
陸正七經補注○字行正海鹽人

贍思五經思問○未見 經義考卷二百四十六
張頲
四經歸極一冊 千頃堂書目卷三 ○未見 經義考卷二百四十六
黃澤六經補注○佚
又翼經罪言○佚 俱見經義考卷二百四十六
杜本四經表義○佚 經義考卷二百四十六
一作四經表異 千頃堂書目卷三
字伯原淸江人隱居武夷山文宗徵之不起後至元間復召爲翰林待制稱疾固辭學者稱爲淸碧先生 江西通志 其先居京兆後徙天台又徙臨江之淸江遂爲淸江人 元史卷八十六
陸正七經補注○佚 經義考卷二百四十五
今平湖人舊名唐輔宋亡不仕更名正 浙江通志

鄭君老五經解疑〇字邦壽長溪人

王所五經類編二十五卷〇字喩叔黃巖人

俞玉吾經傳考注

熊朋來五經說七卷〇本名熊先生經說

胡炳文五經會意

學者稱靖獻先生千頃堂書目卷三

鄭君老五經解疑〇佚　姓譜鄭君老咸淳四年進士入元不仕學者稱靖節先生經義考卷二百四十五

王所五經類編二十五卷〇佚　台州府志云王所號南峯咸淳乙丑進士宋亡致高郵軍事歸營書院於漢濱經義考卷二百四十五

俞琰經傳考注〇未見經義考卷二百四十五

熊朋來五經說七卷〇存　南昌府志熊朋來字與可豐城人咸淳甲戌進士仕元爲福清州判官陸元輔曰易說一卷詩書說一卷春秋說一卷三禮說二卷大小戴記說一卷雜說一卷經義考卷二百四十六

豫章先生五經說七卷千頃堂書目卷三

豫章人元史卷七十七

胡炳文五經會意〇未見經義考卷二百四十六

王希旦五經日記○字葵初德興人

李恕五經旁注六卷○字省中廬陵人

何異孫十一經問對五卷

周聞孫五經纂要

蕭志仁經解佩觿錄十卷○字無惡廬陵人

潘廸六經發明

王希旦五經日記○未見
又書易通解 俱見經義考卷二百四十六

李恕五經旁注六卷○未見　楊士奇曰李恕與龍鱗洲劉永窗同輩 經義考卷二百四十六
一作四經旁注六卷○易書論孟 千頃堂書目卷三

何異孫十一經問對五卷○存　楊士奇曰此書爲小學設所謂十一經者書詩春秋儀禮周禮禮記論語孝經大學中庸孟子不及於易者非小學所及也 經義考卷二百四十六
黃虞稷曰設爲經疑以爲科場發問對策之用 千頃堂書目卷三

周聞孫五經纂要○佚 經義考卷二百四十六

蕭志仁經解佩觿錄十卷○佚 經義考卷二百四十六

潘廸六經發明○未見　姓譜廸元城人歷官國子司業集賢學士 經義考卷二百四十六

余國輔經傳考異

牟應龍九經音考○字成父

馬瑩五經大義○字仲珍建德人

趙孟玉九經音釋九卷

歐陽長孺九經治要十卷

吳仲迂經傳發明

又易春秋庸學述解 千頃堂書目卷三

余國輔經傳考異○佚　金谿人吳澄爲序 經義考卷二百四十六

牟巘六經音考○佚　鄭元慶曰巘字獻字獻甫子才之子也以蔭歷大理少卿宋亡不仕與子應龍父子討論著六經音考 經義考卷二百四十五

牟應龍五經音考 牟巘子 ○ 千頃堂書目卷三

牟應龍字伯成其先蜀人後徙居吳興 元史列傳卷七十七

馬瑩五經大義○佚 經義考卷二百四十六　延祐時人 新元史卷二百三十七

趙孟至九經音釋九卷○未見　鄭元慶曰孟至宋燕懿王後祖希懌自青田徙湖州父與憲嘉定中登第孟至咸湻乙丑進士官運判 經義考卷二百四十五

歐陽長孺九經治要十卷○未見　皇慶間人 經義考卷二百四十六

吳仲迂經傳發明○未見 經義考卷二百四十六

宋元翁五經約說○名未詳

歐陽侊五經旨要○字以大長樂人

陳樵經解

汪逢辰七經要義○字虞卿歙人崇德州教授

雷光霆九經輯義五十卷○一作十五卷

吳師道三經雜說八卷○易詩各一卷書六卷一作通十卷

楊叔方五經辨○吉水人

曾巽申經解正訛

季仁壽易書詩春秋四書衍義○字山甫龍泉人婺州路教授

宋元翁五經約說○佚　廬陵人袁桷爲序（經義考卷二百四十六）

歐陽侊五經旨要○未見　學者稱道江先生（經義考卷二百四十六）

陳樵經解○未見（經義考卷二百四十六）

汪逢辰七經要義○未見（經義考卷二百四十六）

雷光霆九經輯義五十卷○佚（經義考卷二百四十六）

吳師道三經雜說八卷○未見（經義考卷二百四十六）

一作易書詩雜說八卷（千頃堂書目卷三）

楊叔方五經辨○佚　吉安府志云楊叔方號學睡先生以經學授淸江（經義考卷二百四十六）

曾巽申經解正訛○未見（經義考卷二百四十六）

永豐人官應奉翰林文字（千頃堂書目卷三）

季仁壽諸經衍義○未見（經義考卷二百四十六）

易書詩春秋四書衍義（千頃堂書目卷三）

趙居信經說
唐懷德六經問答〇字思誠金華人
陳剛五經問難
楊維楨五經鈐鍵
桂本五經統會
趙友桂詩書易諸疑辨〇字誂仲
虞槃經說
李巖經筵講稿四十九卷
葉夢鱻經史音要〇建安人
倪鏜詩書集要三冊

趙居信經說〇未見 經義考卷二百四十六
唐懷德六經問答〇佚 經義考卷二百四十六
黃虞稷曰懷德仲友七世孫許白雲弟子元衢州學錄 千頃堂書目卷三
陳剛五經問難〇佚
楊維楨五經鈐鍵〇未見 俱見經義考卷二百四十六
葉夢鱻經史子要〇未見 經義考卷二百四十五
入元不仕 千頃堂書目卷三 按鱻字千頃堂書目作鱻
倪鏜詩書集要三冊

又易春秋筆記
熊本經問四十卷
劉因四書集義精要三十卷
瞻思四書闕疑
孟夢恂四書辨疑
許謙四書叢說二十卷○今存大學一卷中庸二卷孟子二卷

又易春秋筆記俱見千頃堂書目卷三
熊禾經問四十卷倪燦補遼金元藝文志
劉因四書集義精要三十卷○未見一齋書目有
一作三十五卷張萱曰元學士劉夢吉會萃朱子或問及門人記錄論辨之書凡三十五卷俱見經義考卷二百五十四
瞻思四書闕疑○佚經義考卷二百五十五
孟夢恂四書辨疑○未見經義考卷二百五十五
字長文黃巖人署台州學錄至正中設策禦寇以功授宜興州判官浙江通志
許謙讀四書叢說二十卷一齋書目有○未見　吳師道序曰讀四書叢說者金華白雲先生許君益之爲其徒講說而其徒記之之編也經義考卷二百五十四
一作七卷或作二十卷千頃堂書目卷三

陳櫟四書發明三十八卷

又四書考異十卷

胡炳文四書通三十四卷

又四書辨疑

杜瑛語孟旁通八卷

陶宗儀四書備遺二卷

今止四卷倪燦補遼金元藝文志

字益之由平江徙婺之金華遂爲金華人元史列傳卷七十六

陳櫟四書發明三十八卷○未見經義考卷二百五十四

一作二十八卷千頃堂書目卷三

又四書考異十卷○未見經義考卷二百五十四

胡炳文四書通二十六卷或作三十四卷○存　泰定三年刊印經義考卷二百五十四

一作四書通考正饒魯之說與朱子異者千頃堂書目卷三

又四書辨疑○未見經義考卷二百五十四

杜瑛孟子集注旁通四卷○未見經義考卷二百三十五

又緱山論語旁通四卷○未見經義考卷二百二十

黃虞稷曰緱山杜氏論語旁通二卷或作四卷中山李桓序之

字晉仲漂水人按千頃堂書目別有語孟旁通八卷

陶宗儀四書補遺○佚經義考卷二百五十六

鄭樸翁四書指要二十卷〇字宗仁温州平陽人入元不仕

龔霆松四書朱陸會同注釋二十九卷

又舉要一卷〇貴溪人宋咸淳鄉舉以省薦授漢陽教授不就

龔一作張

胡一桂四書提綱

趙悳四書箋義纂要十二卷

又紀遺一卷

按千頃堂書目卷三作四書備遺二卷

鄭樸翁四書指要二十卷〇未見　一齋書目有經義考卷二百五十三

黃虞稷曰宋太學生與謝翶友善千頃堂書目卷三

按千頃堂書目作四書要旨

龔霆松四書朱陸會同注釋二十九卷或作張霆松〇未見經義考卷二百五十三

又舉要一卷千頃堂書目卷三

一作會要二卷經義考卷二百五十三

胡一桂四書提綱〇佚　王瓚曰永嘉人字德夫號人齋經義考卷二百五十三

趙悳四書箋義纂要十二卷〇存

又紀遺一卷〇存　按錢峯趙氏箋義雖遵朱子論說而以大學為先次以論語又次孟子又次中庸經義考卷二百五十三

熊禾四書標題

陳天祥四書選注二十六卷

又四書辨疑十五卷○偃師人

張淳四書拾遺○字子素南樂人

郭鏜四書述

劉霖四書纂釋

蕭元益四書演義○字楚材安仁人

石鵬四書家訓○字雲卿

一作纂牋義紀遺一卷號鐵峯致和戊辰自序又泰定甲子劉

有慶序（千頃堂書目卷三）

熊禾標題四書○佚（經義考卷二百五十三）

按千頃堂書目作四書標題

陳天祥四書選注二十六卷○佚

又四書集注辨疑十五卷○存（經義考卷二百五十四）

字吉甫因兄祐仕河南自寧晉徙家洛陽（元史卷五十五）

張湉四書拾遺○未見（經義考卷二百五十四）

黃虞稷曰張湉字子素南樂人至元中徵辟不就（千頃堂書目卷三）

郭隚四書述○佚（經義考卷二百五十四）

劉霖四書纂釋○佚（經義考卷二百五十四）

蕭元益四書演義○佚（經義考卷二百五十四）

石鵬四書家訓○佚　大德辛丑王惲序

何安子四書說○字定夫

薛延年四書引證○字壽之平水人

陳紹大四書辨疑○字成甫黃巖人

牟楷四書疑義

劉彭壽四書提要

周良佐四書人名考○淸江人

曰義齋先生姓石氏諱鵬字雲卿父璧自五臺東徙唐封家焉（經義考卷二百五十四）

何安子四書說○佚　自號志軒（經義考卷二百五十四）

薛延年四書引證○未見　胡炳文曰字壽之平水人（經義考卷二百五十四）

黃虞稷曰臨汾人安西王文學（千頃堂書目卷三）

按千頃堂書目作四書引記

陳紹大四書辨疑○佚　元初人學者稱西山夫子（經義考卷二百五十四）

牟楷四書疑義○佚（經義考卷二百五十四）

字仲裴黃巖人（新元史卷二百三十六）

劉彭壽四書提要○佚（經義考卷二百五十四）

眉州人延祐三年進士（新元史卷二百三十六）

周良佐四書人名考○佚　吳澄爲序（經義考卷二百三十四）

詹道傳四書纂箋二十八卷○大學中庸各一卷大學中庸或問各一卷論語十卷孟子十四卷　臨川人

張存中四書通證六卷○字德庸新安人

王充耘四書經疑貫通八卷

林處恭四書指掌圖○臨海人

汪九成四書類編二十四卷○字又善新安人

解觀四書大義○吉水人

邵大椿四書講義○字春叟壽昌人至元中晦菴書院山長

詹道傳四書纂箋二十六卷○佚 經義考卷二百五十四

按新元史亦作二十六卷

用王魯齋所定句讀 通志堂經解目錄

張存中四書通證六卷○存　胡炳文爲序 經義考卷二百五十四

王充耘四書經疑貫通八卷○未見 經義考卷二百五十四

林處恭四書指掌圖○佚　受業於舒閬風隱居教授 經義考卷二百五十四

汪九成四書類編二十四卷○未見　鄧文原序曰四書類編者新安汪君又善之所輯也 經義考卷二百五十四

解觀四書大義○佚 經義考卷二百五十四

觀吉水人預修宋史 江西通志

邵大椿四書講義○佚　宋末元初人嚴州府志云至元中爲龍游教諭 經義考卷二百五十四

包希魯點四書凡例〇字魯伯進賢人

安熙四書精要考異

程復心四書章圖二十二卷

又四書章圖櫽括總要發義二卷〇字子見婺源人徽州路儒學教授

吳存四書語錄

薛大猷四書講義〇湯陰人

戚崇僧四書儀對二卷

蕭鎰四書待問八卷〇一作二十二卷字南金臨江人

歐陽俛四書釋疑

包希魯點四書凡例〇未見 經義考卷二百五十四 吳澄弟子 千頃堂書目卷三

安熙四書精要考異〇佚 經義考卷二百五十四

程復心四書章圖二十二卷〇存 經義考卷二百五十五

又四書纂釋二十卷 千頃堂書目卷三

又四書章圖櫽括總要發義二卷〇取文公四書集注分章析義各布爲圖又取語錄諸書辨證同異增損詳畧名曰纂釋 千頃堂書目卷三

吳存四書語錄〇佚

薛大猷四書講義〇佚

戚崇僧四書儀對一卷〇佚

蕭鎰四書待問八卷〇存　泰定甲子自序

歐陽俛四書釋疑〇佚

黃溍老四書一貫四十卷○一作十卷

陳剛四書通辨○字子潛温州平陽人

王桂四書訓詁○字仲芳東陽人麗水主簿

何文淵四書文字引證九卷○泰定間人

陳尙德四書集解○寧德人卽石堂陳氏

祝堯四書明辨

涂揩生四書斷疑○字自昭宜黃人濂溪書院山長

蔣子晦四書箋惑○一字若晦東陽人

馬瑩四書答疑

黃溍老四書一貫四十卷○未見　一齋書目有

陳剛四書通辨○未見　從胡長孺學人稱潛學先生

王桂四書訓詁○未見 經義考卷二百五十五

何文淵四書文字引證九卷○未見 經義考卷二百五十五

河南人 千頃堂書目卷三

陳尙德四書集解○未見　按石堂陳氏字尙德亦寧德人不聞

其號懼齋或別是一人 經義考卷二百五十五

號懼齋隱居不仕 千頃堂書目卷三

祝堯四書明辨○佚 經義考卷二百五十五

涂溍生四書斷疑○未見 經義考卷二百五十五

涂縉生福州濂溪書院山長 千頃堂書目卷三

蔣玄四書箋惑○未見　字子晦從許謙遊 經義考卷二百五十五

馬瑩四書答疑○佚

陳樵四書本旨

吳大成四書圖○字浩然瑞安人永嘉縣丞

傅定保書講稾○南安人

馮華四書直解○字君重閩人劍南州儒學教授

倪士毅四書輯釋三十六卷

史伯璿四書管窺八卷○字文璣温州平陽人

陳樵四書本旨○未見 經義考卷二百五十五

吳成大四書圖○佚　登至治辛酉第 經義考卷二百五十五

傅定保四書講稾○未見 經義考卷二百五十五

平江路儒學 千頃堂書目卷三

馮華四書直解○未見 經義考卷二百五十五

倪士毅四書輯釋三十六卷○存 經義考卷二百五十五

黃虞稷曰士毅字仲宏休寧人授徒於黟蓄萃胡雲峯通考陳壽翁發明之說字求其訓詁句探其旨鳩僝精要考訂訛舛 千頃堂書目卷三

史伯璿四書管窺五卷○未見 經義考卷二百五十五

一作四册伯璿永嘉人 楊士奇文淵閣書目

黃虞稷曰伯璿平陽人元時隱居不仕著四書管闚五卷 千頃堂書目卷三

韓信同四書標注
馬豫四書輯義六卷
趙遷四書問答一卷
袁俊翁四書疑節十二卷
曾貫四書類辨
邊昌四書節義○字伯盛吳人
黃寬四書附纂
楊維楨四書一貫錄
黃仲元四書講義○字四知莆田人
朱公遷四書通旨六卷

韓信同四書標注○佚 經義考卷二百五十五

馬豫四書輯義六卷○未見　張萱曰馬豫四書輯義內閣所藏凡十四冊 經義考卷二百五十五 一作十六卷 千頃堂書目卷三

趙遷四書問答一卷○未見 經義考卷二百五十五

袁俊翁四書疑節十二卷○未見 經義考卷二百五十五

曾貫四書類辨○佚 經義考卷二百五十五

邊昌四書節義○佚 經義考卷二百五十五

按邊昌元末人隱居教授張氏以禮招致勿就

黃寬四書附纂○佚 經義考卷二百五十五

楊維楨四書一貫錄○未見 經義考卷二百五十五

朱公遷四書通旨六卷○存　字克升鄱陽人 經義考卷二百五十三

又四書約說四卷

桂本四書通義

林起宗中庸大學論語孟子諸圖

董彝四書經疑問對八卷○字宗文進士至正辛卯刊本

編類之目凡九十有八（通志堂經解目錄）

董彝四書經疑問對八卷（倪氏補遼金元藝文志）一作十卷（經義考卷二百四十九）字宗文樂平人元至正間領鄉薦入明爲國子監學（千頃堂書目卷三）

馮理五經正議○字允莊涇陽人（千頃堂書目卷三）

方宜孫經史說五卷

張伯文九經疑難十卷○以下不知時代

車似慶五經論○號愛軒黃巖人

胡順之經典質疑六卷

黃浚五經通畧二卷

趙元輔六經圖五卷

張沂辨經正義七卷

黃大昌晦菴經說三十卷

顏宗道經說一卷

趙英五經對訣四卷

九經要覽十卷○以下失名

六藝綱目

五經難字直音五卷

盱郡廖氏九經總例一卷○失名詳辨諸本互異凡七類曰書本
曰字畫曰注文曰音釋曰句讀曰脫簡曰考異

盧孝孫四書集義一百卷

又四書集畧四十二卷○以下不知時代

朱本四書解

朱眞四書十二册〇集晦菴西山注以下失名

朱張四書十四册〇集晦菴南軒講義

四書纂疏

四書通義三十六卷

四書通證

四書通成三十六卷

四書詳說十卷

四書釋要十九卷

四書提要以上俱見倪燦補遼金元藝文志

馮理四書中說千頃堂書目卷三

九經講義〇太宗命梁鷺王萬慶趙著等釋金門詔補三史藝文志

陳沂大學論語說

何逢原四書解說

邱葵四書日講 俱見金門詔補三史藝文志

岳珂九經三傳沿革例不知時代

六經奧論六卷以下不知姓氏

黃陽二鄭六經圖辨十卷○一作四卷

經義模範一卷 以上俱見千頃堂書目卷三

馬端臨經籍考七十六卷○存

張卿弼六經精義百卷○佚　虞集序曰卿弼字希契咸淳進士宋亡不仕講學藍山書院 俱見經義考卷二百四十五

淩堯輔大學中庸孝經諸書集解音釋○佚　戴表元序 經義考卷二百四十六

舒天民六藝綱目○存 義經考卷二百四十六

陳煥四書補注○佚

衛富益四書考證○佚 俱見經義考卷二百五十三

小學類

僧行均龍龕手鑑四卷

以上遼

韓孝彥五音篇十五卷

韓道昭改併五音集韻十五卷〇字伯暉眞定人

汪炎昶四書集疏〇佚　字懋遠婺源人 經義考卷二百五十五

僧行均龍龕手鏡四卷 倪燦補遼金元藝文志

一作三卷 晁公武讀書志

一作四卷 錢曾讀書敏求記

行均字廣濟俗姓于氏 四庫全書總目提要

韓孝彥五音篇十五卷〇字允中道昭父 千頃堂書目卷三

按小學考別有四聲篇海十五卷

韓道昭五音集韻十五卷 倪燦補遼金元藝文志

五音集要十五卷伯輝撰崇慶元年壬申序重爲編其父書泰和八年丁卯韓道昇序 千頃堂書目卷三

又五音增定并類聚四聲篇十五卷 千頃堂書目卷三 倪燦遼金元藝文志

大定重較類篇十五冊草韻十冊○趙天錫趙昌世撰

鄭昌時韻類節事○字仲康洪洞人汾州教授

以上金

胡炳文爾雅韻語

陳櫟爾雅翼節本

洪焱祖爾雅翼音釋三十二卷○字彥實徽州人休寧縣尹

杜本六書通編十卷

又華夏同音

戴侗六書故三十三卷

胡炳文爾雅韻語 千頃堂書目卷三倪燦補遼金元藝文志經義考小學考卷四

陳櫟爾雅翼節本 經義考小學考卷四

又字訓注釋一卷 千頃堂書目小學考卷六

洪焱祖爾雅翼音釋 千頃堂書目倪氏補遼金元藝文志作音注 三十二卷 經音考小學考卷四

徽州府志焱祖字潛夫歙人休寧縣尹 經義考卷二百三十八

危素曰焱祖字潛夫長薌書院山長 小學考卷四

杜本六書通編十卷

又華夏同音 俱見倪燦補遼金元藝文志

戴侗六書故三十三卷 倪燦補遼金元藝文志

一作三十六卷延祐七年趙鳳儀序 千頃堂書目卷三

又通釋一卷

楊桓六書統二十卷

又六書泝源十三卷

又書學正韻三十六卷

何中六書綱領一卷

又補六書故三十二卷

周伯琦六書正譌五卷

又說文字原一卷

吳正道六書淵源字旁辨誤一卷

楊桓六書統二十卷（千頃堂書目卷三）

又六書泝源十三卷（千頃堂書目卷三）

一作十二卷（焦竑國史經籍志）

又書學正韻三十六卷（千頃堂書目卷三）

字武子兗州人（元史卷五十一）

何中六書綱領一卷（倪燦補遼金元藝文志）

又補校六書故三十一卷（揭文安集）

周伯琦六書正譌五卷（倪燦補遼金元藝文志）

一作四卷（千頃堂書目卷三）

又說文字原一卷〇至正元年已丑序（千頃堂書目卷三）

字伯温饒州人（元史卷七十四）

吳正道六書源流偏旁證誤一卷（倪燦補遼金元藝文志）

又六書存古辨誤韻譜○番陽人

倪鏜六書類釋三十卷

許謙假借論一卷

包希魯說文解字補義十二卷

吳叡說文續釋○字孟思濮陽人

吾衍說文續解

又學古編○字子行錢唐人

一作字體正誤一作六書淵源圖 小學考卷二十三

又六書原 江西通志

又六書淵源圖 千頃堂書目卷三

又六書通正 江西通志

又存古辨誤韻譜 小學考卷二十三引吳文正集

字岫雲 倪燦補遼金元藝文志 餘干人吳澄爲序 千頃堂書目卷三

倪鏜六書類釋三十卷○安仁人晉寧州知州 千頃堂書目卷三

許謙假借論一卷 千頃堂書目卷三

包希魯說文解字補義十二卷 千頃堂書目卷三

吳叡說文續釋○杭州人自號雲濤散人 小學考卷十二引劉基誠意伯文集

吾衍說文續解二卷

又學古編二卷 俱見千頃堂書目卷三

一作一卷 錢曾讀書敏求記

戚崇僧後復古編一卷

劉致復古糾繆編

泰不華重類復古編十卷

鄭杓衍極二卷

李文仲字鑑五卷

張子敬經史字源

婁有成學童識字○字玉汝義烏人授無爲路學錄不赴

柳貫字系二卷

戚崇僧後復古編一卷○字仲咸永康人（黃溍文集）

劉致復古糾繆編（小學考卷二十一引山西通志書目）

泰不華重類復古編十卷（千頃堂書目卷三）

字兼善伯牙吾台氏初氏達普化文宗時人（元史泰不華傳）

鄭杓衍極五卷

又衍極紀載三篇○字子經與化人泰定中官南安儒學教諭宣撫使齊伯亭上其書於朝（千頃堂書目卷三）

李文仲字鑑五卷○世英從子（千頃堂書目卷三）

張子敬經史字源（千頃堂書目卷三）

婁有成學童識字（千頃堂書目卷三）

柳貫字系二卷（千頃堂書目卷三）

又金石竹帛遺文十卷（元史本傳黃溍文集）

字道傳浦江人（黃溍故翰林待制柳公墓表）

劉鑑經史正音切韻指南〇一名四聲等子字士明陝西人

陳仁子韻史三百卷〇字同俌茶陵人

楊信父鐘鼎篆韻五卷〇名鉤以字行臨江人

陳元吉韻海〇眉山人

魏温甫正字韻綱四卷〇廣東廉訪僉事

其先自河東遷杭後自杭遷婺之浦江（宋濂文集柳先生行狀）

劉鑑切韻指南一卷（千頃堂書目卷三）

先是無名氏四聲等子一卷鑑書因是而作（倪氏補遼金元藝文志）

按小學考卷三十三別有四聲等子一卷

又經史動靜字音一卷〇後至元丙子序（千頃堂書目卷三）

關中人（倪氏補遼金元藝文志）

陳元吉韻海（小學考卷三十四）

魏温甫正字韻綱四卷（倪燦補遼金元藝文志）

一作五卷（小學考卷三十四）

正字韻編温甫官廣東僉憲凡字之譌謬者以小篆古體正之（千頃堂書目卷三）

李世英類韻三十卷

黃公紹熊忠古今韻會舉要三十卷○公紹字直翁忠字子中

皆昭武人

陰時夫韻府羣玉二十卷○字勁弦奉新人弟中夫復春編注

錢全袞韻府羣玉掇遺十卷○字慶餘華亭人

嚴毅押韻淵海二十卷○字子仁建安人

盛輿韻書羣玉○字敬之吳江人崇德州判官

蔣子晦韻原六十卷

李士濂免疑字韻四卷

竹川上人集韻○祥符戒壇寺僧

何中叶韻補疑一卷

邵光祖韻書四卷

李世英韻類三十卷○字伯英長洲人倪燦補遼金元文藝志

一作李士英著韻類三十卷倪燦補遼金元藝文志

熊忠古今韻會舉要三十卷千頃堂書目卷三

按小學考卷三十三別有古今韻會三十卷

李士濂免疑字韻四卷千頃堂書目卷三

何中韻補疑一卷倪燦補遼金元藝文志

邵光祖韻書四卷○字宏道吳縣人千頃堂書目卷三

吾衍鐘鼎韻一卷
又續古篆韻一卷
又周秦刻石釋音一卷
又石鼓詛楚文音釋一卷
潘廸考定石鼓文音訓一卷

吾衍鐘鼎韻一卷千頃堂書目卷三
又續古篆韻焦竑國史經籍志作鐘鼎韻一卷經籍志
一作六卷述古堂書目讀書敏求記
又周秦刻石釋音一卷千頃堂書目卷三
潘廸考定石鼓文音訓一卷千頃堂書目卷三
戴表元急就篇註釋補遺三篇剡源文集
釋八思巴蒙古新字○帝師土番薩斯迦人族欵氏也中統元年
世祖尊爲國師元史釋老傳
牟楷六書辨疑浙江通志
陳恕可復古篆韻○未見　字行之一字如心台州人咸湻十年
中銓試授泗州虹縣主簿內附後官至松江府上海縣丞小學考卷
二十一引陳旅安雅堂集

完顏希尹女直大字 小學考卷二十一
依倣漢人楷字因契丹字制度合本國語製女直字天輔三年
八月字書成 金史完顏希尹傳
金熙宗女直小字 金史完顏希尹傳
趙與萁汗策○字君理奉化人燕懿王德昭十世孫 戴表元剡源文集
林雷龍草韻一卷○未見 小學考卷二十三引黃仲元四如集
劉爆篆韻集鈔 小學考卷二十三引宋濂文憲集
薛延年鐘鼎篆韻○佚 字壽之平陽人 小學考卷二十三引蕭𣂏見勤齋集
李旬金存古正字○未見 吳澄爲序 見小學考卷二十三引吳文正集
陳瑛篆書○未見 吳澄爲序或疑是序爲趙釆作 見小學考卷二十三引吳文正集
李仲常篆韻○未見 小學考卷二十三引胡祗遹紫山大全集
田氏篆隸偏旁正譌○未見 小學考卷二十三引劉因靜修集

舒天民六藝綱目二卷〇存　小學考卷二十三

汪克寬六書本義　千頃堂書目卷三

朱宗文蒙古字韻二卷　四庫全書總目提要

李弘道蒙古韻類〇未見　王義爲序　小學考卷三十四引王義稼村類藁

按王義傳見新元史卷一百四十七

無名氏北韻〇未見　小學考卷三十四引劉辰翁須溪集

牟應龍五經音考　虞集道園學古錄

鄭介夫韻海　千頃堂書目

邵光祖韻書四卷　千頃堂書目

夏泰亨詩經音考〇佚　浙江通志

熊朋來小學標注

熊良輔一作熊凱小學入門

陳櫟程蒙齋小學字訓注

程端禮讀書分年日程三卷

熊大年養蒙大訓十二卷

又養正羣書一卷○字元誠進賢人

虞韶小學日記切要故事十卷○字以成建安人

蕭𣂏小學標題駁論

薛延年小學纂圖六冊○大德閒人

李成己小學纂疏二卷 以上俱見倪燦補遼金元藝文志

劉因小學語錄

孫吾與韻會定正四卷

黃玠纂韻錄 金門詔補三史藝文志

譯語類

譯五代史

遼譯五代史○重熙中翰林都林牙蕭韓家奴譯

遼譯貞觀政要○重熙中蕭韓家奴譯

遼譯通曆○重熙中蕭韓家奴譯

遼譯方脈書○耶律庶成

金國語易經

又國語書經

又國語孝經

又國語論語

又國語孟子

又國語老子

又揚子

譯貞觀政要

譯通曆 俱見遼史蕭韓家奴傳繆荃孫遼史藝文志

譯方脈書 遼史耶律庶成傳繆荃孫補遼史藝文志

義宗譯陰符經 遼史宗室傳

聖宗譯白居易諷諫集○按契丹國志古今詩話聖宗詩云樂天詩集是吾師 王仁俊遼史藝文志補證

金國語易經

又國語書經

又國語孝經

又國語論語

又國語孟子

又國語老子

又揚子

又文中子
又劉子
又國語新唐書○以上皆大定中譯
女直字盤古書
女直字家語
女直字太公書
女直字伍子胥書
女直字孫臏書
女直字黃氏女書
女直字百家姓
女直字母○以上遼金
尚書節文○翰林學士元明善等譯進
蒙古字孝經○大德十一年中書右丞孛羅鐵木兒譯進

又文中子
又劉子
又國語新唐書（俱見金史世宗本紀卷八）
女直字盤古書
女直字家語
女直字大公書
女直字伍子胥書
女直字孫臏書
女直字黃氏女書
女直字百家姓
女直字母（俱見金史）
尚書節文（經義考卷八十六）
國字孝經（金門詔補三史藝文志）

大學衍義節文○延祐四年翰林學士承旨忽都魯都兒迷失

等譯

忠經

貞觀政要○天曆中中書平章政事察罕譯

帝範四卷○亦察罕譯

皇圖大訓○天曆中翰林奎章閣臣譯

飽完澤朶目

又貫通集

又聯珠集

又選玉集○皆蒙古言語　字信卿杭州人

達達字母一冊

蒙古字母百家姓一卷

蒙古字訓一冊

王伯達皇朝字語觀瀾綱目小學考卷八引趙孟頫松雪集

無名氏蒙古譯語一卷四庫全書目錄

托克托遼國語解一卷

又金國語解一卷俱見小學考卷八

屯門與其地自唐至明之海上交通

目錄

正文

註釋

新亞學報第二卷第二期

6 唐宋時代往來南海之商舶必先經室利佛逝國之史實
7 自屯門至掃管笏一帶之史前遺蹟
8 青山杯渡寺之沿革及其與杯度禪師之關係
9 青山杯渡寺後石刻杯度禪師像之由來
10 杯度禪師事蹟及其籍貫推測
11 唐代屯門鎭有守捉使駐紮說
12 韓愈赴潮曾否途經屯門之問題
13 青山頂『高山第一』四字爲宋人鄧符協摹刻說
14 韓昌黎集中曾涉及屯門之詩篇
15 曾涉及屯門海潮之劉禹錫踏潮歌
16 南漢劉氏重歛蓄貨及其與屯門之關係
17 宋代與屯門相聯繫之𣺌洲似爲今日之擔竿洲說
18 宋代與屯門相聯繫之琵琶洲即今日大嶼山之白芒與東涌一帶說
19 北宋蔣之奇之杯渡山詩
20 明初衞所制度下屯門之僅設墩臺
21 葡萄牙史家所記葡人首至之達馬柯（Tamao）卽爲屯門說

附圖

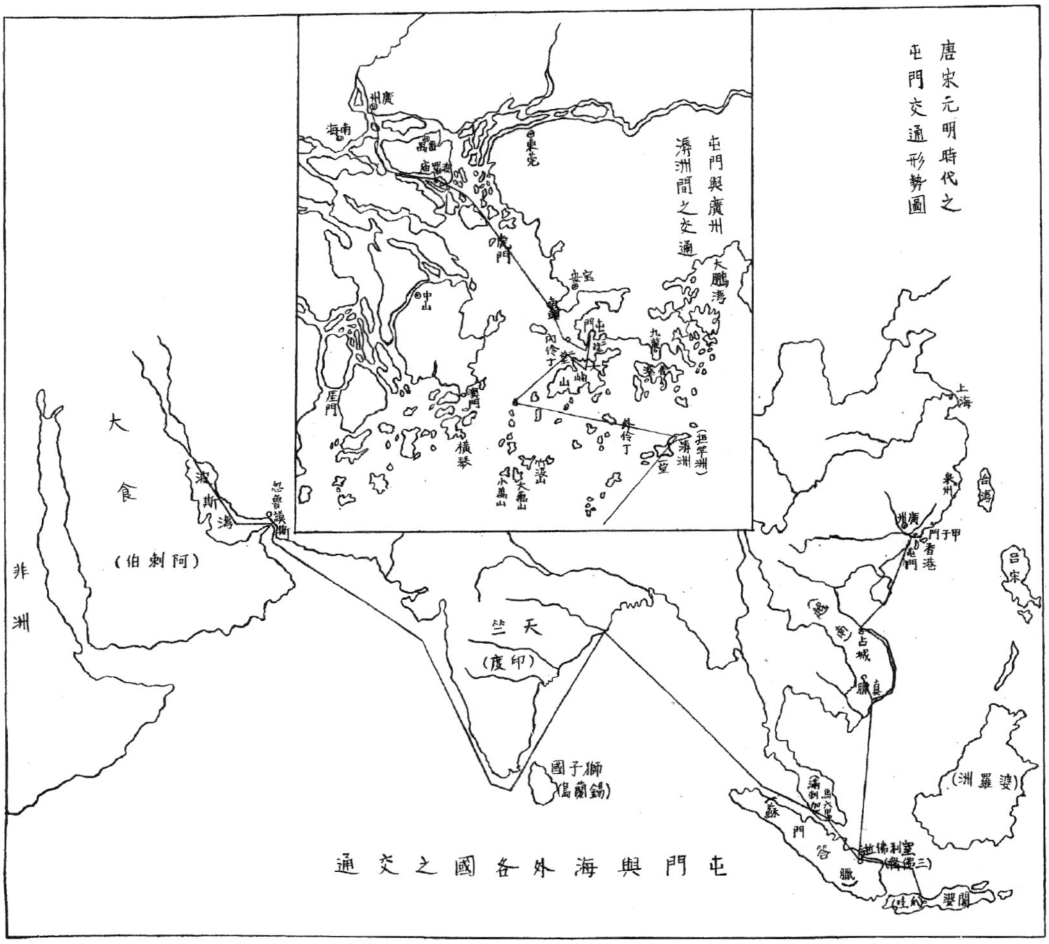
唐宋元明時代之屯門交通形勢圖
屯門與廣州灣洲間之交通
屯門與海外各國之交通
大食
(阿剌伯)
波斯灣
非洲
天竺
(印度)
獅子國
(錫蘭島)
占城
真臘
婆羅洲
呂宋
台灣
泉州
廣州
上海
香港
屯門
甲子門
蘇門答臘
大鵬灣
東莞
中山
虎門
横琴

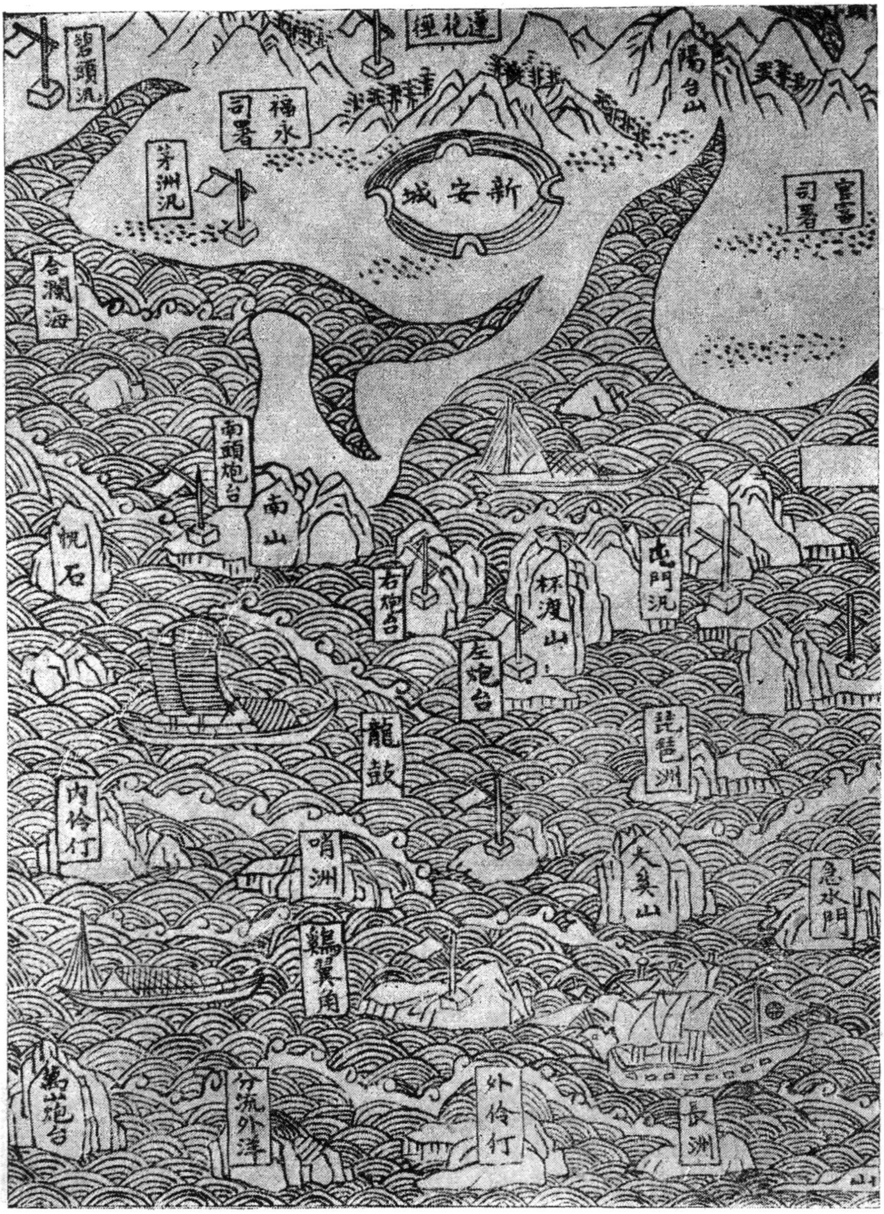

嘉慶王崇熙纂新安縣志所載屯門位置圖

掃管笏史前遺址之考察

民國四十四年十一月二十五日香港大學中國文學系師生同往考察攝影

青山灣一瞥

青山禪院
前牌坊

青山禪院山門

青山禪院後之石佛巖

曹受培所重摹之「高山第一」題刻

屯門與其地自唐至明之海上交通

羅香林

一、青山屯門灣之形勢及其對外交通始於劉宋之推測

各地區之所由發展，基於人民之生聚者半，基於其地交通之便利者亦半。人民之所爲生聚，則或由於其地生事之較易，與氣候之適宜。而交通之便利，則足以促進其地經濟與文化之交流，關係尤鉅。香港新界青山灣（Castle Peak Bay），自昔爲濱海聚落，久稱屯門，或曰屯門灣。〔註一〕。其相連之青山，舊稱杯渡山，亦曰屯門山。〔註二〕。蓋卽以其扼廣東珠江口交通要衝，而又適爲坐北向南，以靈渡山〔註三〕與青山爲東西兩翼，以大嶼山爲前屛之鉗形避風港〔註四〕故也。今其灣，已日淤淺，其東北沙岸，已建爲屯門新墟。在昔輪舟未發明前，無論對內之沿海交通，以至對外之海上航行，皆以帆船爲主，其行駛受季候風支配。每當夏季西南風發，凡波斯阿剌伯，以至印度與中南半島，及南洋羣島等，其海舶欲至中國者，每乘風向東北駛，抵中國海後，則先集屯門，然後轉棹駛入廣州等地。而自廣州出海之中國商舶，或廻航諸蕃舶，亦必候至冬季東北風發，然後經屯門出海，揚帆南駛，而至中南半島，或南洋羣島，以達印度與波斯灣等地。〔註五〕。其地區之所由發展，殆卽以其適有交通之便利也。故新唐書卷四十三下地理志，引賈耽古今郡縣道四夷述廣州通海夷道條云：『廣州東南海行二百里，至屯門山，乃帆風，西行二日，至九州石。又南二日至象石。又西南三日行，至占不勞山，山在環王國東二百里海中。又南二日行，至陵山。又一日行，至門毒國。又一日行，至古笪國。又半日行，至奔陀浪洲。又兩日行，至軍突弄山。

又五日行，至海峽，蕃人謂之質，南北百里，北岸則羅越國，南岸則佛逝國。……』此佛逝國（Srivijaya）卽室利佛逝國，宋時亦稱三佛齊國。地在今蘇門答臘島，以今日之浡淋邦(Palembang)爲國都。唐宋時代，室利佛逝殆爲南洋羣島之重要大國，各國商舶欲至中國者，每多先經其地，然後再北駛屯門等地。自中國廻航各國之商舶，亦多先經其地，然後再分往各國。〔註六〕。故宋周去非嶺外代答卷三航海外夷條云：『三佛齊者，諸國海道往來之要衝也。三佛齊之來也，正北行，歷上下竺交洋（按卽交趾灣），乃至中國之境。其欲至廣者，入自屯門。欲至泉州者，入自甲子門。』屯門爲唐宋時代中外商舶所集碇，觀此可爲明證矣。

至屯門昔年之所由繁盛，雖曰由於其地扼交通要衝，有以致之，然以其早爲濱海聚落，或自昔有漁撈之利，易以吸引居民。故當史前時代，其地卽已有漁民聚處。觀近日考古學家，嘗於其地或其附近之掃管笏等，發現史前時代所遺石斧與帶有網形紋或拍印紋之陶片等，〔註七〕，可知其地聚落殆起源甚古。特其早期居民，或爲屬於越族系統之土著，而非爲自中原南下之漢族耳。

抑其地之對外交通，當亦起源頗早。觀其地有杯度禪師經行遺蹟，如所謂杯渡菴，〔註八〕，杯度像〔註九〕等。而杯度爲東晉末年以至劉宋時代之奇僧，梁釋慧皎高僧傳卷十神異下杯度傳，謂其歷游國內各地，渡江時，輒涉足木杯，浮以爲渡，晚年則游向交廣之間。〔註十〕。是其地當卽劉宋時代赴交州之出海港口，且已有相當之居民聚處，不然，則其時屯門，初非名勝，又非通都大邑，杯度禪師胡爲而遠至其地，又有誰於其地爲之供養耶？是屯門之對外交通，究始於何時？雖今日仍未能考定，然要之，至遲必在劉宋以後，李唐以前，則無可疑也。

二、自唐至宋屯門對外交通之發展及屯門鎮之設置

屯門之對外交通，雖起源頗早，或卽肇端於劉宋時代，然其發展，則殆始於唐代，以唐時已於其地置爲屯門鎮也。新唐書卷四十三上地理志嶺南道南海郡條，述廣州所屬各地關於軍事方面之設置，謂：『有府二：曰綏南，番禺。有經畧軍，屯門鎮兵。』此所謂府，當指號稱府兵之折衝府；軍鎮，卽依險爲守之駐軍。屯門須置鎮爲守，有守捉使，駐紮指揮。〔註十一〕。則其地以商舶衆多，當日已視爲險要所在，亦可知矣。屯門之地位已日形重要，經行其地之旅客已日漸增加，而文學之士，亦遂有關於屯門之交通知識。其見於唐人詩歌者，以韓愈與劉禹錫二人所作爲最著。韓氏於憲宗時以諫迎佛骨，遭貶爲潮州刺史。其赴潮途程，雖爲自廣州取道東江，經龍川而轉入韓江，殆未曾經屯門而東航。〔註十二〕。今日青山所見題署退之書之『高山第一』石刻，乃宋人鄧符協所摹刻者，非韓氏所自書也。〔註十三〕。但韓氏於屯門之交通形勢已耳熟能詳，則可就其所作贈別元十八協律詩之六，〔註十四〕，而證明之也。至劉禹錫所詠屯門遭颶之踏潮歌，〔註十五〕，則更於其地形勢，多所狀述。要之，必皆於屯門之交通景況，已多所知聞也。

其後至五代，南漢劉氏，則更敕封杯渡山爲瑞應山，於山之北麓，建立軍寨，並設靖海都巡，同知屯門鎮事。蓋劉氏本身以割據自立，頗以招集流亡，部勒蠻蜑，聚斂蕃舶器貨爲務，故於屯門軍寨，亦特爲重視也。〔註十六〕。下至兩宋，則除於其地設巡檢司捕盜廨，及駐寨兵外，並使之與所謂溽洲之擔竿洲，〔註十七〕，及大嶼山北端所謂琵琶洲者，〔註十八〕，聯爲內外海之管理體系。宋周彧萍洲可談卷二，述宋時廣州溽州間之交通景況，謂：

『廣州自小海至溽州，七百里。溽州有望舶，巡檢司謂之一望。稍北，又有第二，第三望。過溽洲，則滄溟矣。商船去時，至溽洲，少需以訣，然後解去，謂之放洋。還至溽洲，則相慶賀，寨兵有酒肉之饋，幷防護赴廣州。』按此所云饋送歸船酒肉之寨兵，蓋指屯門寨或大嶼山寨守兵。所云自溽洲以北之三望，殆指在屯門之望船處所。以宋時自廣州出口之沿海各地，有寨兵駐守者，僅爲屯門寨，與官富寨，及大嶼山寨等三處，而官富寨兵，則以防護鹽場而設，此護衛海舶之寨兵，自非屯門寨或大嶼山寨兵莫屬也。至宋人所作與屯門交通有關之詩歌，則以北宋時知廣州軍之蔣之奇所作杯渡山詩（註十九）爲最著。之奇蓋嘗親至屯門，觀察有得者，故其詩並小序亦最深切著明也。

三、明代之屯門及葡萄牙人進犯其地之始末

元時，吏治不修，粵東沿海，驟形衰落，屯門似未繼爲立寨。明興，於沿海要地，建立衞所。其東莞守禦所，設於今日寶安縣治；屯門僅設墩臺，（註二十），未見重視。蓋此時廣州對外之濱海下舶處，已移至今日寶安之南頭，而西土如波斯阿剌伯等地商人之航海事業，又以土耳其國之勃興，而遭受中阻，其東向航行者，亦已不若唐宋時期之盛。屯門地位，已非昔比。惟自歐洲人發現由非洲南端好望角以達印度洋之航路後，葡萄牙、西班牙、荷蘭，以至英法諸國之商人，乃相繼爲東向航行，以競爭貿易，而屯門遂首與葡萄牙人發生紛爭。而此葡萄牙人，明人則稱之曰佛朗機(Franks)焉。

先是葡萄牙人水師統領亞爾伯奎(Alphose d' Alboquerque)於明武宗正德六年（西元一五一一年），佔據馬來半

島之馬六甲(Malacca，明史譯作滿剌加)，其首任守將勃列多(Ruy de Brito Patalyn)，乃發馬六甲船，護送中國商舶返國，並遣使者阿爾華列士(Jorge Alvarez)等，乘馬六甲船同行。阿爾華列士於正德九年(西元一五一四年)，抵達馬柯(Tamao)，建立石柱，刻葡國徽章於其上。此達馬柯，以當日地望及對音勘之，當指屯門無疑。〔註二一〕。自是葡人遂於屯門等處，設立營寨，造火銃，爲攻守要具。〔註二二〕。至正德十二年(西元一五一七年)，葡馬六甲總督，復遣船主安達拉(Fernao Perez d' Andrade)，率葡船四艘，偕使者皮利司(Thomas Pirez)，携文書貢物等，經屯門駛入虎門，進至廣州，自稱爲佛朗機貢使。〔註二三〕。兩廣總督陳金，令皮利司等，先於廣州光孝寺，習儀三日，然後引見。並具奏朝廷，得旨准予起送赴京。是爲葡國與中國通使之始。惟葡船在廣州者，旋以瘟疫發生，安達拉及其船員多退返屯門，僅留皮利司居廣州，辦理交涉，並候機赴京。至翌年(西元一五一八年)，馬六甲總督復遣安達拉之弟西眇(Simao d' Andrade)，率葡船一艘，帆船三艘，進抵屯門，接伊兄職位。西眇舉動躁急，更於附近島嶼，設刑場，抗課稅，並肆爲掠奪，致遭中國官民憤恨。〔註二四〕。於是有正德十六年(西元一五二一年)廣東巡海道汪鋐率大軍於屯門灣一帶、大敗葡軍之役。嘉慶王崇熙纂新安縣志卷十四宦蹟畧，嘗載其事，謂：『汪鋐號誠齋，徽州婺源縣人。正德十六年，任巡道。番彝佛朗機，假朝貢，佔據屯門海澳，時肆剽掠，屠食嬰兒。御史邱道隆何鼇，前後具奏，准行驅逐。公親冒風濤，指畫方策，號召編民，率以大義，戰而克之。所獲貲財，悉賚下，秋毫無私。旋升兵部尚書，都察院右都御史。』而同書卷二十三藝文志二，所載明陳文輔撰都憲汪公遺愛祠記，亦云：『……正德改元，忽有不隸貢數，號爲佛朗機者，與諸狡獪，湊雜屯門葵涌等處海澳。……衆口嗷嗷，俱欲避地以圖存活，棄其墳墓室廬，又極悽惋。事聞於公，赫然震怒，命將出師，親臨敵所，……諸番舶大而難動，欲舉必賴風帆。時南風急甚，公命刷賊敝舟，多載枯柴燥荻，灌以脂膏，因風縱火，舶及大舟，通被焚溺，命衆鼓譟而登，遂大勝之，無孑遺。是役也，於正德辛巳出師，至嘉靖壬午凱旋。……』自是屯門一帶，無復葡人居留。蓋自正德九年（西元一五一四年），以至正德十六年（西元一五二一年），葡人之強佔屯門者，殆達七年以上云。雖葡人所記馬六甲總督發舶遣使等事，與中國史籍所記微有出入，然大要皆爲同指屯門一地，所述年代亦同。特立場各殊，故措詞遂微不同耳。葡人既不得逞於屯門，遂寖假而悉力經營香山之澳門，終乃使澳門成爲重要商港，其影響之鉅，且視屯門尤甚焉。

四、屯門地位降落之原因及其地設置之演變

明自世宗嘉靖（西元一五二二至一五六六年）以還，江、浙、閩、粤、等省海疆，悉受倭寇侵擾。賴俞大猷、戚繼光等，相繼攻剿，凡二十年，雖倭患漸釋，而沿海之交通與財富，亦因是不振。屯門爲珠江口外濱海聚落，其曾受倭寇禍害，自無待言。王崇熙纂新安縣志卷十二海防畧，歷記明代自今日寶安南頭以至屯門一帶之形勢及變亂，謂：『明萬曆十四年（按爲西元一五八六年），總督吳、御史汪、會題：南頭爲全廣門戶，控制蠻倭，請以總兵移鎮。蓋番舶固可直達澳門，而由澳門至省，則水淺不能行，必須由大嶼山經南頭，直入虎頭門，以抵於珠江，此南頭所以爲全廣門戶也。正德間，番彝佛朗機入寇，占據屯門，海道汪鋐平之。厥後隆慶三年（按爲西元一五六九年），海賊曾一本入寇。四年倭寇流刧鄉村。萬曆年間（按自西元一五七三年至一六一九年），老萬山賊肆刧。崇正（按爲崇禎）年間（按自西元一六二八年至一六四二年），艚賊李魁奇劉香等，相繼入寇。雖屢經勦滅，而南

頭之守禦尤嚴。』觀此可知明時珠江口外已不以屯門爲交通要衝，而自南頭以至屯門一帶，又歷爲倭寇與海盜等所擾害，其寖爲衰落，自亦不言而喻矣。

今日所見屯門地區之各種建置，蓋爲近二百年來所陸續重建或新設者。〔註二五〕。其青山山腰青山禪院，即宋明時杯渡菴舊址，蓋爲民國初葉由住持僧顯奇與張純白居士等，所募緣重建者。〔註二六〕。迄今中西人士，性喜幽棲者，多前往皈依，或遊覽。〔註二七〕。然求如唐宋時代中外海舶所常會集者，則渺然不可復得矣。

註釋

〔註1〕**屯門一名之起於唐代**　屯門灣或屯門澳一名，見於王崇熙纂新安縣志卷四山水畧。屯門山一名，則見於新唐書卷四十三下地理志廣州通海夷道條。屯門鎮一名，亦初見於同書卷四十三上地理志嶺南道南海郡條。屯門名稱起於唐代，且在唐代卽已頗爲顯著，殆無可疑。惟其究因何而稱爲屯門？則今日已難考定。近人吳雲於香港史地第八期(見民國三十六年七月二十四日星島日報)，發表青山史話一短文，謂：『屯門這個地名，顧名思義，大概是指設了屯田防衛的兵而言。』殆亦推論之詞耳，未見其有實據爲證也。

〔註2〕**杯渡山一名之由來**　王崇熙纂新安縣志卷十八勝蹟畧，謂『杯渡山，海上勝境也。昔宋杯度禪師住錫於此，因名。山麓石柱二，相距四十步，高五丈，今半折，府志謂：昔鯨入海觸折。』陳伯陶等纂東莞縣志卷四十古蹟畧四，附杯渡菴條，引宋蔣之奇杯渡山詩幷序，謂『廣州圖經，杯渡之山，在東莞屯門，界三百八十里。耆舊相傳，昔有杯度師來居屯門，因以爲名。曾讀高僧傳，宋元嘉中，杯度嘗赴齊諧家，後辭去

云：貧道去交廣之間。余是以知杯度之至此不誣矣。』是杯渡山本名屯門山。人以劉宋時杯度禪師曾居止其地，遂又以杯渡山稱之耳。此山青葱秀拔，高出海面一千九百零六英尺，故亦稱爲青山。而山頂狀如堡壘，故英人遂又稱之曰堡壘山(Castle Peak)焉。

〔註3〕**靈渡山與杯渡山爲不同之二山**　港政府作戰處(War Office)所印香港及新界地圖(Hong Kong and New Territores)(一九三六)，於青山灣(Castle Peak Bay)東岸所連接之高山(高四八九呎)，未註明山名。若以王崇熙纂新安縣志卷四山水畧所載勘之，則殆卽靈渡山也。山水畧云：『杯渡山，在縣南四十里，高峻插天，原名羊坑山，一名聖山。南漢時封爲瑞應山。靈渡山，在縣南三十里，與杯渡山對峙。舊有杯渡井，亦禪師卓錫處。』是杯渡山與靈渡山，本相對峙，且同與杯度禪師有關；然爲不同之二山，杯渡山卽青山，則與青山相對峙之唯一高山，卽靈渡山也。

〔註4〕**青山灣昔爲良好之避風港**　香港及九龍新界等地之人文發展，蓋與其地之風向，關係甚鉅。蓋此區域，每年由陽曆十月，至下年三、四月間，卽有東北季候風，向南而吹，自五月至八月，則有西南季候風，向北而吹。東北季候風本爲乾風，故此時本區域天氣晴和，西南季候風本爲濕風，故此時本區域天氣常惡，而多驟雨。至九月，則西南季候風停吹，而常爲自東方吹至之信風所代替，故此時本區域氣候尙和。惟自四月至八月，又常有自非律賓附近所發生之颱風，由東南吹至，以風勢猛烈，襲擊至速，故致每成風災。凡面向東南角而無屛障之海岸，則受擊更甚，而災害更烈。而青山灣則東部有達四百八十九呎之靈渡山爲障，西部有青山卽杯渡山爲障，而大嶼山又適列於其灣外之東南角海上，故受有季候風之利益，而不受颱

風之侵襲。在昔未有人工建築之避風塘時，如此類之鉗形灣港，已為良好之避風港矣。

〔註5〕**唐宋時代廣州候風發舶之實例**　宋朱彧萍州可談卷二，謂『廣州市舶亭，枕水，有海山樓，正對五洲，其下謂之小海。……船舶去以十一月十二月，就北風；來以五月六月，就南風。船方正若一木斛，非風不能動。』周去非嶺外代答卷二闍婆國條，亦謂：『闍婆國又名莆家龍，在海東南勢下，故曰下岸。廣州自十一月十二月發舶，順風連昏旦，一月可到。』又卷三大食諸國條亦云：『有麻離拔國，廣州自中冬以後發船，乘北風行，約四十日，到地名藍里。博買蘇木，白錫，長白藤。住至次冬，再乘東北風，六十日，順風方到此國。』按闍婆即今印尼爪哇(Java)。麻離拔當即(Malabar)之對音，地在今印度半島西海岸，殆即趙汝适諸蕃志卷上所述之南毗國(Namburi)。藍里，亦稱藍無里(Lamuri)，地在今印尼蘇門答臘島之西北角。據此可知宋時凡自廣州迴航南洋羣島以至迴航印度洋或波斯灣之海舶，皆必候至中冬，即陰曆十一月，然後乘北風或東北風而發船也。

〔註6〕**唐宋時代往來南海之商船必先經室利佛誓國之史實**　釋贊寧宋高僧傳卷一唐釋金剛智傳，謂釋跋日羅菩提，華言金剛智，南印度摩賴耶(Malaya)國人。嘗遊師子國，泛海東行，歷佛誓、裸人等二十餘國，開元己未歲（七年〔西元七一九年〕），達於廣州。又宋趙汝适諸蕃志卷上闍婆國條，謂『闍婆(Java)又名莆家龍。……西北泛海十五日，至渤泥國(Borneo)，又十日至三佛齊國(Palembang)，又七日至柴歷亭，抵交趾，達廣州。』此即唐宋時南海各國之商舶，欲至廣州，必先經室利佛誓之例證也。又唐釋義淨大唐求法高僧傳，自述其赴印度求法行程，謂『于時咸亨二年(西元六七一年)，……與波斯舶主，期會南行。……至

十一月，乃面軫翼，背番禺，……未隔兩旬，果之佛誓。』又宋史卷四百九十天竺傳，謂『僧法遇自天竺取經，回至三佛齊。遇天竺僧彌摩羅失黎(Vimalacri)，命附表願至中國譯經。上優詔召之。法遇後募緣，製龍寶蓋袈裟，將復往天竺，表乞給所經諸國敕書。遂賜三佛齊國遐至(Haji)，葛古羅國主司馬佶芒，柯蘭國主讚坦羅(Candra)，西天王子謨馱仙書，以遣之。』而朱彧萍洲可談卷二，亦謂『海南諸國，各有酋長，三佛齊最號大國。……是國正在海南，西至大食尚遠。華人詣大食，至三佛齊修船轉易貨物。遠賈輻湊，故號最盛。』此即唐宋時自中國赴印度及阿剌伯諸海船必先經室利佛誓之例證也。

〔註 7〕**自屯門至掃管笏一帶之史前遺蹟**　最先於青山灣與掃管笏一帶，發現其地史前遺蹟者，為韓雷博士(Dr. C.M.Heanly)。林仰山教授(Prof.F.S.Drake)香港史前畧史（文見一九五三年度香港大學學生會會刊(The Union)），曾為扼要提述，謂：『正值中國考古發現及研究古代文化最盛時期，韓雷氏開始發現香港地區史前遺物。……韓雷氏旋發動香港地區的調查，由港大Prof.J.C.Shellshear，及本港地方民政官Mr. W.S.Schofield參加。在青山及掃管笏之間，大埔及屛山，大嶼山之東端及其鄰島，暨珠江口之龍鼓島，及沙洲，發現更多，除石斧外，尚有石環，裝飾品，及陶片。在若干地區，因器物較多，可推測其係聚落所在。在掃管笏曾發現大量未完成之石環片，及石環片中心部分，可知其係史前工場遺址。』以知自屯門灣及其東岸相連之掃管笏等地，在史前時期，已為重要聚落；不然，不致有如許史前石器與陶片遺留也。其後友人陳公哲陳志良二先生，並曾於青山北麓，及掃管笏等地，獲得若干石器與陶片。據陳志良君香港訪古記（文見說文月刊一卷七期）所述，彼於民國二十八年（西元一九三九年），曾於掃管笏並獲有純帶彩繪之陶片，並於青山屯門圍灘地上，獲得石斧，及方格紋紅色陶片。數年來筆者與港大中文系師生，亦嘗三度於掃管笏山股，獲得無數網形紋陶片，並有石斧石環等物。據當地農民面告，掃管笏舊名老青山。則其地與青山本屬同一區域，其史前時代之聚落，殆亦性質一致也。

〔註8〕**青山杯渡寺之沿革及其與杯度禪師之關係**　青山與杯度禪師之關係，已如本文註2所述。而杯渡菴則以追念杯度禪師而起，故亦稱杯渡寺焉。近人瓊山林大魁撰青山禪院大觀，錄陳伯陶遊杯渡寺詩，謂：『陰厓合十擁蓮臺，傳道眞禪渡海來。碧嶂千盤高聳髻，滄溟一葦小如杯。簷垂雨氣桄榔長，梵塔潮聲贔屭迴。惆悵六朝彈指盡，山河舉目有餘哀。』詩後注云：『寺後有石巖，相傳劉宋時杯度禪師止此。』惟此菴或嘗一度改置爲青雲觀，今所見青山禪院，乃由青雲觀所重葺者。故同上青山禪院大觀引陳伯陶遊屯門青山贈陳春亭居士詩，所附小注云：『山有杯渡寺，青雲觀，久廢，居士爲之重葺。』而今日青山禪院門前道上所豎牌樓，亦仍署『杯渡遺蹟。』要之，必先有杯度禪師之莅止，而後乃有杯渡菴或杯渡寺之設置，必先有前代杯渡寺或青雲觀之遺蹟，而後始有近世之重修與如是題署也。

〔註9〕**青山杯渡寺後石刻杯度禪師像之由來**　青山杯渡寺後左側石佛巖（舊稱瑞應巖），有粗石雕像一軀，相傳卽杯度禪師石像。雖刻工粗率，然形制古樸，殆亦爲舊日所遺，非晚近所仿製者。考王崇熙纂新安縣志卷二十三藝文志二，及陳伯陶等纂東莞縣志卷四十古蹟畧，皆特載蔣之奇杯渡山詩幷序（新安縣志引作杯渡山紀畧），中云：『所謂屯門者，卽杯渡山也。舊有軍寨，在北之麓。今捕盜廨之東，有僞劉大寶十二年（按爲宋太祖開寶二年，卽西元九六九年）己巳歲二月十八日僞封瑞應山勒碑在焉。榜文刻劉乾和十二年（按爲

周世宗顯德元年，即西元九五五年）歲次甲寅，關翊衛副指揮，同知屯門鎮，檢點防遏右靖海都巡陳延，命工鐫杯度禪師之像，充杯渡山供養。』是今日所見之杯度禪師石像，乃五代時南漢同知屯門鎮陳延，命石匠雕製而遺留者。南漢時，朝野人士，多信佛教，其遺蹟如廣州光孝寺之鐵鑄千佛塔，及東莞縣資福寺之南漢羅漢閣等，皆甚偉麗，則屯門鎮同知之命工雕製杯度禪師像，亦當日風氣使然，無足異也。

〔註10〕**杯度禪師事蹟及其籍貫推測**　自陳春亭居士等重修青山禪院以還，嗜遊之士，喜言杯度事蹟，然皆僅就當地傳說而言，鮮有考述關於杯度之最早記錄，以究其傳說之所本者。按杯度爲晉宋間奇僧，於河北及江浙，屢行神蹟。梁釋慧皎高僧傳卷十神異下杯度傳，曾爲記述，其畧云：『杯度者，不知姓名，常乘大木杯度水，因而爲目。初見在冀州，不修細行，神力卓越，世莫測其由來。……至孟津河，浮木杯於水，憑之度河。無假風棹，輕疾如飛，俄而度岸，達于京師，見時年可四十許。帶索繿縷，殆不蔽身。言語出沒，喜怒不均，或嚴冰扣凍而洒浴，或著屐上床，或徒行入市，唯荷一蘆圌子，更無餘物。乍往延賢寺法意道人處，意以別房待之。後欲往瓜步江，於江側就航人告度，不肯載之，復累足杯中，顧眄吟詠，杯自然流，直度北岸，行向廣陵。……度不甚持齋，飲酒噉肉，至於辛鱠，與俗不殊，百姓奉上，或受不受。沛國劉興伯爲兗州刺史，遣使要之，負圌而來。……既至彭城，遇有白衣黃欣，深信佛法，見度禮拜，請還家。其家至貧，但有麥飯而已。度甘之怡然，止得半年。……度辭去，欣爲辦糧食，明晨見糧食具存，不知度所在。經一月許，復至京師。（按此京師，似指建康）。時潮（別本作湖）溝有朱文殊者，少奉法，度多來其家。……後東遊吳郡，……行至松江，乃仰蓋於水中，乘而度岸。經涉會稽剡縣，登天台山，數

月而返京師。……度猶停都少時，遊止無定，請召或往不往。時南州有陳家，頗有衣食。度往其家，甚見料理。……都下杯度，猶去來山邑，多行神咒。……又有齊諧妻胡母氏病，衆治不愈，後請僧設齋，齋座有僧聰道人，勸迎杯度。度既至，一咒、病者即愈，齊諧伏事爲師。……至元嘉三年（按爲西元四二六年）九月，辭諸入京。……至五年三月八日，度復來齊諧家。……度語衆人曰：年當大凶，可懃修福業；法意道人甚有德，可往就其修立故寺，以禳災禍也。須臾聞上有一僧喚度，度便辭去云：貧道當向交廣之間，不復來也。齊諧等拜送殷懃，於是絕迹。……』是杯度禪師於未赴交廣以前，原已先於建康（即今日南京）等地，居留頗久。依其人善爲神咒，多行神蹟，而又先見於冀州，再從孟津渡河，往來於長江下遊，後乃行向交廣之間，最後事蹟，即不爲慧皎等所知，以知其人殆在屯門候船，出海後即未再回中土。意其人或原籍印度，先從西域入華，後乃由海道西返，是以如神龍之見首不見尾耳！

〔註11〕**唐代屯門鎭有守捉使駐紮說**　新唐書卷五十兵志，謂『唐初兵之戍邊者，大曰軍，小曰守捉，曰城，曰鎭，而總之者曰道。』鎭以下復有戍。屯門鎭兵爲劃地設守之沿海防軍，其指揮首領，究稱鎭將，或稱守捉使？雖諸書無明文記錄，然據杜佑通典兵典，謂『開元二十一年，置嶺南（道）五府經略使，……又有守捉使三，以防海寇。』此類防禦海寇之守捉使，自必駐於沿海險要地區。屯門既有鎭兵駐紮，則亦必有專資防禦海寇之守捉使駐紮也。

〔註12〕**唐韓愈赴潮曾否途經屯門之問題**　按韓愈於唐憲宗元和十四年（西元八一九年），以諫迎佛骨，遭貶爲潮州刺史。自長安經藍田南下，由湖湘，入粵樂昌，順武水，下北江，而至廣州。其自廣州赴潮，究由海道

前往，抑由內河前往？近人頗有爭論。若循海道，則必經航屯門。今日青山之顚，有擘窠『高山第一』四大字，下署『退之』二小字。王崇熙纂新安縣志卷十八勝蹟畧，謂『舊傳爲韓愈題。』一若韓氏眞曾途經屯門。惟細考韓昌黎集卷六至卷九古今體詩，自遭貶出京，以迄抵潮，沿途多有詩篇爲證。自樂昌下武水，則有瀧吏詩可證，抵達廣州，則有贈別元十八協律六首，自廣州赴潮，則有宿曾江口示姪孫湘二首。曾江爲東江流經增城，而接連番禺之一段。東江與西北二江，相會出海，故此詩有云：『雲昏水奔流，天水漭相圍。三江滅無口，其誰識涯圻？暮宿投民村，高處水半扉。』所云『滅無口』之『三江』，正爲滙於珠江而出海之東西北三江。此爲韓氏由內河赴潮之明證。而韓氏到達潮州後，所作潮州刺史謝上表，亦謂：『臣於正月十四日，蒙恩除潮州刺史，卽日奔馳上道。……以今月（按爲三月）二十五日到州上訖。……臣所領州，在廣府極東界上。去廣府雖云纔二千里，然來往動皆經月。過海口，下惡水，濤瀧壯猛，難計程期。』所謂惡水，亦稱惡溪，卽今日號稱韓江之一段。脫韓氏自廣州赴潮，非溯東江而轉下韓江者，則無由『下惡水』也。既由三江相會之海口溯內河赴潮，則無由爲途經屯門也。果爾，則『高山第一』題刻，當別有來源，而非爲韓氏所經行留題者。

〔註13〕**青山頂『高山第一』四字爲宋人鄧符協摹刻說**　青山頂石崖，舊鐫『高山第一』四字。以日久剝落，至民國八年己未（西元一九一九年），有曹受培者，遊覽其地，乃將舊刻，命工鑿石摩刻，置之青山禪院，並刻立碑記，其文云：『高山第一四字，字大逾尺，在新安縣之屯門。屯門一名杯渡山，又名青山，縣志所謂青山之顚，鐫高山第一四字，舊傳爲韓愈題者也。其旁有退之二字，字畫蝕殘，隱約可辨。又碑後有兩巖

雖云牢，木石互飛發。屯門雖云高，亦映波濤沒。二十字。首尾款式，剝殘已盡，不知題者爲誰。惟兩巖四語，見於昌黎集送元協律詩中，蓋以狀颶風掀簸之勢者。豈當時謫宦南來，由廣渡潮，舟行遇風，於此小泊，遂乘興登臨，濡染大筆，而爲之歟？……余於己未仲冬，探勝至此，剜苔剔蘚，摩挲者久之。……乃掄工摩刻，置之青山禪院，以餉遊客，而識其大畧如此。』細揣其意，殆以舊刻爲出韓氏手筆。今按韓氏未嘗途經屯門，已如本文註12所述。此摩崖題刻，據許地山先生香港與九龍租借地史地探畧（文見廣東文物卷六）謂：『依南陽鄧氏族譜，此四字，係北宋鄧符協摹退之刻石。鄧符協名者（按一作名符），登雍熙乙酉二年（公元九八五年）進士。授陽春令，權南雄倅。任滿遊青山，刻文公字於石上。據此，這石刻也可以說是廣東古刻之一了。』按鄧符協爲今日新界錦田鄧氏之開族始祖。據星嘉坡鄧氏總會南陽半年刊族譜專號東莞武山鄉支派源流，述東莞寶安等地鄧氏上世源流，謂：『符協……權南雄路倅，遂始遷廣東，邑於桂角山下之岑田，上籍居焉。桂角岑田即錦田鄉也。……公築力瀛書室，聚友講學，樂而忘倦，復置客書舍田於里之北門牆，以資四方來學之士。時南海霍暐，邑賢翁炳嘗作記，詳見郡邑誌書。』是鄧符協乃好客嗜學之士，而其所居錦田，又距青山至近，則其摹韓氏文字，而刻之山顚，當無可疑。

〔註14〕**韓昌黎集中曾涉及屯門之詩篇**　前人所作詩歌，曾涉及屯門者，以韓昌黎集卷六贈別元十八協律詩第六首爲最早。元十八名集虛，初由柳宗元介紹與韓氏相知。韓氏遭貶南下時，元氏殆適在桂管觀察使裴行立幕中，而受裴氏遣之相隨勞問，直至廣州，始告別者。而韓氏此詩，殆卽作於廣州，故詩句中一則曰：『不意流竄路，旬日同食眠。』再則曰：『嗟我擯南海，無由助飛鳴。』至其第六首所以提及屯門者，則以廣

州爲濱海地區，而屯門又爲廣州外港，故詠之以示與柳宗元同有遠謫之苦也。其第六首云：『寄書龍城守，君驥何時秣？峽山逢颶風，雷電助撞捽。乘潮簸扶胥，近岸指一髮。兩巖雖云牢，木石互飛發。屯門雖云高，亦映波濤沒。余罪不足惜，子生未宜忽。胡爲不忍別，感謝情至骨。』

〔註15〕**曾涉及屯門海潮之劉禹錫踏潮歌**　因唐宋時以屯門爲廣州外港，故凡自海上溯至之風濤，皆目之爲與屯門之海潮有關，如劉禹錫所作踏潮歌，即其一例。全唐詩第六函第二冊，載劉氏是歌並小序云：『元和十年（按爲西元八一五年），夏五月，終風駕濤，南海泛溢。南人云：踏潮也，率三歲一有之。客或言其狀，因歌之：屯門積日無回飇，滄波不歸成踏潮。轟如鞭石矻且搖。亘空欲駕黿鼉橋。驚湍蹙縮悍而驕。大陵高岸失岧嶢。四邊無阻音響調。背負元氣掀重霄。介鯨得性方逍遙。仰鼻噓吸揚朱翹。海人狂歡迭相招。罽衣髽首聲嘵嘵。征南將軍登麗譙。赤旗指麾不敢囂。翌日風回沴氣消。歸濤納納景昭昭。烏泥白沙復滿海，海色不動如青瑤。』

〔註16〕**南漢劉氏重斂蓄貨及其與屯門之關係**　廣東通志卷一百八十四前事畧四引五國故事，謂南漢中宗劉晟，『遣巨艦指揮使暨彥贇，以兵入海，掠商人金帛，作離宮游獵，有南宮、大明、昌華、甘泉、玩華、秀華、玉清、太微諸宮，凡數百，不可悉紀。』按此所云以兵入海，掠商人金帛，以作離宮，乃爲向沿海寄舶蓄商，不斷重斂，或徵集蓄貨，易錢爲離宮之意，非謂即搶掠蓄舶金帛也。脫爲搶掠金帛，則搶掠後，蓄舶必即絕迹，又何能不斷有獲，以爲興建離宮之資乎。據北宋蔣之奇杯渡山詩并序，謂當南漢中宗乾和十二年（西元九五五年）屯門鎮已有號稱靖海都巡之同知駐守，則其設險防衛，即以重徵蓄舶貨稅，亦至明焉。

〔註17〕**宋代與屯門相聯繫之溽洲似爲今日之擔竿洲說**　宋周彧萍洲可談，嘗提及距廣州七百里外海有溽洲，商舶去時，必於其地啓碇，謂之放洋，以其地之南卽爲滄溟大海也。此溽洲與屯門，一爲放洋之所，一爲入廣與避風候風之所，同爲宋時海舶必經要地。故欲詳究屯門關係，則必並爲旁述溽洲之地址。溽洲一名，雖不見於王崇熙纂新安縣志，然以地望及其關係考之，則當在今日寶安縣屬之擔竿洲，或其附近之老萬山水域內。新安縣志卷四山水畧云：『擔竿洲在縣南海中，形如擔竿。外卽大洋無際，番舶入廣必由此。離縣治三百里。』擔竿洲以西，卽爲老萬山島。老萬山東，爲南亭竹沒山。同上山水畧，謂：『老萬山在大奚山（一作大嶼山）西南海洋中，海面屬香山（今中山縣），其西炮臺，係大鵬營（屬新安縣）撥給。』又云：『南亭竹沒山，在老萬山東，周數十里。』而南亭亦爲明代海舶放洋之所。故明黃衷海語卷上，謂：『暹羅國在南海之中，由東莞縣南亭門（新安縣明初尚隸屬於東莞）放洋。』又云：『滿剌加……由東莞縣南亭門放洋。』宋時海舶放洋之溽洲，如非爲今日之擔竿洲，則必在萬山羣島以內也。

〔註18〕**宋代與屯門相聯繫之琵琶洲卽今日大嶼山之白芒與東涌一帶說**　宋史卷四百八十九外國五注輦傳，謂南印度注輦國主，於宋眞宗大中祥符八年（西元一〇一五年），遣使娑里三文（Soli Samudra?）等入貢。三文述其行程曰：『三文離本國，舟行七十七晝夜，歷那勿丹山，……至廣州之琵琶洲。離本國凡千一百五十日，至廣州焉。』是琵琶洲亦爲入廣州之必經島嶼。此洲地望，據王崇熙纂新安縣志卷二輿地畧輿圖，正在大嶼山北，隔海與屯門汛相望。按其地址，當卽爲今日大嶼山之白芒(Pak Mong)以至東涌一帶。此地自昔與屯門及元蓢等地，有渡船交通，故同上新安縣志卷七建置畧謂：『屯門渡，自屯門往大奚山白芒，

渡一隻，原承餉銀六錢。』又云：『白芒渡，自大奚山白芒往元蒴，渡一隻，原承餉銀七錢五分。』白芒究何取義，今未能悉。然宋時稱溽洲爲一望，溽洲以北，有二望與三望，皆爲設戍以望海舶者。若以聲音與地名演變之關係言之，則白芒殆爲『北望』之音轉。近人江瀣生君作屯門考（文見民國三十六年七月三十一日星島日報香港史地第九期），謂一望當在萬山羣島一帶，二望當在大嶼山島內，三望當在屯門灣內，殆近似焉。

〔註19〕**北宋蔣之奇之杯渡山詩**　前此關於屯門故實諸詩篇，雖前有韓愈贈別元十八協律第六首之峭拔，後有近人陳伯陶瓜廬詩賸所載詠屯門青山石刻高山第一長歌之剛勁，然以史學之立場言之，則不及北宋蔣之奇杯渡山詩并序之淵實，其詩云：『吾聞杯度師，嘗來交廣間。至今東莞縣，猶有杯渡山。玆山在屯門，相望黃木灣。往昔韓潮州，賦詩狀險艱。颶風眞可畏，波浪沒峯巒。僞劉思營軍，攘摽防蜑蠻。鐫碑封瑞應，蘚痕半爛斑。南邦及福地，達摩初結緣。靈機契震旦，乘航下西天。長江一葦過，葱嶠隻履還。度也益復奇，一杯當乘船。大風忽怒作，滾滾驚濤掀。須臾到彼岸，疊足自安然。擲杯入青雲，不見六百年。安得荷蘆圖，相從救急患？累足巨浪側，眞風杳難攀。鯨波豈小患，浮游如等閑。仰止行道人，不辭行路難。』

〔註20〕**明初衛所制度下屯門之僅設墩臺**　明洪武初，朱亮祖平定廣東，太祖乃命建置衛所，分佈內地諸要害。洪武十七年（西元一三八四年），廣東指揮花茂上言，復設沿海諸衛所，並分築墩臺，屯種荒地。今日寶安縣境，則南頭有東莞守禦所，大鵬灣有大鵬守禦所，均隸南海衛。屯門界二所之間，乃設爲墩臺，寖且改爲汛房，以資分守。詳見王崇熙纂新安縣志卷十一經政略四，及卷二十二藝文志所載明尹瑾敷陳海防要務

疏。自是屯門之軍事地位，爲南頭所代替，而寖見低落。

〔註21〕**葡萄牙史家所記葡人首至之達馬柯(Tamao)即爲屯門說** 葡人始達廣東之年代，及其始至之地址，據葡人所記爲始於西元一五一四年，即明武宗正德九年，其地址爲達馬柯(Tamao)。據王崇熙纂新安縣志卷十三防省志，則謂：『正德十一年（西元一五一六年），番彝佛郎機入寇屯門海澳。』時間較後二年，地址則爲屯門。達馬柯與屯門音讀至近，自是同指一地。至所述時間，所以較後二年者，乃一則自述始至之年，一則記述獲得報告之年，抵達在先，而報告在後，故時間微異，非相違也。張亮丞先生（星烺）中西交通史料滙篇第二冊，曾將葡萄牙史家巴羅斯(J.de Bavros)，關於葡人始至廣東之記載，譯爲中文，而將達馬柯（Tamao）譯爲大門島。按廣東沿海無大門島名稱，張氏當日殆爲依音直譯，而未曾勘合原有地名也。

〔註22〕**葡人初據屯門悉力經營之史實** 王崇熙纂新安縣志卷二十三藝文志二，載明陳文輔撰都憲汪公遺愛祠記，謂：『瀕海之患，莫東莞爲最，海之關隘，實在屯門澳口，而南頭則切近之。……近於正德改元，忽有不隸貢數，號爲佛郎機者，與諸狡猾，湊雜屯門葵涌等處海澳，設立營寨，大造火銃，爲攻戰具。占據海島，殺人搶船，勢甚猖獗。虎視海隅，志在呑併，圖形立石，管轄諸番。』觀此，可知當日葡人經營屯門之積極。

〔註23〕**葡使者皮利司**（Thomas Pirez）**經屯門至廣州之史實** 據張亮丞先生中西交通史料滙篇第二冊，所譯葡萄牙史家巴羅斯(J.de Bavros)記載，謂馬六甲總督，『決意再遣安達拉往中國。船上滿載胡椒，於一千

五百十七年(正德十二年)六月十七日啓碇。同行者有皮利司(Thomas Pirez)，以葡萄牙國王大使名義，往聘中國。皮利司素充藥劑師，然爲人敏捷，善於應對，使當外交，折衝樽俎，頗爲相宜。八月十五日，抵大門島(按卽屯門)，距中國陸地尚有三海里。外國商船往廣東者，皆須寄舶於此。……葡人欲往廣東，中國官吏不許，安達拉强駛入內河，放礮舉敬禮。抵廣東後，國使皮利司與隨員登陸。中國人接待頗優，擇安寓以舍之。葡人所載貨物，皆轉運上陸，妥爲貯藏。』觀此，可知葡人初經屯門以達廣州之情況。

〔註24〕**葡人西眇**(Simao d' Andrade)**在屯門等地之暴行**　據張氏所譯葡萄牙史家巴羅斯記載，謂西元一千五百十八年(原文誤爲一五一五年)八月，馬六甲總督遣西眇至大門島(卽屯門)代其兄達拉。『西眇統率葡人，起壕障，虐待大門島土人，故中國人當初對葡人之美意，至是變爲惡意。』可知西眇之虐待屯門居民，卽葡人本身，亦承認者。又張維華君明史佛郎機呂宋和蘭意大利亞四傳釋註，嘗引伊占斯特氏(Ijungsted)葡人在中國之居留地(The Portuguese settlements in China)，亦謂『西眇於一五一八年(正德十三年)，駕一大舶，及三小艇至屯門港。此人秉性貪暴，所在刼奪財貨，掠買子女。幷於此建築堡壘，以示有據此島之意。有一水手，偶觸其怒，遽置之死。此種惡行，深爲中國官吏所痛恨。一五二一年(正德十六年)，遂遣兵驅逐之，Simao d' Andrade乘間遁走。』觀此，可知新安縣志所載明陳文輔撰都憲汪公遺愛祠記所述當日西眇等暴行，亦實錄也。

〔註25〕**屯門區諸村落與屯門新墟**　屯門雖爲唐宋時濱海之交通要地，明時且嘗一度爲葡萄牙人所佔據，然舊日建築，至淸初殆已蕩然無存。其村落之見於王崇熙纂新安縣志卷二輿地畧都里者，亦僅屯門村靑磚村，與掃

管鬱（今書作笏）等村而已。今此區聚落，除泥圍村，順豐圍，藍地，麒麟圍，良田，何田，桃園圍，楊小坑，青山脚，新慶，虎地，屯門新村等外，尚有屯門新墟一所，雖其貿易，或不甚鉅，然要爲新界新興市鎭之一。而青山北麓及山腰之禪院，及私家佛堂道堂與別墅等，亦日以擴充。較之明末清初，已繁盛多矣。特惜屯門新墟之緣起，迄今未有詳實記錄耳。

〔註26〕**杯渡寺卽今青山禪院之重建緣起**　青山北腰，雖舊有杯渡菴或稱杯渡寺之建置，然久已廢圮。至民國七年（西元一九二八年），有陳春亭居士，始爲重建。陳氏原籍福建漳浦，初至香港，經營實業，惟深信佛法，始設齋堂於九龍等地，旋以青山幽邃，乃移居其地，並赴浙江寧波觀宗寺，受戒於天台宗諦閑禪師，法號顯奇。返港後，卽立志重建青山禪院。其時，舊遺建築，僅餘小屋一間，卽所謂青雲觀也。顯奇與張純白居士，悉力經營，募緣興建，遂有今日所見之大雄寶殿，地藏菩薩殿，青雲觀，海月亭，方丈室，居士林，觀音閣，藏經閣，山門，牌坊等建築。事蹟畧見林大魁撰青山禪院大觀。惟林氏編撰是書時，於屯門及杯度禪師等史實，亦鮮所考證，僅於重建後情況，畧加提述耳。安得有心人爲別撰青山志乎！

〔註27〕**港督金文泰**（Sir Cecil Clemente）**之遊覽青山**　歷屆港督曾遊覽青山者，以金文泰氏爲最著。今日青山峯頂，有韓陵片石亭，亭北豎立一碑，刻今人馮秉華君於民國十六年（西元一九二七年）所作青山遊記。時馮君適肄業香港大學，研習中文，嘗隨港督，二遊青山，故爲是記。其畧云：『金文泰制軍來鎭香港，朞月卽已海波恬息，境土艾安，政清民和。治理休暇，乃思娛情山水，聯歡上下。丁卯（按爲民國十六年）六月，華隨侍車蓋，遊涉青山，憩于曹氏（按卽曹受培氏）之晴雪廬。……制軍乃降尊紆貴，畧分言懽，

官商雜遝，言笑喧闐，說餅品茶，浮瓜沉李，意甚樂之。乃訂重遊，期躋絕頂。越明年，春三月，乃偕其夫人公子，復涖茲山。華亦得隨鞭鐙，攀巖越谷，造極登峯。……摩挲昌黎第一高山石刻，知山為此邦之名勝，羣峯之領袖，一覽衆山，皆出其下也。華兩侍清塵，追陪遊衍，知制軍樂易心胸，得此山之游而愈拓；此山崇閎體勢，得制軍之游而益彰。……爰為文以紀其盛。』特惜『高山第一』舊刻，實非昌黎原書，韓陵片石亭，或名實未符耳。

民國四十五年十二月十八日，羅香林初稿。

廿二史劄記考證序言

杜維運

四十年冬，予侍　福山牟潤孫師講席，師命予讀陽湖趙甌北先生廿二史劄記與陔餘叢考。予讀之既竟，覺二書多有相重複牴牾者，稽諸原書，則又叢考是而劄記非，爲之詫異不已。二書既出一人之手，何故而至若是，且劄記之刻，在叢考後，何故叢考是而劄記非耶？還以所疑質之於　潤孫師，師曰：「甌北先生廿二史劄記，深得屬辭比事之旨，爲淸代史學名著。然其引書多誤，苟能檢覈原書，爲之糾謬發覆，既便於人，且有助於讀史。至於劄記原稿，李慈銘雖有趙氏購自某老儒之說，而無確證，其書與叢考之關係，究竟何若，尚有待於詳考。」予聆斯言，卽不揣棉薄，以考證劄記之工作自任，潤孫師亦力勉予爲之。以予讀書於臺大外文系，未克專注於斯。四十一年暑假中，友朋多邀南遊，予皆一一婉謝，留居精舍，杜門不出，取諸史參互考證之，燈火熒熒，每至夜分，歷時兩月餘，未嘗稍輟。雖溽暑蒸人，不無倦怠，而嗜好所趨，久而彌甘，轉不覺其苦。至暑假之末，所考證者，已及全書之半。而予讀書之興趣，亦移注於史，乃轉學於歷史系焉。開學後，復牽於校課，輟筆幾一年，師友有聞知者，常詢余脫稿之期，輒赧然無以應。每課餘自思，深恐貽淺嘗之譏。四十二年暑假伊始，重理舊稿，賡續前業，至八月之末，始克蕆事。凡劄記所引用者，皆尋檢原書，以相印證。其與原書乖異者，則訂正之，條記別紙；其須旁徵博考者，則窮日夜之力以赴，必究其原，釋其疑而後已。至於劄記中行文與原書有出入，而不乖原意者則置之。於是得四百條，彙爲一編，名曰「廿二史劄記考證。」

居嘗思之，著史非易事也，文章、考證、識見，缺一不可。以文章論，廿二史劄記於諸史之撰述源流，以及歷代治亂興亡大端，皆能就諸史原文，擷精取華，刪繁就簡，爲有條理之叙述，而非蕪雜抄撮之作。在乾嘉考據學盛行之時，能有如此之史學著作，自有足多者。梁任公先生清代學術概論曾評之云：「乾嘉以還，考證學統一學界，其洪波自不得不及於史，則有趙翼之廿二史箚記，王鳴盛之十七史商榷，錢大昕之廿二史考異，洪頤煊之諸史考異，皆汲其流。四書體例略同，其職志皆在考證史蹟，訂譌正謬。惟趙書於每代之後，常有多條臚列史中故實，用歸納法比較研究，以觀盛衰治亂之原，此其特長也。」梁氏斯言，至爲允當。以廿二史箚記與廿二史考異十七史商榷相較，在歸納史實之工作上言，廿二史箚記誠居上乘，亦可謂爲當時治史學者闢一新途徑。錢氏考異，於歷代地理官制氏族諸端，考訂雖精，顧其書無通論某一時代治亂盛衰之專條。箚記則能綜合諸多史實，以說明某一時期之某一現象，其體頗似記事本末，而論題則較袁氏廣泛。考異商榷二書，在此一點上自不能及。惟箚記以考證論，則不無可議，以舉證之踳謬，致影響其結論之正確性者，正復不少。甚矣著書之難也！其所以致此，自有其內在之原因。予爲箚記考證，至新舊唐書，覺其誤謬處，若隱隱然有一規例可尋，凡後之誤謬，幾皆可以前之誤謬類推。其誤謬發生之情況與原因，前後若合符節，以致同類之錯誤，皆屢見不一見。予擬別作釋例一文，歸納考證所得，求其致誤之通則，庶可發人深省，以供執筆者之鑑誡歟？今謹綜其誤謬之大者言之：

一曰由未細稽原文而誤也。箚記之誤，由未細稽原文引起者，十之六七。或緣忽視數行，情況驟異。草魏晉紀傳者，華嶠子華暢也，而箚記卷七「晉書」條云：「華嶠草魏晉紀傳」。遺魏收金請爲爾朱榮作佳傳者，榮子文略也，而箚記卷十三「爾朱榮傳」條云：「榮子文暢遺收金」。此由未細讀華嶠爾朱榮傳而誤也；後漢書左雄周舉二人同卷，雄傳在舉傳前，疏言宦豎皆虛以形勢，咸奪良家婦女閉之，白首而無配偶者，舉也，事見舉傳，而箚記卷五「宦官之害民」條則謂爲雄所疏，且云事見雄傳，此以舉傳而誤爲雄傳也。明史周冕趙錦二人同卷，冕傳在錦傳前，彈劾嚴嵩，謂邊臣失事，納賕於嵩，無功可受賞，有罪可不誅，文武大臣之贈謚，遲速予奪，一視賂之厚薄者，錦也，事見錦傳，而劄記卷三十五「明代宦官」條則謂爲冕所劾，此以錦傳而誤爲冕傳也。此皆以未細讀二傳，略視數行，遂誤後傳爲前傳也。其尤甚者，劄記卷十一「梁南二史岐互處」條云：「王僧孺傳，梁書載其爲南康王長史時，被典籤中傷去職，奉辭王府一箋，凡千餘字。案箋內有云『去矣何生，高樹芳烈』之語，既辭王府，何以獨稱何生，殊不可解。南史雖刪此文，而謂僧孺將去，有友人何烱，猶在王府，僧孺與烱書以見意，然後何生句始明，蓋別何烱書，非辭王府箋也。此又可見南史詳細處。」按梁書僧孺傳所載僧孺奉辭王府箋僅二百三十六字，接云僧孺坐免官，久之不調，友人盧江何烱，猶爲王府記室，乃致書於烱以見其意。其書長千餘字，內卽有『去矣何生，高樹芳烈』之語，是僧孺此語，固係別何烱，非辭王府。甌北先生蓋未覩奉辭王府箋與別何烱書中間數語，遂致視別何烱書爲奉辭王府箋。一瞬之差，面貌全非，可勝道哉！此皆未細稽原文之誤也。

二曰由刪節原文不愼而誤也。廿二史劄記固以刪繁就簡見長，然由於刪節不愼，致乖原義之處，亦復不少。晉書限斷，晉武帝時曾議立之，于時議論紛紜，依違未有所決。惠帝立，更使議之，始克決定，此晉書賈謐傳所載也。而劄記卷七「晉書」條云：「武帝時議立晉書限斷，荀勖謂宜以魏正始起年，王瓚欲引嘉平以下朝臣，盡入於晉，賈謐請以泰始爲斷。事下尚書議，張華等謂宜用正始，從之。（賈謐傳。）」刪却「惠帝立更使議之」七字，則惠帝時事，爲武帝時事矣。梁書邵陵王綸傳，載中大通元年綸爲丹陽尹，四年爲侍中宣惠將軍揚州刺史，侵漁細民，爲何智通所奏。而劄記卷十一「梁南二史岐互處」條云：「邵陵王綸傳，梁書載其少年爲丹陽尹時，侵漁細民，爲少府丞何智通所奏。」刪却「四年爲侍中宣惠將軍揚州刺史」十三字，則爲揚州刺史時，移至爲丹陽尹時矣。似此類者，不一而足。要之皆由刪節不愼而誤。一時不愼，牽動數字，以致原貌盡變，史實隨以竄亂，此刪節之宜謹愼也。

三曰由望文生意，未曾參稽原文而誤也。唐人修史，避祖諱之法有三，如虎字淵字或前人名有同之者，有字則稱其字；否則竟刪去其所犯之字；否則以文義改易其字，如李叔虎稱李叔彪，殷淵源稱殷深源。而劄記卷八「唐人避諱之法」條於以文義改易其字之例，又增陶淵明稱陶泉明一例。按晉書陶潛傳開首云：「陶潛字元亮，」以後通篇稱潛；南史陶潛傳開首云：「陶潛字淵明，或云深明，字元亮。」以後通篇亦稱潛。偏檢唐人所修晉書南史二書，未有稱淵明爲泉明者。此必由望文生意，由淵而悟及泉，遂視爲當然耳。卷六「三國志誤處」條云：「吳志孫壹傳，孫綝遣朱異潛兵襲壹，壹奔魏，魏以爲車騎將軍，封吳侯，以故主齊王芳貴人邢氏妻之，魏黃初三年死。案黃初係魏文帝年號，文帝至齊王芳被廢，已二十餘年，何得妻芳妃，後又死於黃初也。魏志壹之來降，在高貴鄉公甘露二年，則其死當在景元咸熙間。今日黃初三年死，亦必誤也。」按謂孫壹死於魏黃初三年固誤，謂其死當在景元咸熙間亦誤。魏志高貴鄉公紀云：「甘露四年十一月癸卯車騎將軍孫壹爲婢所殺。」是壹乃死於甘露四年，謂其死當在景元咸熙間，蓋望文而臆測，固未曾參稽原文也。

四曰由以部分概括全體而誤也。張宗東漢初年人，法雄東漢安帝時人，而劄記卷四「後漢書編次訂正」條云：「張宗法雄國初人。」此以張宗概括法雄也；有唐武宗、宣宗、懿宗、僖宗、昭宗諸帝，皆宦官所立，新唐書本紀明書之，舊書本紀不書，此舊書本紀之迴護也。至於穆宗、敬宗、文宗之立，舊書與新書所書無異，未嘗曲爲廻護。而劄記卷十六「舊唐書前半全用實錄國史舊本」條云：「穆宗以下諸帝，皆宦官所立，而本紀絕不書。凡故君紀內，必先書遺詔，以某嗣位，而於新君紀內，卽書某月日柩前卽位，一似授受得其正，皆先帝彌留時所定，而宦官無與者。此本紀之廻護也。」此以舊唐書武、宣、懿、僖、昭諸帝之書法，概括穆、敬、文諸帝之書法也。劄記此類錯誤，屢見不鮮。蓋由部分實況與部分發生之現象，擴而充之，以爲可以包涵一切，概括全體，無往而不符合，遂至類推其他，而未作整個之參證。不知天下之現象，林林總總，錯綜龐雜，非可以同一之規律解釋，亦不可以同一之現象說明。今斷然類推而概括之，此誤謬之所以不能免也。此邏輯學上以部分概括全體之誤謬也。

以上所云，皆其犖犖之大者，其他瑣細之錯誤，更僕難數。甌北先生旣誤於前，後之追隨甌北先生而誤者，尤不知凡幾。沈家本古書目第一編三國志注所引書目序云：「裴松之三國志注纂於宋元嘉中，古書目之可考者，此爲最古矣。張氏書目答問言其目載在趙翼廿二史劄記中，乃檢劄記所列僅五十餘種，遺漏實多，而舛錯亦不少。」按劄記所列裴松之所引書目，實共百五十種，劄記於其所列書目前，敘云共五十餘種，此劄記之誤也，沈氏古書目共列三國志注所引書目二百一十家，且於劄記所引者，多所批評是正，其於劄記書目，固覩之審矣，乃仍不能辨劄記所舉者實百五十種，而爲「五十餘種」一語所欺，其他偶一翻檢者流，又烏能辨正之耶?!淺學如予，妄事考證，自知冒蚍蜉撼樹之譏。然錢竹汀先生廿二史考異序云：『史非一家之書，實千載之書，袪其疑乃能堅其信，指其瑕益以見其美。』則予斯作，其亦不可廢乎？

以上皆考證之疏也。至以史識而論，劄記可議者又有數端：

夫史之與巫，其始固有不可分離之關係。左丘明傳春秋，好言神怪巫卜之事，古史所載如此，左氏從而錄之，可原諒也；李延壽作南北史，凡瑣言碎事，荒誕可喜之蹟，無不補綴入卷，南北朝人習尙如此，李氏採之入史，亦可原諒也。乃甌北先生著史於淸代，亦好言之，甚且信以爲眞。「誦經獲報」條既將誦經獲報之怪事奇聞，一一述之矣，復於其末云：「此皆載於正史，未必盡誣。蓋一敎之興，能聳動天下後世者，其始亦必有異人異術，神奇靈驗，如佛圖澄、鳩摩羅什之類，能使人主信之，士大夫亦趨之，是以震耀遍天下，而流布於無窮。不然，則何以起人皈依也。然則史所記誦經獲報諸事，或當時實有之，非盡誣也。」此種史實見於史書，爲保存當時人信仰與傳說，猶可說也。此種思想之見於史學論著中，且篤信之，則誠史學界之奇談。此其可議者一也。

劄記小引云：「間有稗乘脞說，與正史岐互者，不敢遽詫爲得間之奇。蓋一代修史時，此等記載，無不蒐入史局，其所棄而不取者，必有難以徵信之處。今或反據以駁正史之訛，不免貽譏有識。」（亦見卷廿九「元史」條。）此論古特識，固不可及。然著史考史，皆貴參互徵引，如能多方蒐集資料，反覆考證，以補正史之不足，亦要圖也。錢竹汀先生著廿二史考異，即曾致力於斯，於正史多所是正，其精密處，卓絕千古。乃劄記卷六「裴松之三國志註」條云：「范蔚宗作後漢書時，想松之所引各書，尙俱在世，故有補壽志所不載者。今各書間有流傳，已不及十之一。壽及松之蔚宗等，當時已皆閱過，其不取者必自有說。今轉欲據此偶然流傳之一二本，以駮壽等之書，多見其不知量也。」錢氏廿二史考異成書於乾隆四十七年（一七八二），趙氏廿二史劄記刊行於嘉慶五年（一八〇〇），趙氏劄記此說，蓋對錢氏考異而發。然史非一家之書，更非一人所能盡，承祚及松之蔚宗當時所取者，未必皆是，其所不取者，未必皆非。不然，承祚書既出，裴松之何貴乎再作註耶？范蔚宗又何貴乎再補承祚志之不足耶？温公作通鑑，亦多參用小說。正史以外，徵引他書，以相發明，固無不可。今乃一再强調，斥爲不自量之舉，殊爲偏見矣。此其可議者二也。

箚記卷一「史記編次」條云：「史記列傳次序，蓋成一篇，卽編入一篇，不待撰成全書後，重爲排比，故李廣傳後，忽列匈奴傳，下又列衞青霍去病傳，朝臣與外夷相次，已屬不倫。然此猶曰諸臣事皆與匈奴相涉也。公孫宏傳後，忽列南越、東越、朝鮮、西南夷等傳，下又列司馬相如傳，相如之下，又列淮南衡山王傳。循吏後，忽列汲黯、鄭當時傳，儒林酷吏後，又忽入大宛傳。其次第皆無意義，可知其隨得隨編也。」此不知史公著述體例之言也。史公之書，固以事爲主，非如後世之史，以人爲主。李廣傳後列匈奴傳，下又列衞青霍去病傳者，以李廣衞霍伐匈奴，其事與匈奴相涉，（漢書司馬遷傳所述史記列傳次第，匈奴傳在南越諸傳之前，弘偃傳之後，未知與史記孰是）衞霍傳後，列公孫弘，主父偃傳，弘偃傳後，列南越、東越、朝鮮、西南夷等傳，以公孫弘主罷西南夷，主父偃諫伐匈奴，所以見當時朝臣對邊事之意見，而開發蠻夷，皆武帝時事，斯數人又皆武帝時臣也，西南夷等傳後，列司馬相如傳，非以相如通西南夷歟；相如傳後，列淮南衡山王傳者，以淮南衡山，不務遵藩臣職，以承輔天子，而專挾邪僻之計謀爲畔逆，後世所謂叛臣傳也，循吏傳後，列汲黯鄭當時傳，蓋以二人之賢，有愈於循吏。史公列傳編次次第，固無一無意義者，而箚記乃云隨得隨編，皆無意義。此其可議者三也。

作史貴明大義，而箚記竟有「元初用兵多有天助」一條，此不惟怪誕，抑且昧於夷夏之防，無民族意識。以視顧寧人王船山諸先生，固不可同日而語。此其可議者四也。

雖然，廿二史箚記一書，其佳處正復不少，足以助人讀史，予人以啓發，豈遽可廢？斯編之作，竊居趙氏僕役之列，供校訂之役，且願由此略窺廿二史涯涘，以爲讀史之肇端。不然者，予年尚少，正宜上法古人，下師當代，乃反以指摘前賢爲事耶？小疵既去，大醇益顯，劄記得考證而功用益彰，甌北先生有知，必當莞爾樂許之也！

斯編既成，承　李玄伯師推薦，獲中央研究院獎金，曷勝慚感，謹此致謝。

凡例：

一、本書所引史文悉以清武英殿本廿四史爲準。

二、廿二史劄記頗多傳本，本書則用湛貽堂原刻本。

三、著者以殿本正史詳校劄記，知趙氏多據殿本，間亦有用汲古閣本者。

四、著者學識譾陋，茲編倉卒成書，缺謬當在不免，博雅君子，尚希敎正。

廿二史劄記考證

杜維運

一

卷一「司馬遷作史年歲」條云：

「遷爲太史令，卽編纂史事，五年爲太初元年，則初爲太史令時，乃元封二年也。元封二年至天漢二年遭李陵之禍已十年。」

按遷遭李陵之禍，乃天漢三年，非天漢二年。史記太史公自序云：「……於是論次其文，七年而太史公遭李陵之禍。」遷父卒三歲爲太史令，紬史記石室金匱之書，五年而當太初元年，卽遷論次其文之年，自太初元年至天漢三年，乃七年也。故徐廣注曰：「天漢三年。」李陵降匈奴爲天漢二年，劄記蓋以李陵降匈奴之年，爲遷遭禍之年耳。

二

同條云：

「李延壽作南北史凡十七年。」

按北史李延壽序傳作十六年。

三

「各史例目異同」條云：

「後漢書立皇后紀，蓋仿史漢呂后紀之例。」

按晉書華嶠傳，嶠作漢後書九十七卷，有帝紀十二卷，皇后紀二卷。嶠以皇后配天作合，前史作外戚傳以繼末編，非其義也，故改皇后紀次帝紀之下。范蔚宗作後漢書特因而不改。然則范書皇后紀之立，蓋仿自嶠書也。

四

「褚少孫補史記不止十篇」條云：

「十篇之外，尚有少孫增入者，如外戚世家，增尹、邢二夫人相避不相見。」

按史記外戚世家云：「尹夫人與邢夫人同時並幸，有詔不得相見。」是尹、邢二夫人，乃有詔不得相見，非相避也。不然，何以外戚世家又謂尹夫人自請武帝，願望見邢夫人耶？

五

同條云：

「按史公自敍，十二本紀、八書、三十世家、七十列傳，共百三十篇。」

按此處脫十表二字。

六

同條謂武帝紀爲褚少孫所補，又云：

「今史記內，各有褚先生曰以別之，其無褚先生曰者，則于正文之下，另空一字以爲識別，此少孫所補，顯然可見者也。」

此有可議者數端焉：

褚少孫所補，既有褚先生曰以別之矣，則其無褚先生曰者，自不能確定必爲褚少孫所補。今謂凡正文之下，另空一字以爲識別之處，皆少孫所補，未審所據。此可議者一也。

既同爲褚少孫所補，何以忽有褚先生曰，又忽無之，此可議者二也。

司馬相如傳贊，預引揚雄語，揚雄乃哀、平、王莽時人，此必後人所竄入，而斷非元成間少孫所補也。後人既能竄入司馬相如傳贊，何以不能竄入武帝紀？又何以不能竄入他處？此可議者三也。

漢書司馬遷傳云：「十篇缺有錄無書」。但未載所缺者爲何十篇，更未說明爲何人所補。張晏曰：「遷亡之後，亡景紀、武紀、禮書、樂書、兵書、漢興以來將相年表、日者列傳、三王世家、龜策列傳、傅靳列傳。元成之間，褚先生補缺，作武帝紀三王世家龜策日者傳，言辭鄙陋，非遷本意也。」是張晏認爲少孫所補者乃武帝紀三王世家龜策日者列傳四篇，其他史記所缺者，亦未敢確定爲誰所補。今日皆褚少孫所補，此可議者四也。

七

「史記變體」條云：

「張良傳以諸將未定封，上急趣丞相御史定功行封。」

按張良傳三字應作留侯世家，史記中固無張良傳也。不然，張良傳三字前亦應冠漢書二字，然以上所述，皆史記事，今忽云張良傳，則其誤指史記留侯世家爲張良傳無疑。

八

「漢王父母妻子」條云：

「孝惠帝尙有庶兄肥，後封魯爲悼惠王。」

按悼惠王劉肥封於齊，非封魯。史記齊悼王世家云：「齊悼惠王劉肥者，高祖長庶男也。……高祖六年，立肥爲齊王，食七十城。……齊王孝惠帝兄也。」今云封魯誤。

九

「史記自相岐互處」條云：

「史記田儋傳，項梁趣齊進兵，共擊章邯，儋欲楚殺田假，然後出兵。」

按史記田儋傳，欲楚殺田假者，乃田榮非田儋也。是時儋巳死於將兵救趙之役，史記項羽紀，漢書項羽傳、田儋傳，均作田榮。

一〇

「史漢不同處」條云：

「韓信擊魏豹，史記在漢三年，漢書在二年。」

按史記高祖紀，在漢三年，淮陰侯傳在二年，魏豹傳未著年月，徐廣注曰二年九月。

一一

同條云：

「諸侯會垓下，史記在漢四年，漢書在五年。」

按史記高祖紀在漢四年，項羽紀在五年。

一二

同條云：

「史記項羽立田都爲齊王，田榮怒，乃殺都自立爲齊王。漢書謂榮攻都，都走降楚。」

按史記項羽紀，田榮所殺者，乃田市，非田都。羽紀稱：「田榮聞項羽徙齊王市膠東，而立齊將田都爲齊王，乃大怒，不肯遣齊王之膠東，因以齊反，迎擊田都，田都走楚，齊王市畏項王，乃亡之膠東就國。田榮怒，追擊殺之卽墨，榮因自立爲齊王。」據此則都已走降楚，與漢書所載無異。史記田儋傳亦同。徧檢史漢，固無田榮殺田都之說。

一三

同條又謂漢書循吏傳所載文翁、王成、王霸、朱邑、龔遂、召信臣皆漢人。按漢書循吏傳，王霸應作黃霸。

一四

「史漢互有得失」條云：

「七國反時，史記謂膠西王聽吳王計，約同反，遂發使約齊、臨菑、膠東、濟南、濟北，皆許諾。」

按史記吳王濞傳，是時隨吳膠西反者，乃齊、菑川、膠東、濟南、濟北諸國。漢書吳王濞傳雖無濟北，其他各國皆相同，未嘗有臨菑也。此條又云：「按齊孝王傳，是時孝王狐疑不同反，尋被臨菑等三國圍急。」此更謬。此時發兵圍齊者，乃膠西菑川濟南三國，何與於臨菑？臨菑爲齊都，非一國，三國所圍者正爲臨菑。

一五

卷二「漢書移置史記文」條云：

「韓信從至漢中，不見用亡走，蕭何自追之，薦於漢王，遂拜大將。史記在信傳內，漢書已詳其事於高紀，故信傳不復敍。」

按此事雖敍於漢書高帝紀，而漢書信傳對此事敍述更詳，與史記信傳同，不得謂爲不復敍也。

一六

同條云：

「盧綰反，高祖親擊邯鄲，即用趙人爲將。史記詳於綰傳，漢書入高紀，故綰傳不載。」

按史記盧綰傳，漢十二年，高祖使樊噲擊燕王盧綰，燕王綰悉將其宮人家屬騎數千居長城下候伺，幸上病愈自入謝。則將兵擊盧綰者，乃樊噲，非高祖。是時盧綰方幸高祖病愈入謝，則高祖是時適病，其不能將兵擊綰明甚。同年四月，高祖即崩。史記高祖紀與漢書高祖紀同，不容置疑。邯鄲爲趙地，盧綰爲燕王，高祖果親征盧綰，寧有擊趙邯鄲之理？盧綰傳云：「漢十一年秋，陳豨反代地，高祖如邯鄲，擊豨兵，燕王綰亦擊其東北。」是高祖之親征邯鄲，在陳豨反時，時燕王綰方助高祖擊陳豨，並未反也。

又此事綰傳亦詳載之。謂「綰傳不載」亦非。

一七

同條云：

「淮南王安與吳被謀反，被先諫之，繼又爲畫策，其文甚麗。史記載入淮南王世家內。」

按世家，當作列傳。

一八

「漢書增事蹟」條云：

「淮南王安好文學及神仙之事，其始固賢王也。史記世家開首卽敍其以父厲王死，怨望欲叛，初不述其賢行。」

按上條，世家字當作列傳。

一九

同條云：

「王陵傳，史記，呂后欲王諸呂，問陵，陵曰不可。問陳平，平曰可。」

按史記無王陵傳，此事見史記陳丞相世家。

二〇

同條云：

「淮南王安好文學及神仙之事，其始固賢王也。史記世家開首卽叙其以父厲王死，怨望欲叛，初不述其賢行。幷其諫伐南粤一書最可傳者，亦但載入嚴助傳，而安世家內不載。」

按嚴助傳僅見於漢書，載淮南王安諫伐南粤書者，漢書嚴助傳也。

二一

「武帝年號係元狩以後追建」條云：

「景帝即位之七年，改明年爲中元元年，又以中元五年，改明年爲後元年。」

按史記漢書景帝紀，均爲中元六年始改明年爲後元年。

二二

「漢儒言災異」條云：

「翼奉以成帝獨親異姓之臣，爲陰氣太甚，極陰生陽，恐反有火災。未幾，孝武園白鶴館火。（奉傳）」

按漢書翼奉傳，奉乃元帝時博士諫大夫，其諫獨親異姓之臣，恐致火災，在元帝時，非成帝時也。元帝紀云：「初元三年夏四月乙未晦茂陵(孝武)白鶴館災。」是白鶴館災在元帝初元三年，則翼奉之進諫，不在成帝時明矣。且白鶴館火後，奉自以爲中，復上疏曰：「……（漢）有天下雖未久，至於陛下，八世九主矣。」自高祖至元帝，中經惠、文、景、武、昭、宣、共八世，呂后雖不得爲世，但可爲主，故稱「八世九主」。若奉上疏於成帝時，則應曰九世十主矣。

二三

「漢時以經義斷事」條云：

「宣帝時，有一男子詣闕，自稱衞太子。」

按雋不疑傳：「始元五年，有一男子乘黃犢車，建黃旐，衣黃襜褕，著黃冒，詣北闕，自稱衞太子。」始元爲昭帝年號，則此爲昭帝時事，非宣帝時事也。證之昭帝紀亦同。

二四

「賢良方正茂材直言多舉現任官」條云：

「朱雲舉方正時，已爲槐里令。」

按漢書朱雲傳云：「……繇是（折五鹿君）爲博士，遷杜陵令，坐故縱亡命，會赦，舉方正，爲槐里令。」是朱雲爲槐里令，乃在舉方正之後，其舉方正之前，蓋曾爲杜陵令耳。

二五

「漢時諸王國各自紀年」條云：

「楚元王傳，元王子戊二十一年，景帝之三年也。」

按史記楚元王世家云：「高祖六年，已擒楚王韓信於陳，乃以弟交（元王名）爲楚王，都彭城，即位二十三年卒。子夷王郢立（漢書名郢客）。夷王四年卒，子王戊立。」漢書楚元王傳亦云：「元王立二十三年薨，太子辟非先卒，文帝乃以宗正上邳侯郢客嗣，是爲夷王，……立四年薨，子戊嗣。」由是觀之，戊非元王子，乃元王孫也。元王子乃夷王郢客，夷王郢客子則戊耳。漢書世系表與此同。

二六

同條云：

「梁孝王傳，梁共王三年，景帝崩。是轉以侯國歲年，記天子之事矣。漢書亦同。」

按此見史記梁孝王世家，漢書梁孝王傳無此記載。

二七

「三老孝悌力田皆鄉官名」條云：

「文帝賜三老及孝者帛，人五匹，弟及力田人一匹。」

按漢書文帝紀作弟及力田人二匹。

二八

「上書召見」條云：

「東方朔上書，自言年十三學書，十五學劍，十六學詩書，誦二十二萬言。十九學孫吳，亦誦二十二萬言。今年二十三，……」

按漢書東方朔傳作今年二十二。

二九

「漢武用將」條云：

「張騫傳，自騫開外國道，致尊貴，吏士爭上書，言外國利害。天子爲其絕遠，輒予節募吏民，無問所從來，爲備人衆遣之，或道中被侵盜，失物及失指。」

云道中被侵盜失物，似是募民出使吏士，被侵盜矣。按漢書張騫傳云：「吏士爭上書，言外國奇怪利害求使。天子爲其絕遠，非人所樂，聽其言，予節募吏民，無問所從來，爲備衆遣之，以廣其道。來還，不能無侵盜幣物，及使失指。」則侵盜幣物者，乃募民出使吏士，非其人被盜也。

三〇

同條云：

「公孫敖亡七千人，趙食其迷失道，樓船將軍楊僕擊朝鮮，坐兵至列口，不待左將軍，以致失亡多，皆當斬，皆許贖爲庶人。後皆重詔起用，使之立功。」

按漢書僕傳，僕被贖爲庶人後，不久卽病死，未有重詔起用之記載。

三一

「與蘇武同出使者」條謂前副光祿任忠使西域，爲匈奴所遮，戰死。按漢書匈奴傳，任忠作王忠。

三二

同條云：

「趙破奴以浚稽將軍與匈奴戰，爲所得，在匈奴中十年，與其子定國逃歸。」

按史記漢書破奴傳，均作復與其太子安國亡入漢，非其子也，亦不名定國。

三三

卷三「呂武不當並稱」條云：

「趙王友妃呂產女，梁王（恢）妃亦諸呂女。」

按漢書高五王傳云：「友（趙王）以諸呂女爲后。」又云：「太后以呂產女爲趙王后。（趙王卽梁王恢，梁王彭越誅，恢立爲梁王。趙幽王死，呂后徙恢王趙。）」是以呂產女爲妃者乃梁王恢，以諸呂女爲妃者乃趙王友。

三四

「漢初妃后多出微賤」條云：

「武帝母王太后，先嫁爲金王孫婦。后母臧兒，卜此女當大貴，乃從金氏奪歸。」

按史記外戚世家云：「臧兒長女嫁爲金王孫婦，生一女矣，乃臧兒卜筮之曰：兩女皆當貴。因欲奇兩女，乃奪金氏。金氏怒不肯與決，乃納之太子宮，太子幸愛之。」漢書外戚傳與此同。既云金氏怒不肯與決而納之太子宮，則臧兒又何由而得奪歸耶？

三五

「漢公主不諱私夫」條云：

「武帝女鄂邑蓋公主寡居，昭帝初立，年八歲，主以長姊入禁中供養帝，而主素私通丁外人，帝與霍光聞之，不絕主歡。詔外人侍長公主，上官桀諂外人，欲援列侯尙主例，爲外人求封侯，燕王旦亦上書，言陛下幸使丁外人侍公主，宜有爵號。是時霍光秉政，不許。（霍光傳）」

以漢書光傳考之，是時鄂邑蓋公主，上官桀，桑弘羊皆怨光，與燕王旦通謀，詐令人爲燕王上書，告光之罪。燕王旦是時並未眞上書，更未曾諫昭帝爵封外人。

三六

「兩漢多鳳凰」條云：

「宣帝元康三年，神爵數集雍。」

按宣帝紀元康三年春，神爵數集泰山，非集雍。同年夏六月曾詔曰：「前年夏神爵集雍。」是神爵集雍，乃元康元年事。

三七

「漢多黃金」條謂婁敬說帝都關中，即賜金五百斤。按史漢婁敬傳及高帝紀，均無賜婁敬金事。

三八

「王莽之敗」條謂莽收天下田名曰王田，一夫田過一井者，分與里族。按莽傳云：其男口不盈八而田過一井者，分與里族。

三九

同條云：

「漢書匈奴傳，北邊自宣帝以來，不見烽火，人民繁盛，牛馬蔽野。及莽撓亂匈奴，與之搆難，邊民亡死相繼。又十二部兵屯久不出，肆行侵暴，于是野多暴骨。」

按漢書匈奴傳，初未有十二部兵肆行侵暴之事。細稽原文，乃因屯兵久不出，吏士罷弊，數年之間，北邊空虛，匈奴乘機而肆行侵暴，於是野多暴骨矣。

四〇

卷四「後漢書編次訂正」條云：

「其編次卷帙，如循吏、酷吏、宦者、儒林、文苑、獨行、方術、逸民、外戚等傳，各以類相從。」

按後漢書逸民傳後爲列女傳，尚有黨錮傳，未曾立外戚傳。

四一

同條云：

「張宗、法雄國初人。」

按張宗、法雄傳，張宗爲東漢初年人，而法雄則安帝時人也。法雄傳謂永初三年，海賊張伯路等三千餘人，寇濱海九郡，乃徵雄爲青州刺史，與御史中丞王宗幷力討之，連戰破賊。五年，討平之。在州四年，遷南郡太守。永初爲安帝年號，自光武至安帝，已歷五帝，垂八十餘年矣，寧得謂爲國初耶！

四二

同條云：

「袁安、張輔、韓陵、周榮、郭躬、陳寵等同卷，以其皆明於法律，决獄平允也。」

按後漢書張輔作張酺，韓陵作韓稜。且袁安、張酺、韓稜、周榮四人同卷（卷七十五），郭躬、陳寵二人同卷（卷七十六），並非六人皆同卷也。

四三

同條云：

「樊宏、樊謙、樊準、陰識、陰興、陰就同卷。」

按後漢書，樊謙作樊儵。

四四

同條云：

「馮衍傳載其說廉丹一書，說鮑宣一書。」

按後漢書馮衍傳，衍所說者乃鮑永，非鮑宣也。鮑宣永之父，哀帝時任司隸校尉，爲王莽所殺。衍說永時爲更始二年，是時莽已死（莽死於更始元年），

四五

同條云：

「仲長統傳載其樂志論及昌言中二篇。」

按後漢書長統傳所載者爲樂志論及昌言中理亂，損益、法誡三篇。

四六

「後漢書間有疏漏處」條云：

「光武紀書帝崩年六十二。然紀又書帝起兵時年二十八，下有更始元年，破王尋王邑，持節北渡河，鎮慰州郡。二年誅王郎，更始拜帝爲蕭王。明年六月始卽位改元建武，是帝年已三十一矣。建武凡三十二年，又加以中元二年始崩，則應是六十四歲。本紀所云六十二，殊不符也。」

以後漢書光武紀考之，建武凡卅一年，建武卅二年已改爲中元元年，如是則光武崩年應爲六十三歲。箚記云六十四，亦不符。

四七

同條云：

「安帝以延光元年三月崩。」

按安帝紀安帝崩於延光四年三月

四八

同條云：

「順帝紀，永和元年，帝西巡幸未央宮。」

按順帝紀在永和二年。

四九

「光武信讖書」條云：

「樊英傳有河洛七緯。章懷註曰：易緯稽覽圖、乾鑿度、坤靈圖、通卦驗、是類謀、辨終篇也；書緯璇璣鈐、考靈耀、刑德放、帝命驗、運期授也；詩緯推度災、汜厤樞、含神霧也；禮緯含文嘉，稽命徵，斗威儀也；樂緯動聲儀、稽耀嘉、斗圖徵也；孝經緯援神契、鉤命決也；春秋緯演孔圖、元命包、文耀鉤、運斗樞、感精符、合誠圖、考異郵、保乾圖、漢含孳、佑助期、握誠圖、潛潭包、說題辭也。」

按後漢書樊英傳章懷註，辨終篇作辨終備，刑德放作刑德收，汜厤樞作記厤樞，含神霧作含神務，斗圖徵作叶圖徵，潛潭包作潛潭巴。

五〇

同條云：

「方議選大司空，赤伏符有曰：王梁主衞作元武。帝以野王縣本衞地之所徙，元武水神之名，司空水土官也。王梁本安陽人，名姓地名俱合，遂拜梁爲大司空。（梁傳。）」

按「帝以野王縣本衞地之所徙」一句有語病。王梁傳云：「帝以野王衞之所徙。」史記曰：「衞元君自濮陽徙於野王。」是野王縣衞之所徙也，

五一

同條於叙光武帝據讖書以立政之後又云：

「廷臣中有信讖者，則登用之。賈逵欲尊左氏傳，乃奏曰：五經皆無證圖讖以劉氏爲堯後者，惟左氏有明文。由是左氏傳遂得選高才生習。（逵傳）」

考逵傳，逵爲章帝時廷臣，其所上欲尊左氏傳一疏，乃上於章帝。左氏傳得選高才生習，亦在章帝建初年間，與光武帝無關。

五二

「光武多免奴婢」條云：

「建武三年，詔民有嫁妻賣子欲歸父母者恣聽之，敢拘執者論如律。」

按光武紀在建武二年。

五三

「東漢諸帝多不永年」條云：

「皇子辨卽位年十七，是年卽爲董卓所弒。」

按靈帝紀，中平六年四月戊午皇子辯（非辨）卽皇帝位，史稱少帝。是年九月甲戌董卓廢帝爲弘農王。獻帝初平元年正月癸酉，爲董卓所弒。是皇子辯被弒於卽位之次年，後漢書董卓傳同。

五四

「東漢多母后臨朝外藩入繼」條云：

「質帝由千乘王子入繼。」

按質帝紀，質帝肅宗玄孫，曾祖父千乘貞王伉，祖父樂安夷王寵，父勃海孝王鴻，是質帝乃千乘王曾孫也。

五五

「東漢廢太子皆保全」條謂和帝崩，清河王慶子祜入繼統，是爲順帝。按順帝紀，順帝諱保，安帝子，非清河王慶子。清河王慶子祜乃安帝，以帝系考之，和帝崩，安帝以外藩入繼；安帝崩，閻后迎立北鄉侯懿卽位；北鄉侯薨，宦官孫程等迎立濟陰王保卽位，是爲順帝。距和帝，垂二世矣。

五六

卷五「四世三公」條云：

「袁安官司空，又官司徒，其子敞及京皆爲司空。」

按袁安傳，安子敞於安帝元初三年曾代劉愷爲司空，京習孟氏易，作難記三十萬言，初拜郎中，稍遷侍中，出爲蜀郡太守。京之生平，如是。烏得謂京敞皆爲司空！

五七

「東漢尚名節」條云：

「郭躬子賀當襲，讓與小弟而逃去。詔下州郡追之，不得已乃出就封。（躬傳。）徐防卒，子賀當襲，讓於弟崇，數歲不歸，不得已乃就封。（防傳。）」

按郭躬徐防傳，郭賀非郭躬子，乃郭鎮子，鎮躬弟子。徐防子乃衡，非賀。

五八

「東漢宦官」條云：

「常侍張讓子婦，乃后（何后）甥也。」

按何進傳，爲何后之妹。

五九

「宦官之害民」條云：

「左雄疏言，宦豎皆虛以形勢，咸奪良家婦女閉之，白首而無配偶。（雄傳。）」

按左雄傳，雄未有此疏，此疏乃周舉所上，見舉傳。舉雄傳同卷，雄傳在舉傳前，此以舉傳而誤爲雄傳也。

六〇

卷六「後漢書三國志書法不同處」條謂後漢書董卓傳增發掘諸陵一事。按三國志卓傳亦有此記載。

六一

「三國志多廻護」條謂壽作陶謙傳，專據世語，謂曹操父嵩爲謙所害。按壽書謙傳無此記載。

六二

「三國志書事得實處」條云：

「正元二年，毌邱儉反，世語謂司馬師奉天子征儉，儉既破，天子先歸。裴松之遍考諸書，惟諸葛誕反時，司馬昭挾太后及常道鄉公征之。故詔有云今宜太后與朕，暫臨戎也。征毌邱儉時，則常道鄉公並未親行。」

按正元二年，毌邱儉反，甘露二年，諸葛誕反。其時魏帝皆爲高貴鄉公，裴注惟云毌邱儉反帝未行，誕反始挾太后及帝俱行，今並改爲常道鄉公，誤甚矣。

六三

「三國志誤處」條云：

「魏武紀，建安二年，汝南黃巾賊何儀、劉辟、黃邵、何曼等，衆各數萬，操進軍討破之，斬辟、邵等。」

按魏武紀，在建安元年。

六四

同條云：

「吳孫輔傳，其子松爲射聲校尉都鄉侯，黃龍三年卒。蜀丞相諸葛亮與兄瑾書曰：既受東朝厚遇，依依於子弟。又子喬良器，爲之惻愴，其所與亮器物，感用流涕，其悼松如此。由亮養子喬咨述云。」

按壽書此段文字載於吳志孫翊傳，非孫輔傳。翊輔二傳同卷，輔傳在翊傳前，此以翊傳而誤爲輔傳也。

六五

同條云：

「操擒布在建安二年。」

按壽書魏武紀與布傳，在建安三年。范書呂布傳亦同。

六六

同條云：

「吳志孫壹傳，孫綝遣朱異潛兵襲壹，壹奔魏，魏以爲車騎將軍，封吳侯，以故主齊王芳貴人邢氏妻之。魏黃初三年死。案黃初係魏文帝年號，文帝至齊王芳被廢，已二十餘年，何得妻芳妃，後又死於黃初也。魏志壹之來降，在高貴鄉公甘露二年，則其死當在景元、咸熙間，今日黃初三年死，亦必誤也。」

按魏志高貴鄉公紀云：「甘露四年十一月癸卯車騎將軍孫壹爲婢所殺。」

六七

「裴松之三國志註」條云：

「案松之所引書凡五十餘種。」

細數箚記此條列松之所引書目，共百五十種。此或脫一「百」字。

六八

卷七「借荊州之非」條云：

「赤壁之戰，瑜與備共破操；華容之役，備獨追操。其後圍曹仁于南郡，備亦身在行間。」

按建安二十四年，先主爲漢中王，拜關羽爲前將軍。是歲羽率衆圍攻曹仁於樊，非南郡。南郡蜀地，是時蜀方渡江北攻，曹仁何由而得入於南郡被圍。羽圍曹仁之年，備既立爲漢中王，是歲備先在南鄭，後還成都，未嘗渡江親征。

六九

「晉書」條云：

「武帝時，議立晉書限斷，荀勖謂宜以魏正始起年，王瓚欲引嘉平以下朝臣，盡入於晉。賈謐請以泰始爲斷。事下尚書議，張華等謂宜用正始，從之。（賈謐傳）」

按晉書賈謐傳，劄記有三誤：

武帝時議立晉書限斷，荀勖王瓚各執異議，于時依違未有所決。惠帝立，更令議之，始有決定。今此所云，似晉書限斷，已決於武帝時矣。其誤一也。

賈謐既上議請以泰始爲斷，張華王戎等皆主謐議，荀畯荀藩等謂宜用正始開元，謐重奏戎華之議，事遂施行。是主用正始者，荀畯荀藩也。今云張華，其誤二也。

謐與戎華主張以泰始爲斷，既已施行。今云「張華等謂宜用正始，從之，」其誤三也。

七〇

同條云：

「華嶠草魏晉紀傳，與張載同在史官。永嘉之亂，晉書存者，五十餘卷。（嶠傳。）」

按嶠傳，草魏晉紀傳者，乃嶠少子暢。嶠所草者，爲漢後書九十七卷。永嘉之亂，中原板蕩，漢後書存者，五十餘卷，云晉書亦誤。

七一

同條云：

「（晉書）其晉以後所作者，宋徐廣撰晉紀十六卷。（廣傳。）」

按廣傳，十六卷作四十六卷。又廣爲晉著作郎，晉義熙中，勒成晉紀，表上之。謂爲晉後所作誤。

七二

同條云：

「王韶之私撰晉安帝春秋，既成，人謂宜居史職，即除著作郎，使續成後事，訖義熙九年。其序王珣貨殖王廞作亂事，後珣子和貴，韶之嘗懼爲所害。（韶之傳。）」

按宋書韶之傳，和作弘。

七三

「晉書二」條云：

「陸機傳載豪士傳，見齊王冏之專恣也。」

按機傳作豪士賦序。

七四

同條云：

「張載傳載七命一篇，以其文人而著其才也。」

按載傳未載七命，七命爲載弟協所作，載於協傳。

七五

卷八「晉書所記怪異」條云：

「劉曜時，西明門風吹折大樹，一宿而變爲人形，髮長一尺，鬚眉長二寸。」

按晉書劉曜傳，作鬚眉長三寸。

七六

「東晉多幼主」條云：

「簡文帝年五十一卽位。」

按簡文帝紀，簡文帝卽位於咸安元年十一月，咸安二年七月簡文帝崩，年五十三。以此推之，簡文卽位之年，當爲五十二也。

七七

同條又謂哀帝卽位年二十三歲，廢帝二十一歲，孝武帝十二歲，安帝二十二歲，恭帝三十二歲。

徧考諸帝紀，與此所云皆不合。哀帝卽位於升平五年，崩於興寧三年，年二十五，卽位之年，當爲二十一。（升平共五年，升平至興寧中間，尙有隆和一年。）廢帝卽位於興寧三年，崩於太元十一年，年四十五，卽位之年，當爲二十三。（興寧至太元，中有太和六年，咸安二年，寧康三年。）孝武帝卽位於咸安二年，崩於太元二十一年，年三十五，卽位之年，當爲十一。安帝卽位於太元二十一年，崩於義熙十四年，年三十七，卽位之年，當爲十五。（太元至義熙，中有隆安五年，元興三年。）恭帝卽位於義熙十四年，遇弒於宋永初二年，年三十六，卽位之年，當爲三十三。（義熙至宋永初，中有元熙二年，然元熙之二年，卽永初元年也。）

七八

「僭僞諸君有文學」條云：

「劉曜……既卽位，立太學於長樂宮，立小學於未央宮。」

按晉書載記劉曜傳，爲立太學於長樂宮東，立小學於未央宮西。

七九

同條云：

「姚泓博學善談論，尤好詩咏，王尙段章以儒術，胡義周夏侯稚以文學，皆嘗游集。淳于岐疾，興親往問疾。」

按淳于岐疾，親往問疾者，爲姚泓，非姚興。見泓傳。

八〇

「清談用麈尾」條云：

「宋書王僧虔戒子，謂其好捉麈尾，自稱談士。（僧虔傳）」

按宋書無僧虔傳，僧虔傳見南齊書。

八一

同條云：

「齊書戴容著三宗論，智林道人曰：貧道捉麈尾三十年，此一塗無人能解，今始遇之。（容傳）」

按戴顒（箚記顒作容係避淸仁宗諱）應作周顒，戴顒傳見宋書，齊書無傳。且戴顒亦未嘗著三宗論，其傳亦未載智林道人之語，皆見齊書周顒傳。又周顒傳捉麈尾三十年作四十年。

八二

「騶虞幡」條云：

「晉書楚王瑋率兵誅汝南王亮及宰相楊駿，徹夜喧鬥。天明，張華奏惠帝，使殿中將軍持騶虞幡麾衆曰：楚王瑋矯詔。衆皆釋仗而走，瑋遂被擒。（瑋傳。）」

按晉書楚王瑋傳，是時瑋所誅者，乃汝南王亮及太保衞瓘，楊駿不與也。楊駿是時已爲賈后所殺，惠帝紀賈后殺駿在永平元年三月，瑋誅亮瓘則在同年六月。箚記「八王之亂」條亦云：「惠帝旣立，賈后擅權，殺楊駿，廢楊太后，徵亮入，與衞瓘同輔政。亮與楚王瑋不協，瑋諂於賈后，誣亮瓘有廢立之謀，后乃使帝詔瑋殺亮瓘。」可爲佐證。

八三

「南朝多以寒人掌機要」條云：

「阮佃夫，王道隆等，權侔人主，其捉車人官虎賁中郎將，傍馬者官員外郎。」

按宋書阮佃夫與王道隆傳，佃夫捉車人曾官虎賁中郎將，傍馬者官員外郎。道隆之捉車人與傍馬者則未曾有此官爵。

八四

「唐人避諱之法」條云：

「唐人修諸史時，避祖諱之法有三：如虎字淵字或前人名有同之者，有字則稱其字。……否則竟删去其所犯之字。……否則以文義改易其字，陶淵明稱陶泉明是也。」

按晉書陶潛傳首云：「陶潛字元亮」，以後通篇稱潛；南史陶潛傳首云：「陶潛字淵明，或云深明，字元亮，」以後通篇亦稱潛。徧檢唐人所修之史，未有稱淵明爲泉明者。

八五

卷九「宋書書宋齊革易之際」條云：

「後廢帝紀謂廢帝昱無道，齊王順天人之心，潛圖廢立，與王敬則謀之。敬則結昱左右楊玉夫等二十五人，乘夜弑昱，玉夫以昱首付敬則。」

按宋書後廢帝紀，提昱首付王敬則者爲陳奉伯。南史與齊書敬則傳爲楊玉夫。南史齊本紀亦爲陳奉伯。南史宋本紀，齊書高帝紀未書明爲何人。

八六

同條云：

「沈攸之傳，雖不敢載其寧爲王凌死，不作賈充生之語（見南史），然猶存攸之上武陵王贊一書。」

按南史攸之傳，王凌作王陵。

八七

「宋書本紀書法」條云：

「昇平三年，（蕭道成）始進爵爲齊公。」

按宋書，昇平作昇明。

八八

「宋齊書帶敍法」條云：

「劉義慶傳，因敍義慶好延文士鮑照等，而即敍鮑照字明遠，文詞贍逸。又因照文詞贍逸，而即載其河清頌一篇二千餘字。」

按義慶傳所載，照河清頌僅八百餘字。

八九

同條云：

「齊書亦多帶敍法，如文惠太子傳，因文惠使徐文景作乘輿服御之屬，而帶敍文景父陶仁惡文景所作，曰：終當滅門。乃移家避之。後文景果賜死，陶仁遂不哭。」

按南齊書文惠太子傳無此記載，此事帶敍於南史文惠太子傳。

九〇

「宋書南史俱無沈田子沈林子傳」條云：

「田子從武帝克京口，平京邑，滅慕容超。盧循內逼，田子與孫季高從海道襲廣州，傾其巢穴，循無所歸，遂被誅戮。」

按南史沈約傳僅云田子與孫季高襲破廣州。宋書自序僅云破廣州後，推鋒追討，又破循於蒼梧鬱林寧浦。均無戮循之文。

九一

同條敍沈林子之功，謂林子潰姚紹，屠定城，殺姚鸞，走姚瓚，破姚伯子，遂平長安，擒姚泓。按南史沈約傳與宋書自序，林子走姚瓚破姚伯子後，姚泓掃境內之民，屯兵堯柳。時田子自武關北入，屯軍藍田，泓自率大衆攻之。劉裕慮衆寡不敵，遣林子步自秦嶺，以相接援。比至，泓已摧破，復共進討，泓乃舉衆奔霸西。是時泓未曾被擒。晉書載記姚泓傳所載與此同。逮渭橋之役，泓以數百騎奔石橋，計無所出，遂降於宋，終至遇害。然究係泓之自降，非被擒也。

九二

「齊書書法用意處」條謂蕭鸞（齊明帝）延興元年七月廢帝（海陵王）。按海陵王紀，海陵王卽帝位於延興元年七月，同年十月被廢。（延興元年亦卽建武元年。）

九三

同條謂蕭子顯爲父豫章王作傳，鋪張至九千餘字。按齊書豫章王傳，僅七千餘字。

九四

同條云：

「蕭寶寅避梁武之難，逃入魏封齊王，此豈得沒其實。且和帝紀既稱寶寅入魏矣，而寶寅傳則云中興二年謀反誅。（南史云謀反奔魏。）」

按齊書寶寅傳，亦云謀反奔魏，與南史寶寅傳同。（汲古閣本作謀反誅。）

九五

「齊書類敍法最善」條云：

「孝義傳用類敍法，尤爲得法。蓋人各一傳，則不勝傳，而不立傳，則竟遺之。故每一傳，輒類敍數人。如褚澄傳敍其精於醫，而因敍徐嗣醫術，更精於澄。」

按齊書褚澄傳不屬孝義傳，孝義傳在卷五十五，褚澄傳在卷二十三。

九六

同條云：

「韓靈敏傳，敘其妻卓氏守節。」

按齊書靈敏傳，卓氏爲靈敏兄靈珍妻，非靈敏妻。靈珍亡，無子，卓氏守節不嫁，靈敏事之如母。於此正以見靈敏之孝義耳。南史靈敏傳同。

九七

「陳書多避諱」條謂陳書劉師知傳共三千餘字。按師知傳尚不足二千字。

九八

卷十「南史仿陳壽三國志體例」條云：

「宋書武帝本紀所載晉帝進爵禪位詔策，無慮十餘篇，南史只存九錫一策，登極告天一策，其餘皆删。此蓋仿陳壽魏志舊式也。」

又云：

「南史删節宋書，亦只存九錫禪位二策，固知仿壽志例也。」

忽云存登極告天策，忽云存禪位策，同條之中，矛盾牴牾。按南史宋武帝紀存九錫、禪位、登極告天三策。

九九

「南北史子孫附傳之例」條云：

「蕭思話、蕭惠開、徐羨之、徐湛之…………皆父子也。」

按南史徐羨之傳，湛之爲逵之子，逵之爲欽之子，欽之則羨之兄，湛之乃羨之從孫。宋書徐湛之傳亦明言曰：「徐湛之字孝源，東海郯人，司徒羨之兄孫、吳郡太守佩之弟子也，祖欽之，祕書監、父逵之。（南史作逵之，）」宋書羨之傳謂羨之子爲喬之。

一〇〇

箚記於計算篇章字數時，多所謬誤，尤以「南史刪宋書最多」條謬誤最多。今逐述於左：

「王徽傳載其與江斆辭官一書二千餘字，與王僧綽一書二千餘字，答何偃一書二千餘字，弔弟僧謙文一篇二千餘字。」

按宋書王微傳（宋書作微、非徽），王微與江湛（非江斆，斆乃湛孫，仕於齊。）辭官一書七百餘字，與王僧綽一書八百餘字，答何偃一書六百餘字，弔弟僧謙文一篇七百餘字。

「鄭鮮之傳，載其議滕恬父喪不返仕宦如故一書三千餘字，彈劉毅一疏一千餘字，諫北伐一表一千餘字。」

按宋書鮮之傳，鮮之議滕羨（非滕恬、恬乃羨父、爲丁零翟遼所沒，屍喪不返，羨仍仕宦不廢，故議者嫌之耳。）父喪不返仕宦如故一書千五百餘字，彈劉毅一疏百餘字，諫北伐一表四百餘字。

「何承天傳載其諫北伐一表五千餘字。」

按宋書承天傳所載僅二千餘字。

「謝靈運傳載其撰征賦一篇一萬餘字，山居賦一篇數萬字，勸伐河北一疏二千字。」

按靈運傳載其撰征賦一篇三千餘字，山居賦一篇萬餘字，勸伐河北一疏一千字。

「王僧達傳載其求守徐州一疏一千餘字，請解職一疏二千餘字。」

按僧達傳載其求守徐州一疏七百餘字，請解職一疏千餘字。

一〇一

「南史增齊書處」條云：

「南史於宋書，大概刪十之三四。」

而「南史刪宋書最多」條則云：

「南北史大概就各朝正史，量爲刪減，魏書宋書，所刪較多，然魏書尚不過刪十之二三，宋書則刪十之五六。」

細較南史宋書，「南史刪宋書最多」條所云較是。

一〇二

同條云：

「江夏王鋒傳，（增），鋒善琴，帝欲試以臨人，鋒曰：昔鄒忌鼓琴，齊威王委以國政。遂出爲南徐州刺史。」

按南史，鋒田作鏘田，蓋鋒善琴，帝欲試以臨人，以問鄱陽王鏘，而鏘作如是答也。

一〇三

同條云：

「竟陵王子良傳，所刪亦最多，如諫遣臺使督租一疏，請墾荒田一疏，諫租布折錢一疏，諫射雉二疏，共三四千字。」

按齊書竟陵王子良傳，所載諫遣臺使督租一疏六百餘字，請墾荒田一疏百餘字，諫租布折錢一疏六百餘字，諫射雉二疏六百餘字，共約二千字。云共三四千字誤，竟陵王一傳，亦不過三四千字耳。

一〇四

同條云：

「南海王子罕傳，（增），母樂容寢疾，子罕晝夜祈禱，以竹爲燈纘照夜，此纘一夕枝茂大，母疾亦愈。」

按南海王子罕傳，樂容作樂容華。

一〇五

同條云：

「巴陵王子倫傳，（增），明帝遣茹法亮殺子倫，子倫鎮琅琊，有守兵，恐其見拒，以問典籤裴伯茂……」

按巴陵王子倫傳，裴伯茂作華伯茂。

一〇六

「南史刪梁書處」條謂南史刪梁書梁武本紀繁冗處，於梁書武紀所載肆赦一令，革除昏政一令，恤戰亡將士一令，節省浮費一令，齊帝進帝爵梁公九錫文一篇，百僚勸進文二篇，齊帝進帝爵爲梁王一詔，齊帝禪位一詔，璽書一道，南史皆刪之，但存九錫文一篇，勸進文一篇。且謂此仿陳壽之例，說已見梁書內。按南史仿陳壽例一說，見

「南史仿陳壽三國志體例」條。

同條云：

「梁書王僧辨傳，附其弟僧智逃入齊，並附徐嗣徽小傳。此皆因僧辨之難，間關被害者，自應附見，而南史一概刪之。」

一〇七

按梁書僧辨傳未附僧智逃齊與徐嗣徽小傳，二者皆南史僧辨傳所增。又所云僧智逃入齊一事亦誤，蓋僧辨既亡，僧智就任約，任約敗，僧智肥不能行，遂至被害。任約為侯景將，僧智就任約，固不得云逃入齊也。僧辨長子頠，於魏克江陵時，隨王琳入齊，劄記蓋以頠誤為僧智耳。

一〇八

「南史增梁書有關係處」條云：

「元帝紀，（增），王銓兄弟有盛名，帝妒之，乃改寵姬王氏之父名琳，以同其父之名。」

按南史元帝紀，上一父字應作兄。

一〇九

同條云：

「南康王會理傳，會理在建業，伺侯景出征，欲與柳仲禮等，起事拒景。」

按南史會理傳，柳仲禮作柳敬禮。

一一〇

卷十一「南史增梁書瑣言碎事」條云：

「元帝紀，帝自承聖三年主衣庫，有黑蛇長丈許，數十小蛇隨之。帝惡之，左右曰：錢龍也。乃取數千萬錢，鎮其地以厭之。」

按此與南史元帝紀所云不合。南史云：「帝主衣庫，見黑蛇長丈許，數十小蛇隨之，舉頭高丈餘南望，俄失所在。」其下又云：「帝又與宮人幸玄洲苑，復見大蛇盤屈於前，羣小蛇遶之，並黑色，帝惡之。宮人曰：此非怪也，恐是錢龍。帝敕所司即日取數千萬錢，鎮於蛇處以厭之。」

一一一

同條云：

「廣陵王續傳，（增），元帝母阮得幸，由丁貴嬪之力，故元帝與簡文帝相得，與續亦少相狎，長而相謗，元帝自荊州還京，携所寵李桃兒俱歸。時宮禁門戶甚嚴，續奏之，元帝懼，遂先送桃兒還荊，所謂西歸內人也。後續死，元帝在荊，聞之喜躍，屧為之破。」

按南史續傳，廣陵作廬陵。元帝在荊，應為元帝在江州。元帝先臨荊州，續死時，元帝臨江州，尋自江州復臨荊州。

一一二

同條云：

「范雲傳，雲在齊時，與明帝說夢見太宰文宣王之事。」

按南史雲傳，雲乃與明帝說太宰文宣王語彼之夢，非說己之夢也。

一一三

「梁南二史岐互處」條云：

「邵陵王綸傳，梁書載其少年爲丹陽尹時，侵漁細民，爲少府丞何智通所奏，綸使戴子高刺殺智通，智通子訴於闕下，帝令圍綸第，捕子高，綸匿之，竟不出，坐是罷官。」

按梁書綸傳，中大通元年，綸爲丹陽尹，四年爲侍中宣惠將軍揚州刺史，始有侵漁細民，爲何智通所奏之事。今以此事敍於綸爲丹陽尹時誤。

一一四

同條云：

「王僧孺傳，梁書載其爲南康王長史時，被典籤中傷去職，奉辭王府一箋，凡千餘字。案箋內有云：『去矣何生，高樹芳烈』之語，既辭王府，何以獨稱何生？殊不可解。南史雖刪此文，而謂僧孺將去，有友人何烱，猶在王府，僧孺與烱書以見意，然後何生句始明，蓋別何烱書，非辭王府箋也。此又可見南史詳細處。」

按梁書僧孺傳所載僧孺奉辭王府一箋僅二百三十六字。箋後接云：「僧孺坐免官，久之不調，友人廬江何烱，猶爲王府記室，乃致書於烱以見其意。」其書長千餘字，內即有『去矣何生，高樹芳烈』之語，是僧孺此語，固係別何烱，非辭王府也。甌北先生蓋未覩中間數語，遂致視別何烱書亦爲奉辭王府箋耳。

一一五

「宋齊多荒主」條謂齊廢帝東昏侯寶卷置射雉場二百六十處。按齊書與南史本紀，均作二百九十六處。劄記卷十二「南朝以射雉爲獵」條亦作二百九十六。

一一六

同條敍齊廢帝東昏侯荒淫又云：

「蕭衍師至，………帝猶惜金錢，不肯賞賜，茹法珍叩頭請之，帝曰：賊來獨取我耶？何爲就我求物？將軍王珍國、張稷等懼禍，乃結後閤舍人錢强，遊盪主崔叔智，夜開雲龍門，稷珍國勒兵入殿，帝方吹笙歌，作兒女子臥未熟，聞兵入，急趨出，閹人黃泰平刃傷其膝，直後張齊斬首送蕭衍，宣德太后令廢爲東昏侯。」

按廢帝旣遭斬首，則不能再廢爲東昏侯。南史、齊書本紀，均謂宣德太后令依漢海昏侯故事，追封爲東昏侯。

一一七

同條於敍陳後主起臨春、結綺、望仙三閣、引狎客對貴妃遊宴賦詩之事前，冠以魏徵史論四字。似此事爲魏徵史論所述。然陳書後主紀所載魏徵史論，皆論有陳一代興亡之跡，未曾細述此事，此事敍於南史張貴妃傳。

一一八

卷十二「齊梁之君多才學」條云：

「鄱陽王鏘好文章，桂陽王鑠好名理，人稱爲鄱桂。（鏘傳）」

按此見齊書鑠傳，不載於鏘傳。南史亦同。

一一九

同條云：

「南康王績子會理，少聰慧，好文史。其弟通理，博學有文才，嘗祭孔文舉墓，爲之立碑，其文甚美。」按梁書與南史南康王績傳，未云通理有文才，更無爲孔文舉立碑之事。其有文才，而曾爲孔文舉立碑者，乃其弟乂理也。

一二〇

「齊明帝殺高武子孫」條謂齊明帝殺晉陵王子懋衡山王子珉等。按晉陵王應作晉安王，衡山王應作永陽王。

一二一

「南朝以射雉爲獵」條云：

「宋明帝射雉，至日中無所得，甚慚，曰：吾旦來如皋，遂空行可笑。褚炫對曰：今節候雖適，而雲霧尚凝，故斯翬之禽，驕心未警。帝竟解，乃於雉場置酒。（宋書褚炫傳）」

按宋書無褚炫傳，此事載於南史褚炫傳。

一二二

「江左世族無功臣」條云：

「王敬則與王儉同拜開府，褚淵戲儉以爲連璧。儉曰：老子遂與韓非同傳。或以告敬則，敬則欣然曰：我本南沙小吏，今得與王衞軍同拜三公，復何恨。」

按南史敬則傳，戲儉者乃徐孝嗣，非褚淵。劄記卷十「南史增齊書處」條中述此事，亦爲徐孝嗣。

一二三

「六朝多以反語作讖」條云：

「齊書，益州向無諸王作鎮，宋時有邵碩曰：後有王勝熹來作此州。及齊武帝以始興王鑑爲益州刺史，勝熹反語爲始興也。碩言果驗。」

按此載於南史始興王鑑傳，齊書鑑傳文多缺，無此記載。齊書州郡志載之而不詳，且無勝熹反語爲始興之語。

一二四

同條云：

「梁書，武帝創同泰寺，後又創大通門以對寺之南，取反語以協同泰也。遂改年號爲大通，以符寺及門名。昭明太子時，有謠曰：鹿子開城門，城門開鹿子（應作鹿子開）。鹿子開者，反語謂來子哭。時太子之長子歡，爲徐州刺史，太子薨，乃遣人追歡來臨喪，故曰來子哭也。」

按此載於南史，不見於梁書。南史於正史所無者，凡瑣言碎事，怪異荒誕之蹟，固無不補綴入卷也。

一二五

卷十三「爾朱榮傳」條云：

「北史魏諸臣傳，多與魏收書相同。惟爾朱榮傳，當時謂榮子文暢遺收金，請爲其父作佳傳，收論內遂有若修德義之風，則韋、彭、伊、霍夫何足數等語。故北史此傳，多有改訂。」

按北史爾朱榮傳，遺魏收金，請爲爾朱榮作佳傳者，乃榮子文略，非文暢也。魏收仕於北齊，奉詔修魏書，在齊文宣天保二年，而文暢則於魏孝靜帝武定三年春，以與任胄，鄭仲禮等謀賊齊神武被誅，距魏收奉詔修史，尚有六年。據北史文略於齊文宣時，以豪縱伏法。而魏書則僅云：「文暢弟文略，襲爵梁郡王、武定末，撫軍將軍光祿大夫。」是收作魏書時，文略尚在，其遺收金，蓋或可信耳。

一二六

同卷「答謝蘊山藩伯書」謂隋唐二書，有同傳裴矩、趙光允、王處直之例。按唐書三人皆有傳，隋書則有裴矩傳，無趙光允、王處直傳。

一二七

「北史魏書多以魏收書爲本」條云：

「昭成帝爲其子實君所弒，魏書但云二十九年十二月帝至雲中，旬有二日，帝崩。」

按魏書在三十九年，北史亦同。

一二八

「北史改編各傳」條云：

「魏書酷吏傳，于洛侯、胡泥、李洪之、高遵、張赦提、羊祉、崔暹、酈道元、谷楷也。齊書酷吏傳，邸珍、宋游道、盧斐、畢義雲也。周書酷吏傳王文同也。」

按王文同仕隋，其傳在隋書酷吏傳，不見於周書，且周書亦無酷吏傳。

一二九

「南北史兩國交兵不詳載」條云：

「魏書明元帝泰常七年、魏攻滑臺、宋將王景度棄城走。八年克虎牢，獲宋將毛德祖等。（此事在宋少帝景平元年，宋書書魏軍克虎牢，執司州刺史毛德祖以去。南史却不書。）」

按南史宋本紀書永初三年（卽泰常七年）十二月庚戌、魏軍克滑臺。景平元年（泰常八年）閏四月乙未，魏軍克虎牢。僅未書宋將王景度之棄城走與毛德祖之被擒耳。

一三〇

同條云：

「孝文帝太和四年，齊將崔文仲陷壽春，崔惠景寇武興，魏詔元嘉等南討，破齊將盧紹之於朐山。又詔馮熙等出正陽（魏書作義陽），賀羅出鍾離。諸將擊破齊將桓康於淮陽，俘三萬餘人。北史亦不詳載，但云元嘉破齊軍，俘三萬口。十三年，齊將陳顯達陷醴陽，左僕射穆亮討之。十五年，齊兵寇淮陽，太守王僧儁擊走之。二十一年，帝留諸將攻赭陽，自至宛城，剋其郛。至新野，築長圍困之，大破齊將於沔北。二十二年，齊將蔡道福、成公期、胡松等，各棄地遁走。又攻宛城，拔之，其將房伯玉出降。齊將裴叔業寇渦陽，詔鄭思明救之。二十三年，齊將陳顯達寇潁州（魏書作荊州），詔元英討之，顯達陷馬圈，車駕南伐，顯達遁走。北史皆不書。」

按以上南北交兵事，雖皆詳載於魏書，而北史亦多詳之。太和十二年，北史書齊將陳顯達攻陷澧陽，長樂王穆亮率騎討之。（魏書亦爲太和十二年事，劄記作十三年誤。）十三年書齊人寇邊，淮南太守王僧儁擊走之。（魏書亦爲十三年，作十五年誤。）二十一年書八月辛丑帝留諸將攻赭陽，引師南討。丁未，車駕發南陽，留太尉咸陽王禧前將軍元英攻之。己酉，車駕至新野。冬十月丁己，四面進攻，不剋，詔左右軍築長圍以守之。十一月丁酉，大破齊軍於沔北。二十三年書二月癸酉齊將陳顯達攻陷馬圈，三月庚辰車駕南伐，丁酉車駕至馬圈，戊戌頻戰破之，己亥收其戎資億計，諸將追奔漢水，斬獲及赴水死者十八九。是北史除於太和四年與太和二十二年南北交兵事不書外，其他固無不書，其詳盡，且不亞於魏書。云「北史皆不書」，誤甚矣。

又魏諸將擊破齊將桓康於淮陽，俘三萬人，係孝文太和五年事，今繫於太和四年亦誤。

三

同條云：

「宣武帝正始三年，梁將王茂先寇荊州，詔楊大眼討之，斬其將王花等，茂先遁，追至漢水，拔其王城，梁將張惠紹陷宿豫，韋叡陷合肥，詔尚書元遙南討奚康生，破張惠紹，斬其將宋黑，中山王英破其將王伯敖，邢巒破其將桓和於孤山，諸將別克固城、蒙山，袞州平。邢巒敗梁兵於宿豫，張惠紹棄宿豫，蕭昞棄淮陽，南走，徐州平。中山王英大破梁軍於淮南，梁臨川王宏等棄淮東走，遂攻鍾離。四年，鍾離大水，英敗績而回。北史皆不書，但書命中山王英南討，破梁將王伯敖，及圍鍾離因大水敗回而已。」

考之北史魏本紀，於書命中山王英南討，破梁將王伯敖，及圍鍾離因大水敗回外，尚有邢巒破梁將桓和於孤山，諸將所在剋捷之記載。

一三二

同條云：

「芒山之戰，齊紀謂神武大敗周文，俘斬六萬，會有軍士奔西軍，告以神武所在，西軍盡銳來攻，神武幾爲賀拔勝所獲，僅而免。是東軍先勝而後敗也。周紀則云，齊神武陳芒山，數日不進，周文率軍夜登山，未明而擊之，神武爲賀拔勝所逐，僅免。而趙貴等五軍居右，戰不利，齊神武合軍再戰，周文又不利。是西魏軍亦先勝後敗。兩紀相校，則周紀少敍先爲東軍所敗一節，齊紀又少敍再戰而敗西軍一節，致不相合。且齊神武奔脫後，合兵再戰，周文不利之處，應敍於齊紀以誇勝，乃反敍於周紀而齊紀不書。此戰之後，齊紀謂神武遣劉豐徇地，至宏農而還。周紀謂齊神武自至陜，達奚武禦之乃退，亦不相符。可見作史之難，兩國交涉處，一經校對，輒多罅隙，宜乎延壽之不敢詳書也。」

按北史齊本紀，所書芒山之戰，與北齊書全同，周本紀所書芒山之戰，與周書亦無不同，北史固一一照錄，無不敢詳書之處也。故以全書論，謂延壽於南北交涉事不敢詳書則可，若專以芒山之戰論，謂其不敢詳書則不可。

一三三

同條云：

「魏正始元年，陳伯之破梁將趙祖悅及昌義之。」

按魏書宣武紀，陳伯之破梁將昌義之爲正始三年事。

一三四

「北史與魏齊周隋書岐互處」條云：

「魏書神元帝遣子文帝（沙漠汗）如魏，是歲魏景元二年也。北史則謂遣文帝如晉，是歲晉景元二年也。按景元尚是魏陳留王年號，魏書以屬魏，從其名也。是時權已在晉，北史以屬晉，從其實也。」

考之北史魏本紀，所書亦爲魏景元二年，與魏書同。所不同者，魏書謂神元帝遣子文帝如魏，北史則謂遣文帝如晉耳。景元既爲魏陳留王年號，則不能以之屬晉，年號無假諸他人之理，書文帝如晉，固以實屬晉矣。

一三五

「北史紀傳互異處」條云：

「隋書文帝本紀，周五王謀隋文帝，帝以酒肴造趙王招，觀其指趣，王伏甲於臥內，賴元胄以免。是文帝知招欲謀害，故以酒肴赴之，以覘其意也。元胄傳則云：招欲害帝，帝不之知，乃將酒肴詣其宅。則已與紀異矣。周書趙王招傳云：招邀隋文帝至第，飲於寢室。則又非隋文之以酒肴赴之也。周隋書各記所記，故不同如此。北史則延壽一手所成，乃此等處全鈔舊文，初不檢點，遂亦岐互。」

按北史元胄傳與隋書元胄傳所記不同，隋書元胄傳云：「招知隋文帝將遷周鼎，乃要帝就第，引帝入寢室。」北史元胄傳則云：「招欲害帝，帝不之知，乃將酒肴詣其宅。」是北史並未全鈔舊文也。

一三六

「太上皇帝」條謂後魏獻文帝承明二年崩。按魏書本紀獻文帝崩於承明元年，北史同。

一三七

卷十四「南北朝通好以使命爲重」條云：

「其出使而增重隣國者，魏游明根使宋，宋孝武稱其長者，迎送禮加常使。（游明根傳。）高推使宋，宋稱其才辨。（高允傳。）李彪使齊將還，齊王親至琅瑯山，命羣臣賦詩送別。（李彪傳。）北齊崔㥄將使梁，㥄曰：文采與識，㥄不推李諧，口頰顬顬，諧乃大勝。乃以李諧、盧元明、李業興出使。梁武謂左右曰：卿輩嘗言北方無人，此等從何處來。（李諧傳。）李渾聘梁，梁武曰：伯陽之後，久而彌盛，趙李人物，今實良多。（李渾傳。）魏收與王昕聘梁，昕風流文辨，收詞藻富逸，梁君臣咸敬禮。（魏收傳。）周使崔彥穆聘陳，彥穆風韻閑曠，器度方雅，爲江表所稱。（崔彥穆傳。以上皆魏書。）」

按李渾、魏收、崔彥穆三人，魏書無傳，李渾、魏收傳見北齊書，崔彥穆傳見周書，云皆見魏書誤。又魏書李諧傳未載崔㥄之言，亦無梁武顧左右之語，皆見北史諸傳。

一三八

同條云：

「陳使傳縡聘北齊，齊令薛道衡接對，縡贈詩五百韻，道衡和之，南北稱美。（薛道衡傳。）」

按隋書道衡傳贈詩五百韻作贈詩五十韻。北史道衡傳同。

一三九

「後魏追謚之濫」條云：

「按漢制開國之君稱祖，以下則俱稱宗。自曹魏始三代稱祖，武帝稱太祖，文帝稱高祖，明帝稱烈祖。晉亦三代稱祖。……至元魏則更有兩太祖，道武既追尊平文帝爲太祖，及道武崩，其廟號又稱太祖。……其後太武帝稱世祖，獻文帝稱顯祖，孝文帝稱高祖。北齊則高歡追稱高祖。文宣帝稱顯祖，武成帝稱世祖。亦三代稱祖。周宇文泰追稱太祖，武帝稱高祖。南朝則宋武帝稱高祖，文帝稱太祖，孝武帝稱世祖，亦三代稱祖。齊高帝稱太祖，武帝稱世祖。梁武帝稱高祖，元帝稱世祖。陳武帝稱高祖，文帝稱世祖。祖以功，宗以德，原非必一祖之外，不得再稱祖，然亦須揆其功而祖之。創業中興，有大功於世，祖之可也。如魏明帝、宋文帝、孝武帝、後魏獻文帝、北齊武成帝諸君，不過蒙業繼體，在位僅數年，無功可紀，乃亦以祖爲廟號，僭僞之朝，苟爲崇奉，固不可爲法也。」

按魏明帝、宋孝武帝、後魏獻文帝、北齊武成帝諸君，在位固皆不久，而宋文帝則以元嘉元年即位，元嘉三十年崩，在位三十年，不得云僅數年也。

又齊於太祖高帝、世祖武帝外，尚有高祖明帝，是齊亦三代稱祖。

一四〇

「後魏百官無祿」條云：

「孝文帝太和八年始詔曰：置官班祿，行之尚矣，自中原喪亂，茲制久絕，先朝因循，未遑釐改。今宜班祿，罷諸商人以簡人事，戶增調絹二疋，穀二斛九升，以爲官司之祿。」

按魏書孝文紀，二疋作三疋，九升作九斗。北史孝文紀作九升。）

一四一

「孝魏文遷洛」條云：

「時舊臣多不欲行，帝先與彭城王澄議之，謂平城乃用武之地，非可興文，須光宅中原。澄力贊之，乃決。（澄傳）」

按澄乃任城王，非彭城王。

一四二

同條云：

「其先道武帝遣賀狄干至秦，爲姚興所留，因在長安讀書，通尚書論語，舉止似儒者。後歸，道武見其類中國人，遂殺之。（賀狄干傳。）」

按道武以賀狄干類中國人而殺之者，北史之記載也。魏書狄干傳則云：「及狄干至，太祖（道武）見其言語衣服，有類羌俗，以爲慕而習之，故忿焉，既而殺之。」

一四三

卷十五「北朝經學」條云：

「劉炫博學多識，韋世康問其所能，炫曰：周禮、禮記、毛詩、尚書、公羊，左傳、孝經、論語、孔鄭王何服杜等註，凡十三家，並堪講授。周易、儀禮、穀梁，用功差少。在朝知名之士七十餘，皆謂炫所陳不謬。」

按北史，隋書劉炫傳，在朝知名之士七十餘，俱作十餘人。

一四四

同條云：

「熊安生撰周禮、禮記義疏各三十卷。」

按周書安生傳，安生撰周禮義疏二十卷、禮記義疏四十卷。北史安生傳則謂安生撰周禮義疏二十卷、禮記義疏三十卷。

一四五

同條云：

「劉炫著五經正名十三卷，春秋述議二十卷。」

按隋書、北史炫傳，俱云炫著五經正名十二卷，春秋述議四十卷，

一四六

同條云：

「魯世達撰毛詩章句義疏四十三卷。」

按隋書世達傳，世達撰毛詩章句義疏四十一卷，北史世達傳作四十二卷。隋書經籍志著錄世達撰毛詩章句義疏四十卷。

一四七

同條云：

「張仲撰論語義三卷。」

按張仲係張冲之誤，北史隋書冲傳俱謂冲撰論語義十卷。隋書經籍志著錄張冲撰論語義疏二卷。

一四八

同條云：

「張靈暉通經，南陽王綽奏以爲王師，官三品。」

按張靈暉係孫靈暉之誤，南陽王綽奏以爲王師者，亦爲孫靈暉，張靈暉則無其人也。

一四九

「南朝經學」條云：

「崔靈恩制三禮義宗四十七卷。

按南史靈恩傳作三十卷。

一五〇

同條云：

「孔子祛集註尚書三十卷。」

按南史子祛傳作二十卷。

一五一

同條云：

「王元規著禮記音三卷。

按南史元規傳作兩卷。

一五二

「魏齊諸帝皆早生子」條云：

「魏道武帝十五歲生明元帝。」

按魏書與北史道武帝紀，道武帝生於建國三十四年。建國三十九年，昭成帝崩，帝卽位，時年六歲。登國七年，明元帝生，時帝已二十二歲。自建國卅九年至登國元年，其間尚隔九年，因無紀元年號，北史未另行標出（魏書另行標出），箚記遂將此九年漏算耳。明元帝紀有「登國七年生於雲中宮，太祖（道武帝）晚有子，聞而大悅」之語，自非十五歲生子也。

一五三

同條云：

「獻文十三歲生孝文帝。」

按獻文帝紀，獻文生於興光元年，而孝文之生，則在皇興元年，中經興光一年，太安五年，和平六年，天安一年，皇興一年，共十四年，故獻文生孝文帝實十四歲也。但以獻文卒年逆推，則易誤爲十三歲，蓋獻文卒於承明元年，時年二十三，往上逆推，至皇興元年，計歷延興五年，皇興四年，則皇興元年，獻文實十三歲。而不知延興元年，卽皇興五年也。（皇興五年八月改元延興元年。）

一五四

「魏諸帝多幼年卽位」條云：

「獻文帝十一歲卽位。」

按獻文紀，獻文卽位於和平六年，以上條證之，帝是年實十二歲也。

一五五

「高門士女」條云：

「魏太常劉芳女，中書郎崔肇師女，其夫家皆坐事，齊文宣並以賜魏收爲妻。人比之賈充，置左右夫人。（收傳。）」

按北齊書與北史收傳，劉芳女作劉芳孫女。

一五六

「北齊宮闈之醜」條謂隋革命後，北周宣帝四后朱氏、陳氏、元氏、尉遲氏皆出家爲尼，朱名法淨，陳名華光，尉遲氏名華首。按周書皇后傳，元氏出家爲尼後，亦易名華勝。

一五七

「誦經獲報」條云：

「漢明帝時，西域以白馬䭾佛經送洛，因立白馬寺，其經函形製古樸，世以爲古物，歷代寶之。韓賢故斫破之，未幾，因戰爲敗兵斫脛而死。論者謂因破經函致禍。（魏書韓賢傳。）」

按魏書無韓賢傳，此事敍於北齊書韓賢傳。

一五八

同條云：

「盧景裕繫獄，至心誦經，枷鏁自脫。時又有文人負罪當死，夢沙門教誦經，覺時，如所夢誦千遍，臨刑，刀折，主者以聞，赦之。此經遂行，號曰高王觀世音經。（北齊書盧景裕傳。）」

按北齊書無盧景裕傳，此事載於魏書景裕傳。

一五九

同條云：

「張元以祖喪明，誦藥師經，見盲者得視之言，乃請七僧，燃七燈，轉藥師經，誓以燈光，普施法界。如此七日夜，夢老翁以金鎞療其祖目。三日後，左目果明。（北史孝行傳。）」

按北史孝行傳張元本傳，左目果明作祖目果明。

一六〇

卷十六「舊唐書源委」條云：

「晉天福五年，詔張昭遠、賈緯、趙熙、鄭受益、李爲光同修唐史，宰相趙瑩監修。（晉紀。）」

按舊五代史晉紀，在天福六年。

一六一

「唐實錄國史凡兩次散失」條云：

「唐時修實錄國史者，皆當代名手。今可考而知者，高祖實錄二十卷，太宗實錄二十卷。（皆敬播撰，房玄齡監修。）……」

按舊唐書敬播傳，播與給事中許敬宗撰高祖太宗實錄，自創業至于貞觀十四年，凡四十卷，未分言高祖太宗實錄各二十卷。後播歷諫議大夫給事中，又撰太宗實錄，從貞觀十五年至二十三年爲二十卷。是播前後所撰高祖太宗兩朝實錄，凡六十卷矣。新唐書播傳云：「永徽後，仕益貴，歷諫議大夫給事中。始播與許敬宗撰高祖實錄，與創業，盡貞觀十四年。至是又撰太宗實錄，訖二十三年。」但未明言卷數，且以播與許敬宗所撰者爲高祖一朝實錄。新唐書藝文志云：「高祖實錄二十卷（敬播撰，房玄齡監修，許敬宗刪改。）今上（指太宗），實錄二十卷（敬播顧允撰，房玄齡監修。）」箚記蓋本之於此，而未考之播傳耳。

一六二

同條云：

「初高祖太宗兩朝實錄，敬播等所修頗詳直，敬宗輒以己意改之。敬宗貪財，嫁女於錢九隴，本皇家隸人也，乃列之於劉文靜等功臣傳。又其子娶尉遲敬德女，則爲敬德作佳傳。事見敬宗傳。」

按舊唐書敬宗傳云：「敬宗爲子娶尉遲寶琳孫女爲妻，多得賂遺，及作寶琳父敬德傳，悉爲隱諸過咎。」是敬宗爲子所娶之妻，乃尉遲敬德子寶琳之孫女，非敬德女也。新唐書敬宗傳作敬德孫女。

一六三

同條云：

「文宗實錄四十卷。（盧耽、蔣偕、盧告、牛叢撰，魏謩監修。）」

按唐書藝文志，參與撰文宗實錄者尚有王渢。

一六四

同條云：

「舊唐書宣宗紀論云：宣宗賢主，雖漢文景不過也。惜乎簡籍遺落，十無二三。」

以舊唐書宣宗紀論考之，十無二三作十無三四。

一六五

「舊唐書前半全用實錄國史舊本」條云：

「穆宗以下諸帝，皆宦官所立，而本紀絕不書。凡故君紀內，必先書遺詔，以某嗣位，而於新君紀內，即書某月日柩前即位，一似授受得其正，皆先帝彌留時所定，而宦官無與者，此本紀之廻護也。」

以舊唐書本紀考之，則殊有不然者。憲宗之崩，舊書書云：「上崩於大明宮之中和殿，享年四十三。時以暴崩，皆言內官陳弘志弒逆，史氏諱而不書。」舊書未嘗爲宦官陳弘志諱。其下雖接云：「辛丑宣遺詔」，然未有以某嗣位之明文。穆宗之立，書云：「憲宗崩，即皇帝位於太極殿。」亦未書柩前即位也。穆宗之崩，書曰：「長慶四年正月辛未，上大漸，詔皇太子監國，壬申，上崩於寢殿。」敬宗之立，書曰：「穆宗崩，皇太子即位柩前。」似若有所諱矣，然考之新書，敬宗之立，由宰相李逢吉之力，無與於宦官也。若敬宗之崩，新書僅書曰：「中官劉克明反，皇帝崩。」舊書則云：「帝夜獵還宮，與中官劉克明田務成許文端打毬軍將蘇佐明王嘉憲石定寬等二十八人飲酒，帝方酣，入室更衣，殿上燭忽滅，劉克明等同謀害帝，即時殂於室內。」舊書所書，固較新書爲詳盡矣。

文宗之立，舊書則又明書曰：「寶曆二年十二月八日，敬宗遇害，賊蘇佐明等矯制立絳王勾當軍國事，樞密使王守澄中尉梁守謙率禁軍討賊，誅絳王，迎上于江邸。……己巳即位於宣政殿。」與新書所書同，此豈得謂之廻護耶！

文宗疾大漸，神策軍護軍中尉仇士良魚弘志矯昭廢皇太子成美復爲陳王，立潁王(武宗)爲皇太弟，舊書書詔立親弟潁王瀍爲皇太弟，權勾當軍國事，皇太子成美復爲陳王；武宗不豫，左神策軍護軍中尉馬元贄立光王怡（宣宗）爲皇太叔，權勾當軍國政事。舊書書遺詔以皇太叔光王柩前即位；宣宗疾篤，左神策軍護軍中尉王宗實立鄆王溫爲皇太子，權勾當國軍政事，舊書書遺詔立鄆王（懿宗）爲皇太子；懿宗疾大漸，左右神策護軍中尉劉行深韓文約立普王（僖宗）爲皇太子，舊書書遺詔立普王爲皇太子，且載遺詔全文；僖宗疾大漸，觀軍容使楊復恭率兵迎壽王（昭宗），立爲皇太子，舊書書遺詔立壽王爲皇太弟。是則舊書之廻護矣。（昭宗之崩與哀帝之立，舊書與新書所書頗同。惟新書書朱全忠弒昭宗，立柷（哀帝）爲皇太子，舊書書蔣玄暉矯詔立之。）

一六六

同條云：

「宣宗母鄭，本丹陽人，有相者云：當生天子。李錡聞之，納爲妾。後錡反，沒入宮，憲宗幸之，遂生宣宗。」

按新唐書后妃傳，李錡納鄭氏，在元和初反時，後錡誅，鄭氏沒入宮。是鄭氏之入宮，在錡誅以後。錡反時，則正錡納鄭氏之時也。

一六七

同條云：

「田神功先爲安祿山兵馬使，歸朝後，守陳與賊戰不勝，又降史思明，思明令其南畧江淮，遂再歸順。」

按新唐書神功傳，守陳作守陳留。

一六八

同條謂舊書於劉仁軌、裴行儉、郝處俊傳論，並稱仁軌曰劉欒城，行儉曰裴聞喜，處俊曰郝甑山，不稱名而稱爵邑。按舊書劉欒城作劉樂城，樂欒形相涉而譌。

一六九

「新書本紀書安史之亂」條云：

「至德二載二月，書郭英乂及慶緒戰於武功，敗績。又書郭子儀及慶緒戰於潼關，敗之。又書子儀及慶緒戰於永豐倉，敗之。又書崔光遠及慶緒戰於駱谷，敗之。」

按新書肅宗紀，崔光遠及安慶緒駱谷之戰，在至德二載八月。

一七〇

同條云：

「劉橋之戰，書子儀敗慶緒將李歸仁。」

按新書肅宗紀，劉橋作劉運橋。

一七一

「新書改編各傳」條云：

「舊書孔頴達、顏師古、馬懷素、褚无量皆在列傳，新書改入儒林。」

按新唐書有儒學傳，無儒林傳。

一七二

同條云：

「劉太眞、邵說、于邵、崔元翰、于公異、李善、李賀皆在列傳，新書改入文苑。」

按新唐書立文藝傳，立文苑傳者爲舊唐書。

一七三

同條云：

「邱神勣本附其父和傳後，改入酷吏。」

按邱神勣乃和孫，非和子，和子乃行恭，行恭子則神勣耳。又舊唐書卷五十九既有邱和傳與行恭神勣附傳，卷一百八十六酷吏傳又特爲神勣立傳。新書入之酷吏傳，蓋仍舊書，非改入也。

一七四

同條云：

「楊元炎、薛季昶本在循吏傳，改與桓彥範等同卷。」

按舊唐書楊元炎、薛季昶在良吏傳，循吏傳則新唐書所立。

同條云：

一七五

「舊書無藩鎮傳，殊覺淆混。新書則魏博、鎮冀、淄青、横海、宣武、彰義、澤路各爲一卷。」

按新書藩鎮傳，盧龍亦自爲一卷。

一七六

卷十七「新書增舊書有關係處」條云：

「崔光遠傳，（增），玄宗出奔，光遠爲京兆尹，僞遣子東見祿山。時祿山已令張休爲京兆尹，及得光遠投順，即命休還洛。」

按此事舊唐書光遠傳亦載之。

一七七

同條云：

「李光弼傳，（增），邙山之敗，由魚朝恩不聽光弼言，去山險就平地，故敗。」

按新唐書光弼傳，不聽光弼言，去山險就平地者，乃僕固懷恩，非魚朝恩也。魚朝恩是時爲觀軍容使，以神策兵屯陝東。光弼攻懷州，擒安太清，史思明使諜宣言賊將士皆北人，謳唫思歸，朝恩信之，屢上賊可滅狀。肅宗詔諭光弼，光弼因言賊方鋭，未可輕動。僕固懷恩是時爲光弼副，媢光弼功，陰佐朝恩陳掃除計，故於邙山之戰，不聽光弼言，而致覆唐師耳。

一七八

同條云：

「李吉甫傳，（增），劾中書吏滑渙，勾結樞密使竊權。」

按此事舊唐書吉甫傳亦載之。

一七九

同條云：

「張薦傳，（增），顏眞卿使於李希烈，爲所拘縶，薦上疏，請以希烈之母妻妹三人之拘於京師者，移置境上，以贖眞卿。」

按新書薦傳，希烈妻、祖母郭及妻妹封，並拘京師，薦上疏請以移置境上，以贖眞卿者，卽指此三人，並未涉及希烈之母及妹也。

一八〇

同條云：

「王起傳，（增），武宗卽位，起爲山陵使，樞密劉宏逸、薛稜欲因山陵兵謀廢立，起密奏，乃皆伏誅。」

按此事載於舊書起傳，新書起傳無此記載。又薛稜作薛季稜。

一八一

同條云：

「裴度傳，（增），度與帝言，君子無黨，小人有黨。」

按新書度傳，憲宗嘗語：「臣事君，當勵善底公，朕惡夫樹黨者。」度對曰：「君子小人，以類而聚，未有無徒者。君子之徒同德，小人之徒同惡，外甚類，中實遠。」是度以爲君子小人皆有黨，不過同德同惡之不同，並未言君子無黨也。

一八二

同條云：

「李石傳，（增），討劉稹時，石奉使督戰，責石雄王宰等取破賊期，後果如期奏績。」

按新書石傳亦無此記載。

一八三

同條云：

「黃巢傳，（增），賊將朱温爲王重榮所敗，遂降於重榮。」

按舊書巢傳亦載温降重榮之事，惟未載其戰敗情形。

一八四

「新書刪舊書處」條云：

「豆彥威傳，議僕射上事儀注，宜遵開元禮，受冊官與百僚答拜，不得坐受。」

按此事見王彥威傳，豆彥威應作王彥威，唐書無豆彥威其人。豆王二字形相涉而譌。

一八五

同條云：

「李德裕傳，有自著窮愁志及論冥數一篇。」

按舊書德裕傳，德裕初貶潮州，顚沛之中，猶留心著述，雜序數十篇，號曰窮愁志。論冥數不過其中一篇。未嘗別行也。

一八六

同條云：

「王武俊傳，舊書，李寶臣與朱滔破田承嗣，代宗使中貴馬承倩勞之，寶臣贈絹少，爲承倩所詢，寶臣慚，武俊遂勸寶臣刼滔兵反，與承嗣合。新書删之，以此事已見於武俊傳也。」

按此事見新書寶臣傳與承嗣傳（寶臣傳載之較詳），武俊傳未載。既謂舊書武俊傳載此事，而新書删之，不應復曰已見於武俊傳。

一八七

同條云：

「劉怦傳，舊書，怦本朱滔部將，先勸滔勿反，及滔舉兵敗歸，疑怦有異志，不敢入，怦乃具卒伍郊迎二十里，入之。人以爲忠於所事。新書删之，以此事已見於怦傳也。」

按此事見新書滔傳，怦傳未載。誤與上條同。

一八八

同條云：

「田悅傳，朱滔方圍悅貝州，田緒殺悅，卽以兵與王武俊李抱眞大破滔於涇城。此事有關於三鎭離合之故，而新書删之。

按緒武俊抱眞破滔涇城事，舊書悅傳載之，而新書不載；緒殺悅事，新舊書悅傳皆載之；滔圍悅貝州事，則載於新書悅傳，而舊書未載。

一八九

卷十八「新書改舊書文義處」條云：

「甘露之變，舊書本紀書仇士良率兵誅王涯、賈餗、舒元輿、李訓、王璠、郭行餘、羅立言、李孝本、韓約等十餘家。案是時李訓見事敗，卽出奔，鄭注亦尚在鳳翔，非同日被殺也。」

按新書本紀，太和九年十一月己巳仇士良誅韓約，而舊書本紀士良誅王涯等在壬戌，新書在乙丑。則韓約亦非與王涯等同日被殺也。

又士良率兵所誅王涯等十餘家中，有鄭注在內，（見舊書本紀，）劄記偶脫之。所云「鄭注尚在鳳翔，非同日被殺」之語，殊覺突然。

一九〇

「新書好用韓柳文」條云：

「白居易傳，舊書載其與元稹書，極敍作詩之功及得名之處。後移忠州，與稹相遇於夷陵，流連文酒，寫木蓮枝圖以寄朝士。」

按舊書居易傳，木蓮枝圖作木蓮荔枝圖，脫荔字。

一九一

「新書詳載章疏」條云：

「新書於舊書內奏疏當存者，或駢體，或雖非駢體而蕪詞過多，則皆節而存之，以文雖蕪而言則可採也。其節存者，……褚亮論九廟七廟一疏，諫獵一疏，……楊綰請復古孝廉一疏又公卿大臣核議一疏。……竇參傳內，參旣貶，德宗欲殺之，陸贄諫，以爲殺之太重一疏。……」

按新書褚亮傳，高祖獵，親格虎，亮懇悃致諫，帝禮納其言。新書所載，不過如是，於舊書所載亮諫獵一疏，並未節存片言隻字。新書楊綰傳，於綰請復古孝廉事亦僅云：「建復古孝廉力田等科，天下高其議。」舊書所載疏言，未曾節存一字。又公卿大臣核議一疏，不惟未節存，即此事亦未敍及。新書竇參傳亦未節存陸贄諫德宗一疏。

一九二

「新舊書互異處」條云：

「本紀，儀鳳二年，劉審禮與吐蕃戰於青海，敗績。」

按新舊書本紀，在儀鳳三年。

一九三

同條云：

「憲宗之弑，舊書謂宦者陳宏慶，新書作陳宏志。舊書宏慶等弑逆，不言王守澄。新書謂守澄與宏志等弑帝。」

按舊書王守澄傳弑憲宗者爲陳弘慶，本記作陳弘志。新書守澄傳謂守澄與弘志弑帝於中和殿，本紀則亦僅言弘志弑逆，不言守澄。箚記未檢照本紀，僅就新舊書列傳言之。

一九四

「新舊書各有紀傳互異處」條云：

「舊書張仲武傳，史元忠爲行泰（陳行泰）所逐，行泰又爲絳（張絳）所逐。」

按舊書仲武傳，元忠爲行泰所殺，行泰爲絳所殺，非被逐也。

一九五

「新舊書誤處」條云：

「郭子儀傳，新書，代宗卽位，子儀懼程元振讒，乃裒肅宗所賜詔敕千餘篇上之。案舊書子儀表代宗云：陛下貽臣詔書一千餘篇，自靈武河北河南臣所經行，蒙賜手詔敕書凡二十卷，昧死上進。是代宗爲廣平王，與子儀同收復兩京時（，）軍中往來手札也。代宗既卽位，故卽謂之詔敕。新書以爲肅宗詔敕，殊誤。」

按舊書子儀傳，子儀表代宗疏前，亦云：「進肅宗所賜前後詔敕。」是舊書已先誤，新書沿之。箚記專責新書，亦未細稽。

一九六

同條云：

「舊書興元元年，李抱眞、王武俊破朱滔于京城東南，擒其僞相朱良祐、李俊等，滔遁歸幽州。案朱泚、朱滔、武俊、抱眞、田悅、田緒等傳，是時泚因涇師之變，僭據京城，其弟滔及武俊、田悅等，方連衡抗朝命，泚遣人冊滔爲皇太弟，使發兵趨洛陽，與己合勢。滔率兵而南，悅託詞不助兵，滔怒，遂攻其貝州。武俊、抱眞以滔强横難共事，遂合兵襲滔，大敗之，朱良佑等被執，滔遁歸幽州，是滔至貝州即敗去，未嘗近京城也。新書武俊等傳，則謂滔敗于經城。田緒傳，又謂與武俊等敗滔于涇城。然則舊書所云京城東南者，蓋經城涇城之訛也。」

按緒與武俊等敗滔涇城事，載於舊書田悅傳，新書緒傳，未有涇城二字。

一九七

卷十九「時政記」條云：

「憲宗嘗問李吉甫時政記記何事，吉甫曰：是宰相記天子事，以授史館之實錄也。左史記言，今起居舍人是；右史記事，今起居郎是。永徽中，姚璹監修國史，慮造膝之言，外間或不得聞，因請隨奏對而記於仗下，以授史館，今時政記是也。上曰：間有不修何也？曰：面奉德音，未及行者，不可書付史官；有謀議出于臣下者，又不可自書付史官故也。（憲宗紀。）」

按此事見舊書吉甫傳，憲完紀未載。

一九八

「德宗好爲詩」條云：

「貞元二年，宴羣臣於麟德殿，賦詩一章，令羣臣和。」

按舊書本紀，在貞元四年。新書無此記載。

一九九

同條云：

「十二年御製刑政箴一首，又製中和樂武曲，於御殿奏之。是年仲春，賜晏麟德殿。九日，賜宴曲江，皆賦詩。」

按舊書本紀，製刑政箴爲貞元十二年事。製中和樂武曲，賜晏麟德殿，則貞元十四年事。至賜晏曲江，則又十三年九月九日事也。

二〇〇

「褒貶前代忠奸」條云：

「麟德元年，詔訪周宇文孝伯子孫，授以官。」

按新舊書本紀，麟德元年均無此記載。

同條云：

「貞觀元年，追論隋臣裴虔通手弑煬帝之罪，削爵流驩州。」

按新舊書本紀，皆在貞觀二年。

二〇二

「皇太后不祔葬」條云：

「穆宗久葬，其妃韋氏生武宗，亦已久亡，武宗立，欲以母祔葬于穆宗之光陵。宰臣奏，神道安於靜，光陵葬已二十年，不可更穿，太后所葬之福陵，亦崇築已久，不宜從，請但奉主祔廟。穆宗從之。」

按穆宗從之應作武宗從之，時穆宗已葬二十年矣。

二〇三

「武后納諫知人」條云：

「后欲以季冬講武，有司遷延至孟春，王方慶諫，孟春不可習武。卽從之。（武慶傳）」

按此事見王方慶傳，王武慶則無人也。

二〇四

同條云：

「舊書本紀贊，謂后不惜官爵，籠豪傑以自助，有一言合，輒不次用，不稱職，亦廢誅不少假，務取實才眞賢。」

按舊書本紀贊無此語。

二〇五

「改惡人姓名」條云：

「唐高宗王皇后蕭良娣爲武后所殺，武后改王皇后姓爲蟒氏，蕭良娣姓爲梟氏。武后又殺其姪武惟良、武懷運，皆改姓蝮氏。革命後，琅琊王沖、越王貞起兵復唐，事敗被殺，皆改姓虺氏。」

按唐書越王貞傳，貞係仰藥自殺，非被殺。

二〇六

「朝賀近臣先行禮」條云：

「朝賀時，近御諸臣，須于殿陛侍班，故先于內殿行禮，然後隨至正殿。此制蓋自唐武宗始。會昌元年，中書省奏元日御含元殿，百官就列，惟宰相及兩省官，皆于未開扇之前，立欄檻內，及扇門開，即侍立於御前。是宰相近臣，轉不得行禮。請御殿日，宰相兩省官，在香案前侍立，俟扇開，即再拜，拜訖，升殿侍立，然後百官行禮。從之。（本紀。）」

按舊書武宗紀，在會昌二年。新書武宗紀無此記載。

二〇七

卷二十「中官出使及監軍之弊」條云：

「魚朝恩爲觀軍容使，邙山之戰，李光弼欲據險而陣，朝恩令陣於平地，遂致大敗。（光弼傳。）」

按光弼傳，令光弼陣於平地者，乃僕固懷恩。說見一七八條。

二〇八

「唐宦官多閩廣人」條云：

「唐時諸道進閹兒，號私白，閩嶺最多，如高力士本高州馮盎之後，嶺南討擊使李千里進之。後吐突承璀及楊復光，皆閩人，時號閩爲中官區藪。咸通中，杜宣猷爲閩中觀察使，每歲時，遣吏致祭其先，時號爲敕使墓戶。（宣猷傳。）」

按此見高力士傳及吐突承璀傳，新舊書中無杜宣猷傳。

二〇九

「方鎭兵出境即仰度支供餽」條云：

「劉總出軍討王承宗，取其武强縣，遂持兩端，以利朝廷賞賜。（承宗傳。）」

按新舊書承宗傳均不載此事，此事載於劉總傳。

二一〇

同條云：

「其實心爲國者，惟李鄘以淮南兵二千討李師道，糧餉未嘗仰給于有司。（鄘傳。）」

按新舊書鄘傳，兵二千作兵二萬。

二一一

「間架除陌宮市五坊小使之病民」條云：

「聽宦官主宮市，置數十百人，閱物廛左，謂之白望，無詔文驗核，但稱宮市，則莫敢誰何。大率與直，十不償一。又邀闔闠所奉及腳直，至有重荷趨肆而徒返者。有民賣一驢薪，官人以數尺帛易之。又取它費，且驅驢入官，民願納薪，辭帛而去，不許。民恚曰：惟有死耳。遂擊宦者，有司執之以聞。帝黜宦者，賜民帛十匹，然宮市不廢也。諫臣交章論，皆不納，京兆吳湊奏宮中所須，責臣可辦，不必差宮使。亦不報。會張建封入朝言之，始稍戢。（建封湊傳。）」

按新書湊傳，德宗於湊奏言，輒順可，未嘗不報。舊書湊傳亦謂德宗多從湊言。舊書建封傳於諫官御史表疏廢宮市皆不聽後亦云：「吳湊以戚里爲京兆尹，深言其弊，建封入覲具奏之，德宗頗深嘉納。」是亦未嘗言不報湊奏也。

二一二

「睢陽殉節尚有姚闇」條云：

「案巡遣南，雷二將在敗賊寧陵時，尚有別將二十五人：石承平、李辭、陸元鎮、朱珪、宋若虛、楊振威、耿慶、馬日升、張維清、廉坦、張重、孫景趨、趙連城、王森、喬紹俊、張恭默、祝忠、李嘉隱、翟良輔、孫廷皎、馮顏。（見新書巡傳，餘四人失其名。）」

按新書巡傳，陸元鎮作陸元鍠，耿慶作耿慶禮。

二一三

「唐初三禮漢書文選之學」條云：

「王恭精三禮，別爲義證，甚精博。蓋文懿文達，皆當世大儒，每講必偏舉先儒義，而暢恭所說。（孔穎達傳。）」

按此見王恭傳，不見孔穎達傳。恭穎達傳同卷，穎達傳在恭傳前，此以恭傳而誤爲穎達傳也。

二一四

卷二十一「薛居正五代史」條云：

「歐陽修私撰五代史記七十五卷。」

按歐史計本紀十二卷，列傳四十五卷，考三卷，世家年譜十一卷，附錄三卷，共七十四卷。

二一五

「薛史失檢處」條云：

「南唐劉仁贍死守壽州……其子崇諫勸之降，卽斬以徇。」

按歐史劉仁贍傳（附於王彥章傳後）云：「仁贍子崇諫，幸其父病，謀與諸將出降，仁贍立命斬之。」是仁贍子崇諫乃於其父病時，謀與諸將出降，並未敢勸其父降也。

二一六

「薛史亦有直筆」條云：

「趙在禮孫廷勳仕宋歷岳蜀二州刺史，而在禮傳載其在宋州貪暴，及移鎮，民相賀曰：拔去眼中釘矣。在禮聞之，怒，又乞留宋一年，每戶徵錢一千，號拔釘錢。」

按此事見陶岳五代史補，非薛史本文。

二一七

同條云：

「安審琦三子皆仕宋爲顯官。」

按薛史審琦傳云：「子守忠，仕皇朝，累爲郡守。」其他未言審琦子有仕宋者，審琦子之見於審琦傳者，亦僅守忠一人。

二一八

「歐史不專據薛史舊本」條云：

「按宋史范質嘗述朱梁至周爲通鑑六十五卷。（質傳。）」

按宋史質傳，通鑑作通錄。

二一九

同條云：

「路振採五代九國君臣事跡作世家列傳。（振傳）」

按宋史振傳無此記載。

二三〇

卷二十二「五代幕僚之禍」條云：

「高行周鎮鄴城，其副使張鵬一言不合，爲行周所奏，詔即處斬。（行周傳。）」

按此事見張鵬傳，高行周傳未載。歐薛二史同。

二三一

「五代鹽麴之禁」條云：

「海鹽界分每年收錢一千七萬貫。」

按薛史食貨志，作一十七萬貫。

二三二

卷二十三「宋史事最詳」條云：

「宋史本紀，太平興國三年，命修太祖實錄。又詔軍國政要，令參知政事李昉等，錄送史館。」

按宋史本紀，太平興國三年，命修太祖實錄。八年，增謚法，詔軍國政要，令參知政事李昉及樞密院副使一人，錄送史館。

二三三

同條云：

「徽宗實錄，則紹興八年始修」。

按高宗紀，始修徽宗實錄，在紹興九年。」

二二四

同條云：

「欽宗實錄，則隆興中蔣芾等所修。」

按孝宗紀，乾道二年，詔免進呈欽宗日厤，送國史院修纂實錄。四年，蔣芾等上欽宗實錄。是欽宗實錄，乃蔣芾等修於乾道中也。

二二五

同條云：

「又有魏杞等所上神、哲、徽三朝正史，陳俊卿、虞允文等上神、哲、徽、欽四朝會要，趙雄等上神，哲、徽、欽四朝國史志，王淮等上神、哲、徽、欽四朝列傳，則皆孝光兩朝所續成也。」

按孝宗紀，乾道二年，魏杞等上神、哲、徽三朝正史，乾道六年，陳俊卿、虞允文等上神、哲、徽、欽四朝會要，淳熙七年，趙雄等上神、哲、徽、欽四朝國史志，淳熙十三年，王淮等上神，哲、徽、欽四朝列傳，皆上於孝宗朝，未有上於光宗朝者。

二二六

同條云：

「孝宗隆興元年，詔修太上皇帝聖政記。二年書成，命進德壽宮。」

按孝宗紀，高宗（即所云太上皇帝）聖政進於乾道二年，非隆興二年。

二二七

同條云：

「寧宗受禪，亦詔修太上皇聖政日曆，慶元三年，書成，進於壽康宮。」

按寧宗紀，光宗（即所云太上皇）聖政日曆，進於慶元六年。

二二八

同條云：

「孝宗時，李燾著續通鑑長編，自建隆至治平一百八十卷。」

按孝宗紀與燾傳，皆作一百八卷。十字衍。

二二九

「宋史多國史原本」條云：

「唐恪傳後，謂當時蔡京，王黼用事，援引者多，如余深、薛昂、吳敏、王安中，趙野等，國史皆逸其事，今附著於此。」

按此事附於李邦彥傳後，非附於恪傳後，恪邦彥傳同卷，恪傳在邦彥傳前，此以邦彥傳誤爲恪傳也。

二三〇

「宋史各傳迴護處」條云：

「世忠（韓世忠）飲於內侍李廙之家，刃傷弓匠。（見魏矼傳。）」

按矼傳云：「內侍李廙飲韓世忠家，刃傷弓匠，事下廷尉。矼言內侍出入宮禁，而狠戾發於盃酒，事至如此，豈得不過爲之慮！建炎詔令禁內侍不得交通主兵官及預朝政，違者處以軍法，乞申嚴其禁，以謹履霜之戒。於是廙杖脊配瓊州。」是刃傷弓匠乃廙，非世忠也。

一三三一

同條云：

「珂（岳珂）守當塗，制置茶鹽，自詭興利，橫斂百出，商旅不行，國計反詘於初。又置貪刻吏，開告訐之門，以罔民而沒其財。民李士賢有稻二千石，囚之半載。（見徐慶卿傳。）」

按此事見徐鹿卿傳，徐慶卿宋史未有其人。慶鹿形相涉而譌。

一三三二

同條云：

「彌遠（史彌遠）傳謂兵端既開，人皆畏侂胄（韓侂胄）不敢言，彌遠力陳危迫之勢，皇子詢入奏，乃罷侂胄，既而臺諫給舍交章論，侂胄乃就誅，召彌遠對咸和殿。」

按彌遠傳，咸和殿作延和殿。

一三三三

同條云：

「端平初，宋遣將孟珙與蒙古兵共滅金。其時宋與蒙古，本敦鄰好，並無嫌隙，忽焉興師入洛，規復中原，兵端遂由此起。據賈似道傳，滅金時，珙與蒙古約，以陳蔡為界。師未還，趙范謀發兵據殽函，復中原地，元兵擊敗之。是開釁者，范實為禍首也。……乃趙范傳，不載其主謀用兵事，反云：滅金後，范言於理宗曰，宣和海上之盟，厥初甚美，迄以取禍，不可不鑑。趙葵傳亦載其所奏云：國家兵力未贍，姑從和議，俟根本既壯，恢復中原。」

按范傳，未載其告理宗之言，葵傳亦未載其贊成和議之奏。

二三四

同條云：

「崔與之傳，謂朝廷取三京，與之頓足浩嘆！」

按朝廷取三京，乃一大快事，豈有聞之而頓足浩嘆者？閱與之傳，乃知金亡朝廷議取三京，與之遂聞之而嘆耳。刪一「議」字，致面貌全非。

二三五

「各傳附會處」條云：

「繼倫傳，繼倫領兵巡路，遼裕悅耶律休格數萬騎，遇之不顧而南。」

按繼倫傳，是時徑趨大軍過繼倫軍不顧而南者，乃遼將于越（即裕悅），未言及休格。

二三六

同條云：

「蕭注傳，智高走大理，其母與二弟寓特磨道，注偵得之，悉擒送闕下。」

按注傳，二弟作三弟。

二三七

同條云：

「賈涉傳，李全取海州及密、濰，收登、萊二州。又結青州，張林以濱、棣、淄、濟、沂等州來降。」

按涉傳，青州守張林以濱、棣、淄等州降，濟沂等州，爲全所攻取。

二三八

卷二十四「宋史排次失當處」條云：

「宋史又有不必立傳者，……趙昂、李穀、竇貞固、李濤、趙上交、張錫、張鑄、邊歸讜、劉濤等，並未官於宋，則傳之何爲？」

按李穀、竇貞固、劉濤三人，皆未曾官於宋。李濤則宋初拜兵部尙書，趙上交宋初起爲尙書右丞，張錫宋初任給事中，張鑄宋初加檢校刑部尙書，邊歸讜宋初拜刑部尙書，任事之時間雖短，固無一而非官於宋者。又宋史無趙昂傳。

二三九

同條云：

「郭浩楊政，皆吳氏（吳玠吳璘）部將。」

按楊政故爲吳璘裨將，後與璘分道建帥。郭浩則始終與吳氏兄弟並肩作戰，未嘗爲其部將。（見浩、政各本傳。）

二四〇

同條云：

「權邦彥徽欽時人，卒於高宗紹興三年，乃厠於寧宗諸臣之列。」

按邦彥與史浩、王淮、趙雄、程松、陳謙，張巖諸人同卷、程松、陳謙、張巖三人，固皆寧宗時人，而史浩、王淮、趙雄三人，則非寧宗時人也。史浩相孝宗，卒於光宗紹熙五年，趙雄則卒於紹熙四年，王淮於孝宗淳熙十六年亦卒。斯三人固無一能覩寧宗之立者。

二四一

同條云：

「汪若海、張運、柳約亦皆欽高時人，而厠於理宗諸臣之列。」

按汪若海等與李舜臣、孫逢吉、章頴、商飛卿、劉頴、徐邦憲諸人同卷，諸人無一爲理宗之臣者。章頴卒於寧宗嘉定十一年，劉頴卒於嘉定六年，李舜臣、孫逢吉、商飛卿、徐邦憲四人，史雖未著明其卒於何年，然以其事迹推之，李、孫爲孝光時人，商、徐爲寧宗時人，昭然不可誣也。

二四二

同條云：

「林勳、劉才邵等皆高孝時人，幷側於德祐末造李庭芝諸人之列。」

按林勳劉才邵與許忻，應孟明，曾三聘，徐僑，度正，牛大年，程珌，陳仲微，梁成大，李知孝諸人同卷，屬列傳第一百八十一，李庭芝則屬於列傳第一百八十，在勳才邵等前一卷。

二四三

「宋初降王子弟布滿中外」條云：

「高繼沖納土，但令王仁贍知軍府事，而仍令繼沖鎮其地。迨繼沖入朝，改授武寧軍節度使，徐宿觀察使，鎮彭門，凡十年。其叔高保衡歷知宿、懷、同、汝四州及光化軍。」

按宋史荊南高氏世家，歷知宿、懷、同，汝四州及光化軍者，爲高繼沖叔保寅，非保衡。

二四四

「宋諸帝御集皆建閣藏貯」條云：

「英宗建寶文閣，藏仁宗御集，神宗以英宗御書，亦附於內。」

按英宗紀，未載建寶文閣事，仁宗紀嘉祐七年，仁宗曾幸寶文閣，則寶文閣仁宗時已存在，自非英宗所建。又神宗紀，亦未載神宗以英宗御書，附寶文閣內。哲宗紀，元祐四年，蘇轍上神宗御集，藏寶文閣。

二四五

「宋皇后所生太子皆不吉」條云：

「度宗后全氏，正位中宮，後生德祐帝。（咸淳三年，立全后，七年，生帝㬎。）」

按宋史本紀，帝㬎之生，在咸淳六年。

二四六

「宋初考古之學」條云：

「乾德三年，范質等三相俱罷。」

按太祖紀與趙普傳，在乾德二年。

二四七

「宋初嚴懲贓吏」條云：

「乾德三年，員外郎李岳，陳偃，殿直成德鈞，皆坐贓棄市。蔡河綱官王訓等，以糠土雜軍糧磔於市。」

按太祖紀，員外郎陳偃坐贓棄市在乾德五年，蔡河綱官王訓等磔於市在建隆三年。

二四八

同條云：

「開寶四年，將軍桑進興，洗馬王元吉，侍御史張穆，左拾遺張恂，皆坐贓棄市。劉祺贓輕，杖流海島。六年，中允郭思齊，觀察判官崔絢，錄事參軍馬德林，俱坐贓棄市。」

按太祖紀，張穆，張恂棄市，在開寶五年。劉祺杖流海島在七年，崔絢、馬德林棄市在八年，郭思齊棄市在九年。又張恂爲右拾遺，非左拾遺。

二四九

同條云：

「太宗太平興國三年，泗州錄事參軍徐璧，坐監倉受賄出虛券棄市；侍御史趙承嗣隱官錢棄市。又詔諸職官，以贓論罪，雖遇赦不得救，永爲定制。中書令李知古坐受贓改法杖殺之。詹事丞徐選坐贓杖殺之。御史張白以官錢糴賣棄市，汴河主糧吏奪漕軍糧，斷其腕，徇河于三日，斬之。」

按太宗紀，張白棄市，在興國六年，汴河主糧吏之斬，在雍熙二年。

二五〇

同條云：

「眞宗時，棄市之法不復見，惟杖流海島。」

按眞宗時，治贓吏之法雖較弛縱，然亦有以受贓棄市者，咸平五年，知榮州褚德臻卽坐盜取官銀棄市也。

二五一

同條云：

「蘇頌傳，知金州張仲宣，坐枉法贓，應死，法官援李希輔例，杖脊黥配海島。頌奏仲宣贓少應減，神宗曰：免杖而黥之可乎？頌引刑不上大夫爲對，遂免黥，永爲定制。自是宋代命官，犯贓抵死者，例不加刑。當時論者，謂頌一言而除黥刺，以爲仁人之言其利溥。（見頌傳。）」

按頌傳論，曾極力稱許頌一言而除黥刺，傳論係元人修史者所發議論，不能謂爲頌同時人之言論。又開首既指出蘇頌傳矣，則後之「見頌傳」三字應刪。

二五二

同條云：

「南渡後，高宗雖有詔，按察官歲上所發摘贓吏姓名，以爲殿最。然本紀未見治罪之人。」

按高宗時，治贓吏之法，雖不若以前之嚴厲執行，然亦有以贓致罪者，紹興二年，左朝奉郎孫覿坐前知臨安府贓汚，貸死除名；五年，貴池縣丞黃大本坐枉法贓杖脊刺配南雄州。此皆見於高宗本紀者。

二五三

同條云：

「湯燾疏言，苞苴有昔所未有之物，故民罹昔所未有之害，苞苴有不可勝窮之費，故民有不可勝窮之憂。（見燾傳）」

按宋史無湯燾傳。

二五四

同條云：

「賈似道亦疏言，裕財之道，莫急於去贓吏，藝祖杖殺朝堂，孝宗眞決刺面，今當仿而行之。（見似道傳。）」

按此疏不見於似道傳。

二五五

卷二十五「宋封王之制」條云：

「徽宗時，追封王安石舒王，蔡確汝南郡王。」

按蔡確傳，徽宗時追封確淸源郡王，非汝南郡王。汝南淸源音相涉而譌。

二五六

同條云：

「史浩追封會稽郡王，又加衞王。韓侂胄生封平原郡王，史彌遠生封會稽郡王，死又追封越王。」

按史浩傳，浩追封會稽郡王後，嘉定十四年，追加越王，非加衞王。史彌遠傳，彌遠死後，追封衞王。

二五七

同條云：

「太祖追封杜太后弟審進爲京兆郡王。」

按審進傳，審進追封爲京兆郡王在景德三年，景德爲眞宗年號，何得云太祖追封？審進之死，在端拱元年，是其死之日，已爲太宗時矣。

二五八

同條云：

「仁宗追封眞宗潘后父美鄭王，郭后弟守文譙王。」

按郭守文乃郭后父，非其弟，崇仁乃其弟耳。又守文死於太宗端拱三年，太宗悼惜之，追封譙王，非仁宗所追封也。

二五九

同條云：

「英宗宣仁聖烈高后，神宗追封其父繼勳康王，兄遵甫楚王。」

按高后紀與繼勳傳，繼勳為高后祖父，遵甫乃高后父耳。

二六〇

「宋待周後之厚」條云：

「仁宗嘉祐四年，詔取柴氏譜系於諸房中，推最長一人，歲時奉周祀。尋錄周世宗從孫柴元亨為三班奉職。」

按仁宗紀，不在嘉祐四年。錄用柴元亨在天聖四年，則詔周後歲時奉周祀，當在天聖四年以前。

二六一

同條云：

「至和四年，封柴詠為崇義公，給田十頃，奉周室祀。」

按仁宗紀，在嘉祐四年，至和僅二年即改元嘉祐，寧有所謂至和四年耶！又十頃作千頃。

二六二

同條云：

「神宗又錄周世宗從曾孫思恭等爲三班奉職。」

按神宗紀，思恭作貽廓，此蓋涉紀上文「遣孫思恭等報謝于遼」而誤。

二六三

「宋祠祿之制」條云：

「舒州仙靈觀……」

按職官志，舒州作尉州，仙靈觀作靈仙觀。

二六四

「宋恩蔭之濫」條云：

「曹彬卒，官其親族門客親校二十餘人。」

按彬傳作十餘人。

二六五

同條云：

「雷有終卒，官其子八人。」

按有終傳，有終卒，錄其子孝若爲內殿崇班閤門祗候，孝傑爲內殿崇班，孝緒爲供奉官，孝恭爲侍禁，親族門客給事輩遷補者八人。是所官有終之子，乃孝若、孝傑、孝緒、孝恭等四人，其他所官者，乃其親族門客給事輩耳。

二六六

同條云：

「徐禧戰歿，官其家十二人。」

按禧傳作二十人。禧傳云：「贈禧金紫光祿大夫吏部尙書，諡曰忠愍，官其家二十人。稷（李稷）工部侍郎，官其家十二人。」此以官李稷之家者，誤爲官禧家耳。

二六七

「宋恩賞之厚」條云：

「宋制，祿賜之外，又時有恩賞。李沆病，賜銀五千兩。王旦、馮拯、王欽若之卒，皆賜銀五千兩。」

按王旦、馮拯、王欽若傳，賜三人銀，亦賜於三人病時，非賜於三人之卒也。賜銀至，拯曾叩頭稱謝，旦則作奏辭之，稿末自益四句曰：「益懼多藏，況無所用，見欲散施，以息咎殃。」寧得謂爲已卒耶？

二六八

同條云

「戴興爲定國軍節度使，賜銀萬兩，歲加給錢千萬。」

按興傳爲歲加給錢七百萬。淳化五年，興出爲定武軍節度使，始歲加給錢千萬。

二六九

同條云：

「李沅、宋湜、王化基初入爲右補闕，卽各賜錢三百萬，湜知制誥，又賜銀五百兩，錢五十萬。」

按三人爲右補闕，各賜錢百萬，非三百萬。（見沅傳。）湜知制誥，賜錢五百萬，非五十萬。

二七〇

「宋冗官冗費」條云：

「王禹偁言，臣籍濟州，先時止有一刺史，一司戶，未嘗廢事，自後有團練推官一人，又增置通判副使，判局推官，而鹽酒榷稅，又增四人，曹官之外，又益司理，一州如此，天下可知（見禹偁傳。）」

按判局應作判官，考之禹偁傳果然。

二七一

同條云：

「廖剛疏言，劉晏以一千二百萬貫，供中原之兵而有餘，今以三千六百萬貫，供川陝一軍而不足。川陝兵數六萬八千四百四十九人，內官員萬一千七員，兵士所給錢，比官員不及十分之一，則冗員在官不在兵。（見剛傳。）」

按此乃李迨疏，見迨傳。迨剛傳同卷，剛傳在迨傳前，此以迨傳而誤爲剛傳也。

二七二

「宋軍律之弛」條云：

「太宗雍熙四年，劉廷讓與契丹戰於君子館，廷讓先約李繼隆爲援，及戰而繼隆不發一兵，退保樂壽，致廷讓一軍盡沒，廷讓謹以數騎脫歸。」

按太宗紀與廷讓傳，在雍熙三年。

二七三

同條云：

「眞宗咸平三年，契丹入寇，宋將傅潛擁步騎八萬不敢戰，閉城自守。部將范廷召求戰，不得已，分兵八千與之。」

按潛傳，在咸平二年。又潛分廷召兵騎八千，步二千。

二七四

「宋科場處分之輕」條云：

後唐清泰中，盧導知貢舉，將鎖院，劉濤薦薛居正必至台輔，導取之，後果爲相。（宋史薛居正傳。）」

按此事見宋史劉濤傳，居正傳未載。

二七五

同條云：

「聶嶼與趙都同赴舉，都納賂於鄭珏，報明日當登第，嶼聞不捷，乃大詬來人以恐之，珏懼，俾俱成名。（薛史珏傳。）」

按此事見薛史嶼傳，珏傳未載。

二七六

同條云：

「顯德中，劉濤考試不精，楊樸劾之。世宗命翰林學士李昉覆試，黜者七人，濤坐降謫。（見濤傳。）」

按濤傳，劾濤者乃王朴，非楊樸。

二七七

同條云：

「王欽若知貢舉，有任懿者，託素識欽若之僧惠秦，賂以白金二百五十兩，會欽若已入院，僧屬其門客，達於欽若妻李，李遣奴祁睿入院，書懿名於其臂，及白金之數以告欽若，遂得中。後事泄，欽若反委罪於同知舉官洪湛，湛遂遠貶。（見欽若及湛傳。）」

按欽若傳，爲白金三百五十兩。又宋史無湛傳。

二七八

「定罪歸刑部」條云：

「宋太祖嘗謂宰相曰：五代諸侯跋扈，有枉法殺人者，朝廷置而不問，人命至重，姑息藩鎭，當如是耶？自今諸州決大辟，錄案奏聞，付刑部覆視，遂著爲令，此建隆三年所定也。（見本紀）。」

按太祖本紀，未著何年，僅於敍太祖生平時及之。

二七九

同條云：

「張詠知益州，有小吏以罪械其頸，吏恚曰：非斬某，枷不得脫。詠卽命斬之。（見詠傳。）」

按詠傳，於謂詠剛方自任，爲治尙嚴猛後，敍及此事。然並未言明發生於知益州時。詠曾知浚義，知杭州，知昇州，知陳州，所知之地多矣，寧知此事之一定發生於知益州時耶？

一八〇

同條云：

「王濟知睦州，有狂僧突入州廨，出妖言，濟與轉運使陳堯佐按實斬之。（見濟傳。）」

按濟曾知秀州，知河中府，知杭州，知洪州，而未曾知睦州。細讀濟傳，乃謂睦州有狂僧耳，濟是時任刑部郎中。

一八一

卷二十六「宋宰相屢改官名」條云：

「……其後遂以平章事爲宰相之職，宋因之，有時特置平章軍國重事，或稱同平章軍國重事。」

按宋史職官志，同平章軍國重事作同平章軍國事。

一八二

「宋節度使」條云：

「張浚兼靜江、寧武、靜海節度使。」

按張俊曾兼靜江、寧武、靜海節度使，浚、俊形音相涉而譌。

二八三

「三入相」條云：

「趙普（乾德三年，爲門下侍郎平章事，後出爲河陽三城節度使。太平興國初再入相，拜司徒兼侍郎。八年，出爲武勝軍節度使。雍熙三年，再入相，拜太保兼侍中。）」

按普傳，爲門下侍郎平章事在乾德二年，第三次入相，拜太保兼侍中，在雍熙四年。

二八四

同條云：

「陳康伯（紹興三十一年，拜尚書右僕射，出判信州。隆興初，又拜尚書左僕射，同中書平章事，出知建康府。淳熙九年，拜右丞相。）」

按康伯傳，紹興三十一年，拜尚書左僕射，非右僕射。出判信州，則在隆興初。至出知建康府，乃無其事，淳熙九年，拜右丞相，更屬無稽，此乃梁克家之事，劄記一時誤移耳。（康伯克家傳同卷，康伯傳在克家傳前。）

二八五

「四次入相」條云：

「蔡京（崇寧二年，以右僕射入相，尋免爲開府儀同三司。大觀元年，又拜左僕射，三年罷，出居杭州。政和二年，召還再相，三日一至都堂。）」

按京傳，崇寧元年，任右僕射，二年，進左僕射。又三日一至都堂作二日。

二八六

「兩次入相」條云：

「張齊賢（淳化三年，由吏部侍郎同中書門下平章事……）」

按齊賢傳，在淳化二年。

二八七

同條云：

「馮拯（先拜右僕射兼中書侍郎同平章事，出爲武勝軍節度使。又以吏部尚書檢校太傅同中書門下平章事，進右僕射。）」

按拯傳，大中祥符七年，拯以吏部尚書檢校太傅同中書門下平章事充樞密使，其冬，始拜右僕射兼中書侍郎同平章事。至出爲武勝軍節度使，則更較後，時仁宗已即位矣。

二八八

同條云：

「趙鼎（先拜尚書右僕射同中書門下平章事，尋出知紹興府。紹興七年，又拜尚書右僕射同中書門下平章事。）」

按鼎傳，紹興七年，拜尚書左僕射同中書門下平章事。本紀同。

二八九

同條云：

「呂頤浩（建炎四年，守尚書右僕射，改同中書門下平章事，出爲江東安撫使。紹興元年，又拜少保，同中書門下平章事。）」

按頤浩傳，守尚書右僕射，改同中書門下平章事，在建炎三年。本紀同。

二九〇

同條云：

「湯思退（紹興二十七年，拜尚書右僕射，尋罷。隆興六年，又拜左僕射。）」

按思退傳，拜左僕射在隆興元年。

二九一

同條云：

「鄭淸之（端平初，爲右丞相，尋乞罷。七年，又拜太傅右丞相。）」

按淸之傳，紹定六年，爲右丞相，淳祐七年，拜太傅右丞相。

二九二

「王安石之得君」條云：

「章（神宗）又與王安禮論漢文帝，恨其才不能立法更制。（見安禮傳。）」

按此事見王安國傳，神宗所與論漢文帝者，亦安國，非安禮。

二九三

「青苗錢不始於王安石」條云：

「河北轉運使王廣廉，奏乞度牒爲本錢，於陝西漕司，私行青苗法。」

按蘇轍傳，王廣廉作王廣𢇛。

二九四

「車蓋亭詩」條云：

「……左右司諫王巖叟、吳安詩、右正言、劉安世連劾之。」

按蔡確傳，吳安詩作吳安議。

二九五

「同文舘之獄」條云：

「紹聖初，章惇、蔡卞當國，欲甘心元祐諸賢，引恕（邢恕）入爲御史中丞，於是恕追理前說，並怵高遵褣之子士京，追訟其父在日，知王珪謀立雍王。」

按恕傳，高遵褣作高遵裕。

二九六

同條云：

「章惇又疏言，司馬光、劉摯、梁燾、呂大防等，變神宗成法，懼陛下一日新政，必有欺君之誅，乃密爲傾搖之計。帝曰：元祐諸臣，果如是乎？惇、京曰：誠有是心，但反形未具耳。帝乃錮摯、燾等子孫。」

按此誣元祐諸臣之言，乃安惇、蔡京所上，見安惇傳。

二九七

「秦檜文字之禍」條云：

「曹詠言李孟堅誦其父光所撰私史，語涉謗訕，詔送大理寺。」

按高宗紀，曹詠作曹泳。

二九八

同條云：

「內侍裴詠，坐指升，編管邕州。」

按秦檜傳，詠編管瓊州，非邕州，事在紹興二十三年。二十四年王炬以弟煒舊累賓州乃編管邕州耳。此涉下文而誤。

二九九

「宋南渡諸將皆北人」條云：

「張浚鳳翔府成紀人。」

按浚乃漢州綿竹人，張俊鳳翔府成紀人。

三〇〇

卷二十七「遼史」條云：

「興宗時，耶律孟簡上言，本朝之興，幾二百年，宜有國史以垂後世。乃編耶律曷魯、屋質、休哥三傳以進，興宗始命置局編修。其時有耶律谷欲、耶律庶成及蕭罕嘉努，實任編纂之事。乃錄遙輦氏以來事迹，及諸帝實錄共二十卷上之。」

按耶律孟簡傳，耶律孟簡上言，在太康中，太康爲道宗年號，自太康溯至興宗，已歷二十餘年（淸寧十年，咸雍十年），興宗自不能置局編修國史於是時，自乃道宗置局編修。且道宗置局編修國史是一事也，耶律谷欲、耶律庶成及蕭罕嘉努編纂國史，又是一事也，耶律谷欲等編纂國史，係奉興宗之命，不能與道宗時之置局編修，混爲一談。

三〇一

「遼史疏漏處」條云：

「聖宗統和四年，納皇后蕭氏……統和五年，以罪降爲惠妃。」

按惠妃應作貴妃。考之遼史聖宗紀果然。

三〇二

「遼正后所生太子多不吉」條云：

「道宗母係仁懿蕭后，然道宗生於興宗藩邸，仁懿尚未爲后。」

按興宗紀，道宗生於重熙元年八月丙午，重熙弟興宗年號，則道宗實生於興宗卽位以後，非生於興宗藩邸也。

三〇三

「遼官世選之例」條云：

「遼本紀，太祖四年，以后兄蕭達魯（舊名阿布齊）爲北府宰相。」

按蕭達魯原作蕭敵魯，非阿布齊。以譯音論，二者相去太遠。同條亦云：「蕭達魯（舊名敵魯）善醫。」

三〇四

「金史誤處」條云：

「遼史左企弓、曹勇義、虞仲文、康公弼等降金後，過平州，張轂數以十罪，皆縊殺之。而金史惟企弓傳記其爲張覺所殺。」

按金史記企弓爲張覺所殺者，爲企弓子泌傳，企弓傳未載。又金史之張覺卽遼史之張轂。

三〇五

卷二十八「金制追謚帝后之濫」條云：

「熙宗定始祖、景祖、太祖、太宗四廟，皆百世不祧。見本紀。」

按金史本紀，尙有世祖一廟。

三〇六

「金代文物遠勝遼元」條云：

「宗翰能以兩月盡通契丹大小字。（宗翰傳。）」

按金史宗翰傳未有此記載。考之勗傳云：「宗雄能以兩月盡通契丹大小字。」

三〇七

「金記注官最得職」條云：

「補闕楊庭秀言，乞令及第左右官一人應入史事者，編次日歷，上是其言，仍令送著作局潤色付之。（庭秀傳）。」

按金史無楊庭秀傳，此事載於章宗紀。

三〇八

「大定中亂民獨多」條云：

「十二年，北京曹資等……以謀反伏誅。」

按金史世宗紀，曹資作曹貴。

三〇九

同條云：

「十四年，大名府僧李智究等謀反伏誅。」

按金史世宗紀，在大定十三年。

三一〇

「金考察官吏」條云：

「天眷二年，命温都思忠等廉問諸路，得廉吏杜遵晦等百二十四人，各進一階。貪吏張軫等二十一人皆罷之。（本紀）。」

按金史熙宗紀，在天眷三年。

三一一

「金推排物力之制」條云：

「大定十四年，又詔議推排法，朝臣謂宜止驗現在產業。富察通言，必須通檢各謀克。人戶物力多寡，則貧富自分，貧富分則版籍自定，如有緩急，驗籍科差，則富者不得隱，貧者不重困矣。（通傳）。」

按金史通傳，在大定十七年。

三一二

卷二十九「元史」條云：

「至元二年，敕儒士編修國史。」

按世祖紀，在至元元年。

三一三

同條云：

「元貞七年，國史院進太祖、太宗、定宗、睿宗、憲宗五朝實錄。」

按成宗紀，在大德七年。元貞僅二年即改元大德，寧有所謂元貞七年耶？

三一四

同條云：

「元史列傳三十一二卷，已載元末死事諸臣泰不華、余闕等傳矣，乃三十三卷以後，又以開國時耶律楚材、劉秉忠、史天倪、張柔、張宏範等傳編入。」

按泰不華，余闕等傳在元史列傳第三十。

三一五

同條云：

「顧寧人指出元史列傳第八之速不台，即第九之雪不台，第十八之完者都，即二十卷之完者拔都，三十之石抹也先，即三十九之石抹阿辛。」

按石抹也先傳在元史列傳第三十七。

三一六

「金元二史不符處」條云：

「元史李宗賢傳，攻河南，其渠魁强元帥者，以衆出奔，宗賢追及降之。」

按此事見李守賢傳。宗守形相涉而譌。

三一七

「元史自相岐互處」條云：

「唆都傳，至元二十三年征交趾，唆都力戰死之。」

按唆都傳，在至元二十一年。

三一八

同條云：

「亦里迷失傳云：從阿里海牙唆都征占城，戰失利，唆都死焉。」

按此事見亦黑迷失傳，亦里迷失應作亦黑迷失，里黑形相涉而譌。

三一九

「元史列傳詳記月日」條云：

「阿塔海傳，至元九年五月，霖雨，宋夏貴乘淮漲來爭正陽。十二年十二月，師次建康。」

按阿塔海傳，師次建康，在至元九年十二月，十二年正月，則已會兵臨安矣。（伯顏傳在十三年正月，本紀同。）

三二〇

同條云：

「伯顏傳，敍至元十一年取鄂州之事，十月……丁丑，呂文煥至城下招降，中飛矢奔還。……十二月丙戌，次漢口。」

按伯顏傳，丁丑作丁卯，丙戌作丙午。

三二一

「元史迴護處」條云：

蘇天爵傳，後至元二年，朝廷庶務，多所更張，天子圖治之意甚切，天爵知無不言。」

按蘇天爵傳，係泛言至元年間情形，非特指至元二年事也。

三二二

「元史補見夏金宋殉節諸臣」條云：

「趙宏偉傳，金亡，有總管王昌，張雲又起兵，宏偉夜襲雲，斬其首。」

按宏偉傳云：「宋廂軍總管王昌，勇敢軍總管張雲，誘新附五營軍爲亂，事覺，昌就擒，宏偉夜襲雲，斬首以獻。」是王昌張雲，乃宋總管也。

三二三

同條云：

「楊文安傳……掠達州，擒其將蒲德、范仲、王德、解明、周德新、王遷、王仁、袁宜、何世賢、楊普、時仲、陳俊、滿挂、王順、王道、張俊、楊桂、蔡雲龍、李佺、李德、孫聰、張順、李貴、雍德、吳金、王元、閻國寶、張應庚、秦興祖、譚友孫、葉勝、鄭桂、莊俊、嚴貴、竇世忠、趙興、孫德、柳榮、趙威、趙章、韓明、王慶。」

按文安傳，掠大寧之曲水，擒王仁。攻重慶，大戰于龍坎，擒袁宜、何世賢。略開州，擒陳俊、王順、王道、李貴、雍德。拔高陽，擒嚴貴、竇世忠、趙興。破開州城，擒趙章、韓明。攻澤州龍爪城，擒王慶。其他諸人，爲於掠達州時所擒。

三二四

同條云：

「楊文安傳……攻小江口，擒總管李皋、花茂實、薛忠。」

按文安傳，薛忠被擒於略施州之役。

三二五

同條云：

「楊文安傳……攻萬州，殺守將何威，又萬州守將上官夔，拒守甚力，文安諭降，不聽。踰月，拔其外城，夔猶不屈，文安盡銳攻城，破之，夔巷戰而死。」

按文安傳，何威乃萬州之牛頭城守將，非萬州守將。文安攻牛頭城，殺威以後，遷其民，乃始進圍萬州。

三二六

同條云：

「楊文安傳……宋六郡鎮撫使馬堃守咸淳，文安與之同鄉，諭降不從，乃力攻，斬關入，堃巷戰死。」

按文安傳，堃乃力屈就擒，非巷戰死。

三二七

同條云：

「懷都傳，攻樊城，斬守將韓撥發、蔡路鈐。」

按懷都傳，係斬韓撥發，擒蔡路鈐。

三二八

「蒙古官名」條云：

「火兒赤（佩櫜鞬侍左右者，見塔察兒及徹里傳。又察罕傳，謂掌服御事者。）」

按謂火兒赤爲掌服御事者，見亦力撒合傳，不見察罕傳。又亦力撒合傳火兒赤作速古兒赤。

三二九

同條云：

「脫脫傳，世祖曰：札剌兒台，如脫脫者無幾。」

按脫脫傳，爲成宗語。

三三〇

「元宮中稱皇后者不一」條云：

「明宗朝稱皇后者七人，曰按出罕，曰月魯沙，曰不顏忽都，曰八不沙，曰伊蘇野蘇，曰脫忽思。」

數之僅六人，按明宗朝尚有邁來廸皇后。

三二一

「元代叛王」條云：

「阿沙不花傳，有叛王納牙等，爲阿沙不花所敗。」

按阿沙不花傳，乃顏叛，諸王納牙等應之，世祖問計將安出，阿沙不花對曰：「臣愚以爲莫若先撫安諸王，乃行天討，則叛者勢自孤矣。」世祖曰：「善，卿試爲朕行之。」卽北說納牙曰：「大王聞乃顏反耶？」曰：「聞之。」曰：「大王知乃顏已遣使自歸耶？」曰：「不知也。」曰：「聞大王等皆欲爲乃顏外應，今乃顏既自歸矣，是獨大王與主上抗，幸主上聖明，亦知非大王意，置之不問。然二三大臣，不能無惑，大王何不往見上自陳，爲萬全計。」納牙悅，許之。於是諸王之謀解，世祖親征，而乃顏平矣。是諸王納牙等之叛，乃阿沙不花所說服，非爲阿沙不花所敗也。

三二二

同條云：

「忽林出傳，有叛王斡羅斯等，爲忽林出所敗。」

按斡羅斯等爲忽林失所敗，見忽林失傳。元史無忽林出傳，亦未有忽林出其人。

三二三

同條云：

「忙哥撒兒傳，有叛王察哈台，爲忙哥撒兒所誅。」

按忙哥撒兒傳，憲宗既立，察哈台之子及按赤台等謀作亂，刳車轅藏兵其中以入，轅折兵見，克薛傑見之，上變，忙哥撒兒卽發兵迎之，按赤台等悉就擒，憲宗簡其有罪者付之鞫治，忙哥撒兒悉誅之。是忙哥撒兒所誅者，乃察哈台之子及按赤台等，並未誅察哈台也。

三三四

同條云：

「成宗元貞二年，猶有諸王都哇徹徹禿，潛師襲火兒哈禿之地。又叛王禿麥斡魯思等犯邊，直至元貞九年，海都子察八兒，及都哇明里帖木兒等，相聚謀曰：昔我太祖，艱難以成帝業，我子孫乃自相殘殺，是隳祖宗之業也。今鎭邊者，皆吾世祖之孫，吾與誰爭哉！不若遣使請命罷兵，通一家之好。乃遣使來，帝許之。於是諸王皆罷兵入朝。（牀兀兒傳。）」

按牀兀兒傳，此爲成宗大德二年與大德九年事。成宗元貞僅二年卽改元大德，寧有所謂元貞九年耶？

三三五

卷三十「元諸帝多不習漢文」條云：

「元明善奉武宗詔，節尙書經文，譯其關於政事者，乃舉文陞全譯，每進一篇，帝必稱善。」

按元明善傳，明善節譯尙書經文，乃係奉仁宗之詔，是時武宗已崩。

三三六

「元代專用交鈔」條云：

「世祖中統元年，造中統元寶交鈔。據食貨志……鈔之文以十計者曰十文、二十文、三十文、五十文，以百計者曰一百文、二百文、三百文。」

按元史食貨志，中統元寶交鈔之文以百計者，分一百文、二百文、五百文三種，未有以三百文計者。

三三七

同條云：

「奸民以僞鈔鈎結黨與，脅人財物，官吏聽其謀，株連者數千百家。（黃潛傳）」

按此事見黃溍傳，潛溍形相涉而譌。又溍傳謂株連者數百家。

三三八

「元時選秀女之制」條云：

「耶律楚材傳，脫歡請選天下室女，楚材止之，帝怒，楚材曰：向擇美女二十八人，足備使令，今復選，恐擾民，乃止。（耶律楚材傳）」

按前既指出耶律楚材傳，則後之耶律楚材傳五字應刪。

三三九

卷三十一「明史」條云：

「祖父子孫，各有大事可記者，如張玉、張輔父子也，而一著功於靖難，一著功於征交，則各自爲傳。以及周瑄、周經、耿裕、耿九疇、楊廷和、楊慎、瞿景淳、瞿式耜、劉顯、劉綎等，莫不皆然。」

按周經爲周瑄子，楊愼爲楊廷和子，瞿式耜爲瞿景淳孫，劉綎爲劉顯子，故皆以次排列。獨耿裕爲耿九疇子，而裕則列於上，此箚記之爲例不純者也。

三四〇

同條云：

「林瀚傳後，附其子廷機及孫子濂。」

按瀚傳後，附其子庭棉、庭機與孫熑、烴四人，其孫未有名子濂者。

三四一

同條云：

「許進傳後，附其子誥讚議論等。」

按進傳後，附其子誥、讚、論三人，未嘗附有議，其子亦未有名議者。蓋論字廷議，或涉此而誤耳。

三四二

同條云：

「高倬傳後，附書南都殉難者張捷、楊維垣、黃端伯、劉成治、吳嘉允、龔廷祥六人。」

按倬傳後，尚附有同死難者陳于階、吳可箕、黃金璽、陳士達四人。

三四三

「明史立傳多存大體」條云：

「胡世寧從勦江西賊王浩八等，招降東鄉賊爲新兵，已而復叛。事見陳金傳，而世寧傳不載。」

按此事見俞諫傳，非載於金傳，金諫傳同卷，金傳在諫傳前，此以諫傳而誤爲金傳也。

三四四

同條云：

「隴川用兵，鄧子龍不能馭軍，因餉稍緩，大譟作亂，鼓行至永昌大理，過會城，巡撫蕭彥調土漢兵夾擊之，亂始定。事見彥傳，而子龍傳不載。」

按子龍傳亦載此事，子龍傳云：「劉綎將騰軍，子龍將姚軍，不相能，兩軍鬥，帝以兩將皆有功，置不問。既而綎罷，劉天俸代，天俸逮，遂以子龍兼統之。子龍抑騰兵，每工作，輒虐用之，而右姚兵。及用師隴川，子龍故爲低昂，椎牛饗士，姚兵倍騰兵，騰兵大不堪，欲散去，副使姜忻令他將轄之，乃定。而姚兵久驕，因索餉作亂，由永昌大理抵會城，所過剽掠，諸兵夾擊之，斬八十四級，俘四百餘人，亂始靖。」二傳所載，詳略雖不同，其事則一。

三四五

「大禮之議」條云：

「楊廷和疏曰：禮謂所後者爲父，而以所生者爲伯叔父母。」

疑「禮謂所後者爲父」後脫母字。同條有云：「和頤之言曰：爲人後者，謂所後爲父母，而謂所生爲伯叔父母。」考之廷和傳亦然。

三四六

「周延儒之入奸臣傳」條云：

「傳朝佐劾延儒引用袁宏勛、張道濬爲腹心，擯錢象坤、劉宗周於草莽，傾陷正士，加之極刑，曰上意不測也；攘竊明旨，播諸朝右，曰吾意固然也。削言官以立威，挫直臣以怵衆，往時糾其惡者，盡遭斥逐，而親知鄉曲，遍列要津。」

按此載於傳朝佑傳，亦朝佑所劾。佐佑形相涉而譌。

三四七

「劉基廖永忠等傳」條云：

「洪鐘傳，四川賊廖麻子與其黨曹甫掠營山蓬州，鍾招撫之，曹甫聽命，麻子忿甫背己，乃殺之。是甫爲廖麻子所殺也。而林俊傳則云：擊瀘州賊曹甫，指揮李蔭以元日破其四營，遂擒甫，則甫係李蔭擒獲，非廖麻子殺之也。此不免歧誤。」

按俊傳未曾明言甫爲蔭所擒，僅曰「甫以數十騎出，過蔭兵，敗走，官軍乘勝進圍之，俘及焚死者二千有奇」而已，甫是否突圍，或在被俘被焚死之列，則史未明言。

三四八

同條云：

「陳奇瑜傳，先已敍明遣劉明善擊斬金翅鵬，及剿永寧之後，又云分兵擊斬金翅鵬。」

按奇瑜傳，劉明善作盧文善。

三四九

「喬允升劉之鳳二傳」條云：

「喬允升傳，……劉澤源卒於位，……張炘賊陷京師，與其子庶吉士士端並降。」

按允升傳，劉澤源作劉澤深，張炘作張忻，劉之鳳傳同。又張忻子爲庶吉士端。

三五〇

卷三十二「明祖文義」條云：

「初下徽州，朱允升請留御書，卽親書梅花初月樓賜之。（雙槐歲抄。）與陶安論學術，賜之門帖曰：國朝略無雙士，翰苑文章第一家。（安傳。）征陳友諒，過長沙王吳芮祠，見胡閏所題詩，大愛之。（閏傳。）鄱陽戰勝，與夏煜等草檄賦詩。（煜傳。）宋濂不能飲，帝强醉之，御製楚詞以賜。又以良馬賜濂，親製白馬歌。（濂傳。）此皆未稱帝以前事也。」

按賜濂楚詞與白馬歌，爲明祖稱帝以後事。濂傳，洪武八年，茹太素上書，萬餘言，明祖怒，問廷臣，或指其書爲誹謗非法，問濂，則對曰：「彼盡忠於陛下耳，陛下方開言路，惡可深罪？」既而明祖覽其書，有足採者，悉召廷臣詰責，而爲濂延譽曰：「朕聞太上爲聖，其次爲賢，其次爲君子，宋景濂事朕十九年，未嘗有一言之僞，誚一人之短，始終無二，非止君子，抑可謂賢矣。」每旦必令侍膳，往復咨詢，常夜分乃罷，於是有令濂强飲與賜濂御製楚詞白馬歌之事。則此事自非明祖稱帝以前事。

三五一

「明初文人多不仕」條云：

「葉伯巨疏云：取士之始，網羅無遺，一有蹉跌，苟免誅戮，則必在屯田築城之科，不少顧惜。」

按此疏爲葉伯巨所上，臣巨形相涉而譌。

三五二

「胡藍之獄」條云：

「惟庸（胡惟庸）死時，反狀猶未露。洪武十九年，林賢獄成，謂惟庸曾遣之入海通倭，其事始著。廿一年征沙漠，獲惟庸昔所遣往故元通書之封績。二十三年，發訊，逆謀乃大著云，見李善長傳。」

按此事見惟庸傳，善長傳未載。

三五三

同條云：

「坐胡黨而死者……金朝興……」

按朝興傳，洪武十五年，朝興征雲南，進次會川，卒。追封沂國公。十七年，論平雲南功，改錫世侯券增祿五百石，長子鎮嗣封。是朝興實以善終，死後且賜爵追封，榮及子孫矣。至洪武二十三年，始追坐朝興胡惟庸黨，降鎮平壩衛指揮使，然固不得謂朝興坐胡黨而死也。

三五四

同條云：

「身已故而追坐爵除者……華雲龍（其子中坐死）」

按雲龍傳，未嘗追坐雲龍胡黨。其子中之死，亦以侍李文忠之疾，進藥坐貶死。至洪武二十三年，始追論中胡黨爵除。

三五五

同條云：

「坐藍黨而死者，傅友德……茹鼎等。」

按明史列傳，凡坐胡藍黨死者，皆云坐胡黨或藍黨而死，傅友德傳則僅云賜友德死，是否因藍黨而死，不可知也。又藍玉傳茹鼎作茆鼎。

三五六

同條云：

「身已故而追爵除者……何榮（其子榮、貴、安皆坐死……」

按明史，何榮乃何眞之譌，榮等皆眞子，身已故而追爵除者，眞也。

三五七

「明祖晚年去嚴刑」條云：

「洪武十八年，詔天下罪囚，刑部都察院詳議，大理寺覆讞，然後奏決。」

按太祖紀，在洪武十七年。

三五八

「明初徙民之令」條云：

「成祖徙直隸浙江民二萬戶於京師，充倉腳夫。」

按明史食貨志，爲太祖所徙。

三五九

「明官俸最薄」條云：

「洪武時，官全給米，間以錢鈔，兼給錢一千鈔一貫抵一石。官高者支米十之四五，卑者支米十之七八，九品以下全支米。後折鈔者，每米一石，給鈔十貫。又凡折色俸，上半年給錢，下半年給蘇木胡椒。成化七年，戶部鈔少，乃以布估給，布一匹，當鈔二百貫。是時鈔一貫，僅值錢二三文，而米一石，折鈔十貫，是一石米僅值二三十錢也。布一匹，亦僅值二三百錢，而折米二十石。是一石米僅值十四五錢也。」

按明史食貨志，洪武時僅官俸全給米，間以錢鈔。成祖時始官高者支米十之四五，卑者支米十之七八，九品以下全支米。其折鈔者，每米一石，給鈔十貫。至折色俸，上半年給錢，下半年給蘇木胡椒，則成化二年所定之制度也。箚記概以之繫於洪武時，殊誤。

三六〇

「明宮殿凡數次被災」條云：

「永樂五年，始建北京宮殿。」

按成祖紀，在永樂四年。

三六一

同條云：

「正統四年，始修建北京宮殿。」

按英宗紀，在正統五年。

三六二

同條云：

「正德九年正月，乾淸宮災，遣使採木於湖廣。」

按武宗紀，爲遣使採木於川湖。

三六三

「明正后所生太子」條云：

「孝宗由太子卽位，其母則李淑妃也。」

按孝宗紀，其母爲淑妃紀氏。

三六四

卷三十三「因部民乞留而留任且加擢者」條云：

「陳本深守吉安，滿秩當遷，亦因部民請，進三品秩視事。後聞衙前民家嫁女鼓樂聲，笑曰：此我來時乳下兒也，今且嫁，我尚留此乎？乃請老去。凡在吉安十六年。」

按本深傳，在吉安凡十八年。

三六五

同條云：

「陳復知杭州，遭喪，部民乞留，詔起復。（見耿九疇傳。）」

按此事見復傳，九疇傳未載。復九疇傳同卷，九疇傳在復傳前，此以復傳而誤爲九疇傳也。

三六六

「遣大臣考察官吏」條云：

「正統初，又分遣大臣，考察天下方面官，劉辰往四川雲貴，悉奏罷其不職者。（劉辰傳。）」

按是時奉命往四川雲貴考察者爲鄭辰，非劉辰，見鄭辰傳，劉辰傳未戴。

三六七

「大臣薦舉」條云：

「聞蘇州一郡，逋糧八百萬石，孝宗思得才力重臣往釐之，楊榮薦周忱，遂以工部侍郎，巡撫江南。」

按忱傳，此爲宣宗宣德年間事，距孝宗尚隔英、景、憲諸朝，孝宗何得預與數朝以前之事耶？且周忱卒於景帝景泰四年，楊榮卒於英宗正統五年，周忱何得任事於孝宗朝，楊榮又何得薦忱於孝宗朝耶？

三六八

同條云：

「虞謙降謫，楊士奇力白其誣，言謙歷事三朝，得大臣體。宣宗卽令復職。」

按謙傳，此爲仁宗時事，令謙復職者乃仁宗。

三六九

同條云：

「宣宗嘗論朝士貪縱，士奇曰：無踰劉觀。帝問誰可代者，士奇以顧佐對。卽以爲左都御史。」

按觀傳，以佐爲右都御史。

三七〇

「明內閣首輔之權最重」條云：

「劉苣疏云：近日批答章奏，閣臣不得與聞。」

按劉苣應作劉茝。

三七一

「明吏部權重」條云：

「永樂中，郭璡爲吏部尚書，請自布政使至知府，聽京官三品以上薦舉，既又請御史知縣皆聽京官五品以上薦舉。論者謂其畏怯不敢任事，轉啓夤緣之漸。（璡傳。）」

按璡傳，璡永樂初以太學生擢戶部主事，歷官吏部左右侍郎。仁宗即位，兼詹事府少詹事。至宣宗初，始任吏部尚書，永樂中未嘗任吏部尚書也。

三七二

「永樂中海外諸番來朝」條云：

「明史外國傳，永樂三年，浡呢國王麻那惹那，率其妃及弟妹子女，泛海來朝，王卒於會同館，葬之安德門外。」

按明史外國傳，麻那惹那之卒在永樂六年。

三七三

同條云：

「永樂十五年，蘇祿國東王巴都葛八哈喇，西王麻哈喇叱葛喇麻，丁峒王妻叭都葛巴喇卜，俱率其家屬頭目三百四十餘人，泛海來朝。東王回至德州卒。是年，又有古麻喇朗國王幹喇義亦奔率其妻子陪臣來朝，還至福建卒。」按明史外國傳，古麻喇朗國王幹喇義亦奔來朝，在永樂十八年，其卒在十九年。

三七四

卷三十四「明中葉南北用兵强弱不同」條云：

「山雲討廣西蠻，斬首二萬二百六十。」

按雲傳，作萬二千二百六十。

三七五

同條云：

「姜奭昔水鋪之戰，則百餘級也。」

按奭傳，昔水鋪作苦水墩。

三七六

「明邊省攻勦兵數最多」條云：

「正德中，思恩府岑濬，與田州岑猛相讐殺，總督潘蕃討之，用兵十萬。（潘蕃傳。）」

按蕃傳，此爲弘治年間事。

三七七

同條云：

「嘉靖中，岑猛謀亂，總督姚鏌討之，用兵八萬。（姚鏌傳。）是時欲征安南，議用兵十三萬二千餘人。（毛伯溫傳。）」

按伯溫傳，議征安南時，兩廣總督侍郎張經以用兵方略上，言須兵三十萬。至伯溫至廣西，徵兩廣福建湖廣狼土官兵凡十二萬五千餘人。

三七八

「用兵有御史核奏」條云：

「趙輔從韓雍討大藤峽賊，封武靖伯，留鎭廣西。已而蠻又入潯州，巡按端宏劾其妄言賊盡，不罪輔無以示戒。（輔傳。）」

按輔傳，輔征大藤峽賊還，封武靖伯，未曾留鎭廣西。

三七九

同條云：

「許寧鎭大同，小王子入寇，寧等戰敗，反以捷聞，巡按程壽震發之。（寧傳。）」

按寧傳，程壽震作程春震。

三八〇

同條云：

「萬曆中，李成梁帥遼東，收四方健兒，給以厚餼，用爲軍鋒，所至有功。健兒中如李平胡、李寧等，後皆至將帥。（成梁傳。）」

按成梁傳，成梁收用四方健兒，始於隆慶年間。

三八一

「成化嘉靖中方技授官之濫」條云：

「孝宗卽位，盡汰傳奉官千百人。又詔禮官議汰諸寺法王至禪師四百三十七人，喇嘛僧七百八十九人，華人爲禪師及善世覺義諸僧官千一百二十人。」

按繼曉傳，爲汰華人爲禪師及善世覺義諸僧官一百二十人。

三八二

「成化嘉靖中百官伏闕爭禮凡兩次」條云：

「……御史則王時柯等三十一人。……」

按何孟春傳，爲王時柯、余翺、葉奇、鄭本公、楊樞、劉穎、祁杲、杜民表、楊瑞、張英、劉謙亨、許中、陳克宅、譚纘、劉狆、張錄、郭希愈、蕭一中、張恂、倪宗嶽、王璜、沈教、鍾卿密、胡瓊、張濂、何鰲、張日韜、藍田、張鵬翰、林有孚等三十人。

三八三

「擅撻品官」條云：

「王來爲參政，以公事杖死縣令不職者十餘人。（來傳。）」

按來傳，爲十人。

三八四

「明鄉官虐民之害」條云：

「楊士奇傳，士奇子稷居鄉，嘗侵暴殺人，言官交劾，朝廷不加法，以其文章示士奇。又有人發稷橫虐數十事，乃下之理。士奇以老病在告，天子不忍傷其意，降詔慰勉，士奇感泣，遂不起。」

按士奇傳，僅言士奇子稷嘗侵暴殺人，而未言其侵暴殺人地點。是時士奇方爲首輔，居京師，其子是否居鄉或居京師，實難斷言。

三八五

「海外諸番多內地人爲通事」條云：

「閩人胡文彬入暹羅國，仕至坤岳，猶天朝學士也，充貢使來朝，下之吏。」

按明史外國傳，胡文彬作謝文彬。

三八六

同條云：

「萬曆中，有漳州人王姓者，爲浡泥國那督，華言尊官也。」

按明史外國傳，王姓作張姓。

三八七

「嘉靖中倭寇之亂」條云：

「明祖定制，片板不許入海。承平日久，奸民勾倭人及佛郎機諸國，私來互市。閩人李光頭，歙人許棟，踞寧波之雙嶼爲之主，勢家又護持之，或負其直，棟等即誘之攻剽。負直者脅將吏捕之，故泄師期令去，期他日償，他日負如初。倭大怨，益剽掠，朱紈爲浙撫，訪知其弊，乃革渡船，嚴保甲，一切禁絕私市。閩人驟失重利，雖士大夫亦不便也。騰謗於朝，嗾御史劾紈落職，時紈已遣盧鏜擊擒光頭棟等，築寨雙嶼，以絕倭屯泊之路，他海口亦設備矣。會被劾，遂自經死。紈死而沿海備盡弛，棟之黨汪直，遂勾倭肆毒。（明史朱紈傳。）」

按紈傳，盧鏜擊擒許棟，築寨雙嶼，在嘉靖廿七年，其時並未擒李光頭。至嘉靖廿八年，紈始擒之。

三八八

卷三十五「明書生誤國」條云：

「何楷傳，嗣昌方主欵議，歷引建武欵塞故事。楷與御史林蘭友駁之。」

按楷傳，林蘭友作林蘭友。

三八九

「明代宦官」條云：

「周冕劾嵩，謂邊臣失事，納賕於嵩，無功可受賞，有罪可不誅，文武大臣之贈謚，遲速予奪，一視賂之厚薄。」

按此爲趙錦所劾，見錦傳。錦冕二人傳同卷，冕傳在錦傳前，此以錦傳誤爲冕傳也。

三九〇

「閹黨」條云：

「首逆同謀，決不待時者六人，崔呈秀、魏良卿、客氏子都督侯國興、太監李文貞、李朝欽、劉若愚也。」

按崔呈秀傳，李文貞作李永貞。

三九一

卷三十六「明末遼餉剿餉練餉」條云：

「崇禎二年，又以兵餉不足，兵部尚書梁廷棟請增天下田賦，於是戶部尚書畢自嚴，議於每畝加九厘之外，再增三厘。（梁廷棟畢自嚴等傳。）」

按廷棟自嚴等傳，在崇禎三年。

三九二

同條云：

「崇禎十五年，蔣德璟對帝曰：既有舊餉五百餘萬，新餉九百餘萬，又增練餉七百三十萬，臣部實難辭咎，今兵馬仍未練，徒爲民累耳。（德璟傳）。」

按德璟傳，在崇禎十七年。

三九三

「明末督撫誅戮之多」條云：

「顏繼祖傳，崇禎中，巡撫被戮者十一人，薊鎮王應豸，山西耿如杞，宣府李養沖，登萊孫元化，大同張翼明，順天陳祖苞，保定張其中，山東顏繼祖，四川邵捷春，永平馬成名，順天潘永圖。」

按繼祖傳，張其中作張其平。

三九四

「明末督撫誅戮之多」條云：

「崇禎二年，王洽下獄死。」

按洽傳，洽於崇禎二年下獄，三年四月瘐死。

三九五

同條云：

「崇禎十三年，楊嗣昌自縊死。十四年，陳新甲棄市。」

按嗣昌新甲傳，崇禎十四年，嗣昌以不食死。十五年，新甲棄市。

三九六

「明從賊官六等定罪」條云：

「其留北俟再定者，少詹事何瑞徵、楊現光……」

按楊現光應作楊觀光。

三九七

「唐賽兒」條云：

「永樂十九年，蒲臺林三妻唐賽兒作亂。」

按衞青傳，在十八年。

三九八

「黃蕭養」條云：

「天順末，廣東賊黃蕭養作亂，圍廣州。楊信民先官廣東，有惠政，至是以巡撫至，使人持諭入賊營招之。蕭養素服信民，克日請見。信民單車莅之，賊望見曰：果楊公也！爭羅拜願降，而信民尋即病卒。會朝命都督董興來討，蕭養等懼，遂不降。」

按楊信民與董興傳，此爲正統年間事。信民卒於景泰元年三月，距天順末且將二十年（計景泰八年，天順八年）。

三九九

「明朝米價貴賤」條云：

「楊守隨傳，王府祿米每石征銀一兩，後增十之五，守隨入告於王，得如舊。」

按守隨傳，入告於王者，爲守隨弟守隅，非守隨。

鄧小中鼎

形器一 正視（縮小）

圖版壹

器形二 側視（縮小）

圖版弍

器形三 俯視（縮小）

銘文（原大）

圖版叁

花紋一　正面（原大）

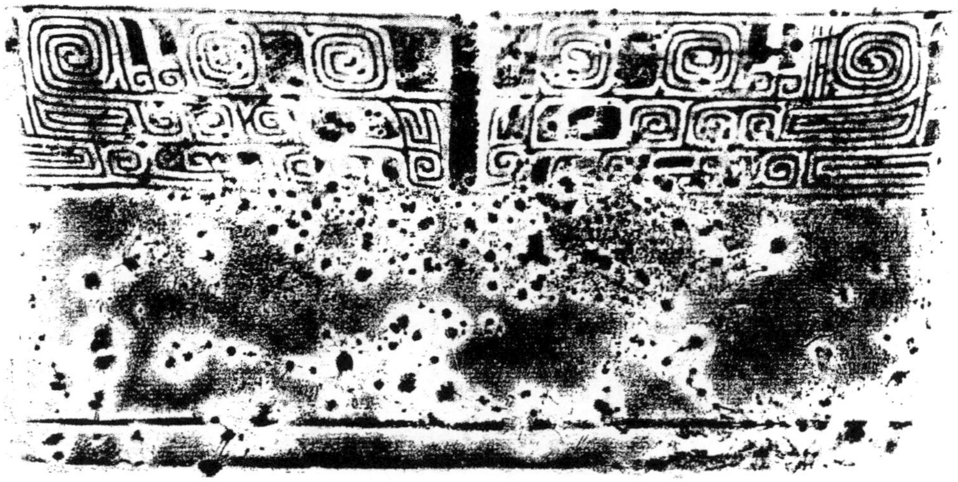

花紋二　背面（原大）

圖版肆

花紋三 左面（原大）

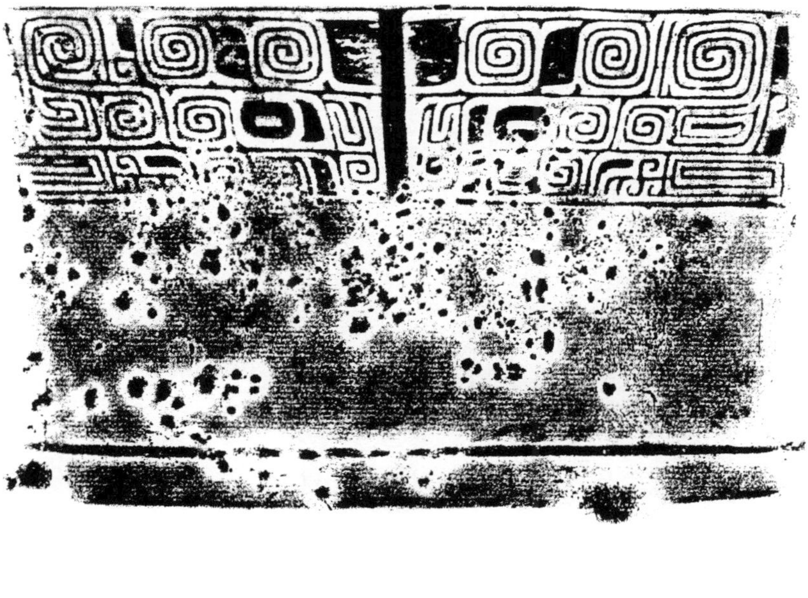

花紋四 右面（原大）

圖版伍

附錄另一器

廬江劉氏善齋舊藏
現藏台灣中央博物院

銘文（原大）

器形（縮小）

圖版陸

鄧小中鼎考釋

張　瑄

去秋瑞士 **Ernest Winkler** 夫人過香港大學東方文化研究院，出所藏全部古銅彝器若干件囑爲考訂，此鼎其一也。後以十月十日九龍騷動，乃悉運往瑞士，從此寶物他遷，獲見不易，遂以刋布爲請，承允先以此鼎之全部照片及拓本發表，謹此誌謝。

丁酉上元張瑄記

（一）引言
（二）器名
（三）花紋
（四）銘文

引　言

傳世之鄧器罕見，有之則皆周室東遷後物，且多殘缺。

鄧公簋及鄧孟壺皆存蓋失器。參見羅振玉寢郼草堂吉金圖續編。

鄧小中鼎非僅器身完整，制作精美，殆亦傳世鄧器中之尤早者。鼎凡二，其形制、花紋、銘文皆不殊，但非同笵。一爲盧江劉體智藏，其銘文半爲鏽掩，可辨者僅十數字，故各家考釋迄未得其要領。本文圖版之末附載此器之銘文拓本，及器形照片。

劉體智善齋吉金錄禮器錄卷二第十葉所題之「鄧尗中[illegible]齍」，記曰：「身高八寸八分，足高四寸五分，耳高二寸二分，口橫七寸九分，縱六寸」（案劉氏所記，皆依漢建初尺），及其小校經閣金文拓本卷二第六十五葉所題之「鄧尗中[illegible]鼎」，容庚善齋彝器圖錄圖四一所稱之「豆尗仲方鼎」，羅振玉貞松堂集古遺文卷三第三葉，及其三代吉金文存卷三第三十一葉所載之「𪔂鼎」，楊樹達積微居金文說卷七第一九四頁所錄之「𪔂齍」等，同爲此器。

一爲瑞士 Mr. & Mrs. Ernest Winkler 藏：通耳高（以下皆依英尺）九寸又四分之一，足高四寸，耳高二寸，腹高三寸半，口橫六寸又四分之三，縱五寸半。腹之四角有棱，緣有圖案化之饕餮紋一道，腹下四足當間有合笵痕跡，作※形交叉紋，重六磅，色黝黑，有紅綠斑，間作水銀古，有銘文二十五字，腹之正面下角有圓形補綴痕跡一處，約爲西周初年器。本文圖版一至圖版五，即此器之器形照片，及銘文、花紋之拓本也。

器名

四足兩耳方腹之器，俗稱爲「方鼎」，劉體智考定之爲「齍」。其言曰：

說文皿部有齍字，釋云：「黍稷在器以祀者」，段氏據韵會改爲「黍稷器所以祀者」。按字既从皿，自當爲器名，韵會所引必許君原文，段氏殊善於抉擇矣。周禮小宗伯：「辨六齍之名物」，注云：「齍讀爲粢」，蓋誤以爲六穀。九嬪：「凡祭祀，贊玉齍」，注：「玉齍，玉敦受黍稷器」，雖釋齍爲器名，而猶強認爲敦，辨之尙未晰也。然許君未言其狀，載籍亦無可攷，餓餓宗器，末由得其形制，不亦禮家之一大憾事乎？近世出土方鼎，其銘多作𩰫，長安獲古編著錄之𧻚𩰫鼎，亦爲方鼎，𦚬𩰫卽𩰬也。圜鼎以盛牲肉，方𩰬以盛黍稷，判然二物。千載所不能辨者，一旦渙然冰釋矣。凡盛黍稷之器，除敦外其形多方，簠既方而有棱，簋亦方但無棱耳，方圓之殊，藉以示穀食與肉食之別，非漫然無誼也。妻齊同在脂部，叠韻通叚，白虎通：「妻者，齊也」，釋名：「妻，齊也」，說文：「妻，婦與己齊者也」，不第叚其聲，且叚其誼矣。——見善齋吉金錄禮器錄卷二第八葉。

郭沫若深然其說，並推闡之曰：

博古圖之王伯鼎，銘曰「王白乍寶𪒠」；長安獲古編之𧻚鼎，銘曰：「𧻚𩰫鼎」；善齋吉金錄之叔遣𩰬，銘曰：「弔乍宮白淒」，季瑟𩰬銘曰：「季𥁕乍宮白寶障𩰬」；白六辭𩰬銘曰：「白六諱乍瀕寶隮𩰬」，均是方鼎。𪒠𩰫𩰬𩰬自是一字，淒乃叚借字也。圓鼎銘無作此字者，知雖鼎屬而別爲一類，鼎之有𪒠，猶𣪘之有𥂴也。——見兩周金文辭大系考釋上編二十九至三十葉。

夫商周彝器銘文中雖有自稱器名之例，但其方式則有三種：一曰稱通名，二曰稱專名，三曰稱別名。通名者，不以器物爲別，可通稱一名，習見者爲：「彝」，「尊」，「寶尊彝」，「尊彝」，「寶彝」，「䵼彝」……等。

如𠩺作祖己鼎，作父戊方鼎，北伯鬲，伯甗，邢侯簋，右爵，征角，父丁斝，中盉，魚作父庚尊，天子耶觚，高觶，矢伯卣，夾壺等，不因其器物之形制不同，而通稱爲「彝」；匽侯旨鼎，田告方鼎，般甗，叔作姒簋，父戊舟爵，王作母癸角，毓祖丁卣，父丁觥等，不因其器物之形制不同，而通稱爲「尊」；立鼎，作冊大方鼎，倗作義妣鬲，大史友甗，農簋，盂爵，冓斝，臣辰盉，作祖乙尊，卿作父乙觚，小臣單觶，匽作父辛方彝，競卣，匽侯觥，應公壺等，不因其器物之形制不同，而通稱爲「寶尊彝」；獻侯鼎，女䜌方鼎，伯宗鬲，鼎甗，通簋，美爵，宰椃角，邑斝，䏌盉，皷士卿尊，䏌作祖己觚，作父己觶，臣辰卣，賁弘觥，人作父己壺，父己罍等，不因其器物之形制不同，而通稱爲「尊彝」；卿鼎，南宮中方鼎，砮子旅鬲，父庚甗，命簋，獸作父戊爵，伯定盉，魁作且乙尊，作且癸觚，速觶，叀作父丁卣，賢觥，邲壺等，不因其器物之形制不同，而通稱爲「寶彝」；師湯父鼎，豐方鼎，婦姑甗，君夫簋，叔姬簠，師望盨，索諆角，伯衛父盉等，不因其器物之形制不同，而通稱爲「鬻彝」。

專名者，則銘文所稱，以器爲別，例不濫用。

如「鐘」，「鼎」，「鬲」，「簠」，「盨」，「甗」，「豆」，「盉」，「壺」，「罍」，「盤」，「匜」，「鑑」等，皆依器稱名。（鬲中偶有一二器稱鼎者，乃以鼎鬲器形相似而誤）

別名者，則習見之器，另稱僻名。

如「鼎」，別稱「鼒」（叔單鼎），稱「尊鉦」（鄀公鼎），稱「飤釪」（王子吳鼎），稱「鷆」（𨩲侯之孫鼎），稱「飤䃾𨪑」（褱鼎）等；「簋」，別稱「飤𩝥」（十月簋），稱「車登」（𨚕父簋）等；「簠」，別稱「旅匡」（師麻斿叔簠），稱「匡」（叔家父簠），稱「行器」（曾子簠）等是。

方鼎中若田告方鼎之稱「尊」，女䜌方鼎之稱「尊彝」，作冊大方鼎之稱「寶尊彝」，作父戊方鼎之稱「彝」，南宮中方鼎之稱「寶彝」，單𠬝方鼎之稱「從彝」，豐方鼎之稱「鬻彝」，皆通名也。若麥方鼎之稱「鼎」，矢王方鼎蓋之稱「寶尊鼎」，散姬方鼎之稱「尊鼎」，毛公方鼎之稱「䵼鼎」，揚方鼎之稱「𩱧鼎」，則爲專名。至呂方鼎之稱「寶齍」，厚趠方鼎之稱「寶尊齍」，昜長方鼎之稱「齍」，叔方鼎之稱「宗䵼」，白六辝方鼎之稱「寶尊䵼」，則別名耳。夫彝銘中之稱鼎，其爲專名，己見前言，方鼎既多稱「鼎」之例，則其器名自應以「鼎」爲是，古之稱鼎，固不因腹之方、圓及足之四、三而殊其名也。

左傳昭公七年：「賜子產莒之二方鼎」。正義曰：「服虔云，鼎：三足則圓，四足則方」。至齍䵼等稱，乃後世分別之名，劉郭之說，皆其名稱混淆後之考訂，雖辨其流，未明其源。况齍字从鼎，尤爲其本名爲鼎之證。惟「方鼎」之稱既不見於彝銘，復於遠古無徵，似不宜用，但宋以來言彝器者，多沿用此名，蓋著錄家以圖譜之類，固可見其器形，但集銘之書，僅誌器稱，則其形制難明，故附加「方」字，以狀其體。竊以爲此類器物，如標注圖譜自以稱「鼎」爲是，但行文時（不附圖者）則仍宜附加「方」字，以免與圓鼎相淆，至口語所稱，亦以「方鼎」爲便，雖俗而顯，蓋亦約定俗成之例也。

花紋

傳世彝器，多著獸面形花紋，此鼎卽其例也。呂氏春秋先識篇云：

周鼎著饕餮，有首無身，食人未咽，害及其身，以言報更也。

後人因沿稱爲饕餮紋。此種花紋通行於商及西周初期，稍後卽尠見矣。惟其形式不一：除以饕餮爲主紋外，時或另增飾紋與地紋。

如獻侯鼎（寶蘊樓彝器圖錄）及𠂇召卣（故宮第卅二期），皆以饕餮爲主紋，以刀形爲飾紋，以雷文爲地紋；臣辰先父癸鼎（貞松堂吉金圖）及饕餮紋方鼎（支那古銅精華），亦以饕餮爲主紋，以雷文爲地紋，但以夔形爲飾紋。其主紋不外饕餮之眉、目、口、鼻、耳五要部。兩目高凸，最爲顯著；雙眉形態不一，或橫或豎，或飾以花紋，或變作獸形；耳鼻則或有或無，或以飾紋充作兩耳；口部則僅著其角，以象饕餮張口之形。如伯鼎（武英殿彝器圖錄）及尹簋（海外吉金圖錄）之眉橫；史簋（武英殿彝器圖錄）及饕餮紋方簋（支那古銅精華）之眉豎；亞酓簋（尊古齋所見吉金圖）及父乙甗（寠鄴草堂吉金圖）之眉飾以花紋；方彝（The George Eumorfopoulos Collection: Catalogue of the Chinese and Corean Bronzes）及大亞方彝（鄴中片羽二集）之眉變作獸形；干甗（武英殿彝器圖錄）及靜簋（貞松堂吉金圖）無鼻；饕餮紋方簋（支那古銅精華）及引作文父丁鼎（故宮第廿四期）無耳；大保簋（尊古齋所見吉金圖）及饕餮紋爵（支那古銅精華）於兩目之旁著雙耳甚明顯；亞䰾方甗（武英殿彝器圖錄）及厚趠方鼎（商周彝器通考）以飾紋充作雙耳。

另有將主紋飾紋地紋三者混合，並圖案化之者：或以饕餮面部分作方格形（簠齋吉金錄之父癸爵）；或將面部塡滿雷紋（武英殿彝器圖錄之干甗）；或延長其身，脊上增飾，腹下增足（如武英殿彝器圖錄之父乙鼎，頌齋吉金錄之事父簋，十二家吉金圖錄之邑斝，故宮第四期之𣄰尊）；或以雷紋三行並列，象身脊足之形（如頌齋吉金錄之父己鬲）；或以雷紋二行，象其身與足，而另以刀形紋飾其脊（如武英殿彝器圖錄之父丁鼎及本文之鄧小中鼎）。此類圖案式之饕餮紋，形態綦繁，不能盡舉，蓋以刻畫時肆意變化，不拘常規，驟視之，頗多不易辨其爲何物者，幸雙目特著，尙可尋其變化之跡。

彝器中之通體花紋者，多作普通饕餮紋。其器上僅飾帶形花紋者，則每以地位所限而作圖案化之饕餮紋。餘若前後左右不相對稱之器物，亦多以後者爲飾，如簠齋吉金錄之父己爵，即其例也。爵之流與尾長短不一，其左右二列之刀形花紋，數目不同，蓋即濟其不對稱也。

鄧小中鼎之花紋，即屬帶形紋飾之類，故用圖案化之饕餮紋刻畫之。方鼎形制，本爲對稱，然此鼎前後左右四面之刀形飾紋，數目既不一致，寬狹亦復有異，是仍保持刻畫不對稱器物方法之遺跡也。

銘文

聂鄧 小中仲 隻獲，又有得，

聂即登，登甲骨文作□（殷虛書契五卷二葉一版），作□（龜甲獸骨文字一卷廿九葉，十五版）。金文作□（登鼎）□（散盤）□（鄭鄧弔盨）□（陳侯因脊錞）；或省豐作□（車父丁觶）□（卬父簋）□（鄧孟壺）□（鄧伯氏鼎）□（亞中登簋），彝銘中用以爲鄧字。隻又前人均釋爲一字。通觀此鼎銘文，其書法多參差交錯，頗不拘定行款。如得之左旁與乎字交錯，取之右旁與敢字交錯，黹之上部單獨析出，似另爲一字，其左旁則與于字交錯，翌之上部與乎丁二字交錯，下部則與于黹二字交錯。隻又二字交錯，當亦此例。「隻，又得」猶往獲有所得，𢦚簋銘曰：「𢦚馭從王南征，伐楚荆，又得，用乍父戊寶𨡨彝□」（兩周金文辭大系圖錄卷上第二十六葉著錄），可互參證。

弗敢取叡。

取即叡，說文解字（鍇本）叡下云：「叉取也」。另有抯摣字，方言云：「取也」，取之義爲用。

用作乍厥文且祖寶䵼隮尊。

寶䵼尊爲彝器通稱，非本器專名。

用隮尊乍厥丁，翌于囗宮。

丁者厥文祖之名，翌爲祭名，卜辭習見。鄧國乃武丁季父曼侯之後，本曼姓，後始稱鄧氏，此鼎蓋即鄧小仲追祭其文祖丁之器也。

中國文字演變史之一例

董作賓

「魚」字的演進與變化

中國文字起源於圖畫，自遠古以來，一部分圖畫成爲文字，在文字學中稱之爲「象形」字，原始的象形字，是同圖畫很接近的。我們現在所能見到最古的文字，只有三千年以前殷代銅器上的銘刻，和甲骨上的卜辭了。四年前，我曾作過一次講演，寫過一篇論文，是「中國文字的起原」，我認爲殷代的金文，許多刻在精細美麗的花紋中間，乃是一種美術體，同時也就是中國最古的文字，稱它們爲「殷代的古文」。甲骨文字便大有不相同，我稱它們爲「殷代的今文」，殷代「古文」，就是寫古字，古字是原始的文字，那些象形字，很接近於圖畫，因爲美觀，所以在銅器的花紋中就用它。這同我們現今在美術品上好寫「篆」「隸」的古文字，是同樣的心理。

近幾年隨時注意到這個問題，我又發現許多可以認識的「殷代古文」，因此，使我更相信這種看法是對的。不過沒有工夫作更進一步的研究而已。今年九月間，忽然接到一位大韓民國的朋友鄭文基博士的來信，他的原信，鈔錄在這里：

彥堂先生講席：去歲惜別，遂已逾年，水陸遠隔，有願莫償，　維講壇隆盛，履躬淸吉，至爲頌祝！弟自握別，駒光虛擲，樗庸自笑。近來所作韓國魚類調查，去年草率結束，撰成「韓國魚譜」一冊，茲敬奉贈，謹希高雅斧政！再者將擬付印同書「圖譜」，緬懷先生學術界與文字學界碩望，敬請墨寶，以歷代「魚」字形變十餘種（此數弟所未詳）與其解說，附誌譜首，以光篇幅。去年光臨時，於此地學術院招待宴席上，嘗以此事仰告，惜其時行事程序錯綜，無暇詳談。倘蒙不吝珠璣，寵賜墨寶，非惟弟一人之榮幸，實為此間魚類學界光寵也。謹肅寸牋，竚候揮就惠下！專此奉懇，順請教安！弟鄭文基謹啓。檀紀四二八九年九月十九日。

讀了鄭博士這封很客氣而又很流利的漢文信，使我非常感佩。同時也回憶到他曾談過這件事，當然，查一下「魚」字的演變，在我是並不算太難的，當時曾經答應過他，若不是他這一次寫信來，我却早已淡忘了。近來，嘗和幾位歡喜研究古文字的朋友談起，想大家共同努力作一次中國文字演變史的研究，把現在可能考出源流的許多文字，舉出一部分為例。再把歷代流傳下來的文字，舉出些甲骨金石等實際的例子，公開作一次展覽，使社會上一般人士，得以由今溯古，明瞭吾國文字史的眞象，知道現在所用的每一個字，都是有淵源的。現在就首先整理這個「魚」字，以奉答鄭先生之託，並且作為一個初步的試驗。

不久以前，收到了鄭文基博士寄來的「韓國魚譜」，精製一巨册，是韓國商工部出版的。首為鄭先生自序，次為安東赫先生序，又次為「韓國魚類研究史」，「目次」，又次為分類考訂魚類的正文，共五百十七面，總計韓國魚類有八百三十三種之多。每種首列「名稱」，以下分「方言」、「形態」、「習性」、「記要」、「漢字」、「英名」、「日名」五種索引，可謂洋洋大觀，應有盡有了。「魚譜」已是如此的精詳，「圖譜」當更有可觀。這是一部研究東方文化，自然科學中的重要參考資料，毫無問題的。

說到中國魚類，問題本是很繁複的。我不是生物學者，對於近人論著，也多未能寓目。見於經史子集者，尚未見有人作過全部的理董。在有史以前，魚爲人類食物之重要者，所謂舊石器時代的漁獵社會，即以魚爲食物的大宗。最早的史料如甲骨卜辭中，間有稱「魚」者，卽爲捕魚，稱「亩魚」者爲地名，稱「子漁」者爲人名，其餘不甚多見。現在以從文字上約畧考證爲主。說文中魚部之字，共一百零三，到了康熙字典，時間相距一千六百年，魚部字已有五百六十六，增加了四百六十三字。可見魚類的字，歷代相承，孳乳的相當之多了。

按照「動物分類學」，在歐洲最早的當推亞里士多德（Aristotles），亞氏分動物爲有血、無血二大類，其下又分八小類，共爲四百八十種，魚類則爲一一六種。這是西紀前第三世紀的分類法，當然還是很粗疏的。錄之如下：

有血動物			
	1 胎生四足類	七〇種	共三五六種
	2 鳥類	一五〇種	
	3 卵生四足類	二〇種	
	4 魚類	一一六種	

無血動物		
	5 柔輭類	共一二四種
	6 輭甲類	
	7 蟲類	
	8 有殼類	

近代林娜（Carl Linns）氏（西元一七〇七——一七七八）分類甚爲簡單，將動物分爲六類：

1. 哺乳類　2. 鳥類　3. 兩棲類

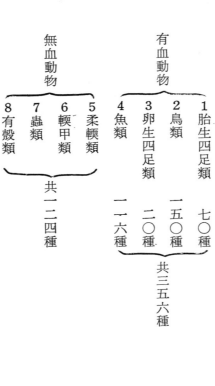

4.魚類　5.昆蟲類　6.蠕蟲類

魚類在動物中佔着極重要的地位，因爲它和人類生活，關係是極大的。中國的魚類，可以舉鯉魚爲代表，加以說明。鯉魚屬於脊椎動物、魚類、喉鰾類、鯉科。如以鯉魚普通大小之一爲例，那麽它的

體長二五糎、高八•五糎、頭長七糎、吻長三•六糎、眼徑一•二糎、以此爲據，就是每一條鯉魚，它的體長爲體高之三倍，亦爲頭長之三倍半，頭長二倍於吻長，六倍於眼徑也。

每一種魚，必有吻（口）、眼（目）、鱗、脊鰭、胸鰭、腹鰭、臀鰭、尾、知其如此，就可以一談中國最古的象形魚字了。

中國文字史上魚字演變的情形，是一個非常有趣的例子。這裏分別時代，論述它的要略。考魚字在歷史上的演進與變化，首先要舉出殷代的金文，魚字均是人名，這也是殷人的「古文」，一種美術體，自遠古流傳下來的原始象形，接近圖畫的文字。其次，是殷代普通應用的魚字，也可以稱爲殷人的「今文」，這種字爲了使用的方便，已竟簡化了，並且不再作精細的描繪，僅用線條作簡單的符號而已，這就是殷代「古文」「今文」不同之處。周代金文，加上印璽文字和石鼓文，下及小篆，至此爲一大階段，應用了二千餘年。隸書草書以及正楷，又是一大階段，也應用了二千餘年。這兩個階段，相銜接是錯綜的。以下分列五表，加以述說：

一、我國最古的魚字

圖一、所示，採自羅振玉的「殷文存」，王辰的「續殷文存」，及容庚著錄的「金文編」。皆是今日所可見的

最古文字。我國古代食用之魚，當以淡水所產爲多。總名爲「魚」，但是看它們的形體各異，可以知道當時必已各有專名。後起魚部的各種形聲字，就是例子。古代中國文化發源於黃河流域，黃河中所產魚類，當是食用的大宗。如鯉、魴、鱮之類，皆黃河所產。詩經國風衡門：「豈其食魚，必河之鯉」？「豈其食魚，必河之魴」？齊風敝笱：「其魚魴鱮」。石鼓文：「其魚惟何？惟魴及鱮」。鯉魚常見，如前所舉，魴、鱮皆訓「大魚」。以魚爲「形」，以專名爲「聲」，乃殷周以後孳乳漸多的「形聲」字。在遠古，文字既接近圖畫，必可以畫出各種魚類的特點來，因而加以區分。圖一之1、前爲頭，有大口、有目、脊鰭、腹鰭，皆分前後二段，（腹鰭前者爲胸鰭。）身有鱗，最後爲尾。魚體的要點，已稱完備。此類魚字，皆應橫看。因而便可以想見它們在水中游泳之狀，「悠然而逝」，「得其所哉」！3與4、脊鰭不分，三有大目，可能所繪即爲黃河中的鯉魚。其餘各體，也均有特點，5鱗有特異，9身有黑斑，10鱗甚簡

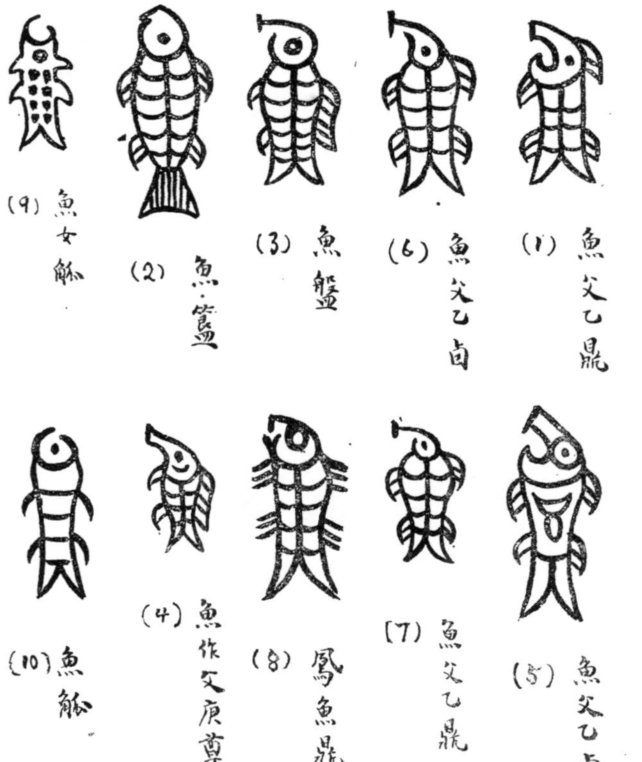

圖一：中國最古之魚字（殷代之古文）

單。口形已有突出太過的訛變，實開後世誤寫爲小型人字或刀字之端。「魚」字在圖畫時代，必橫書之。到了殷代因爲簡冊，甲骨皆下行，成一直綫，橫書之，必加寬而不能整齊劃一，於是寫在金文中之魚字，也都一律直書，不能不從一般使用文字之慣例了。獸字類如犬、豕、馬、虎之類，也都因此直書。圖中1567爲「魚父乙」的鼎卣，此「魚」當爲一人之名，爲他的「父乙」作祭器，因作器不在同時，書契不出一人之手，所以有各種不同之魚形。

二、殷代甲骨文中之「魚」字

圖二、所示，據孫海波「甲骨文編」。這是殷代「今文」，殷代日常應用的文字。均見於甲骨卜辭。與同時刻在銅器上的銘文，如圖一所謂殷代之「古文」者，迴然不同。這種文字，許多象形字，皆已變爲一種簡單的符號。魚字的特點，第一省去了口和目形，第二，不分脊鰭與腹鰭，僅畫出簡單的輪廓。習用於卜辭中的，以1、2、11各體爲多。

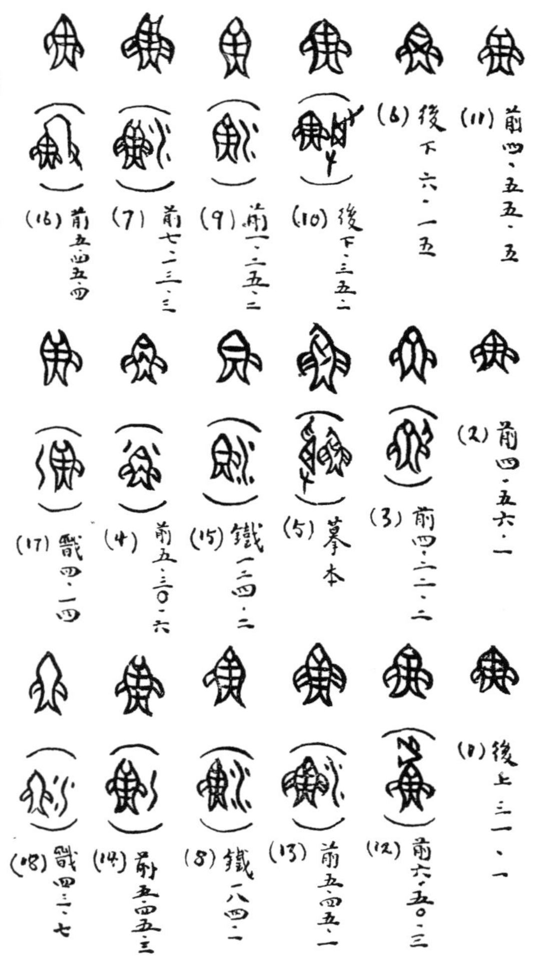

圖二　殷虛甲骨文字（殷代之今文）

6體一見。其餘均爲見於偏旁的魚字。如4魚上有二點，當是水之簡形，（見括號內，下並同）用法一如今所用之「漁」字。而卜辭中從水旁之漁，又皆爲武丁的王子「子漁」。有省去左右兩鰭或一鰭的，有省去鱗形的，或爲缺刻，或爲變體，如7至9，13至15，17與18均是。義爲魚在水中，仍僅代表「魚」的本字。至於單作魚形者，反爲捕魚之「漁」字。它的繁體如3，以手捕魚之義，如5及10，以網捕魚之義，如16，以鈎釣魚之義，又皆即「漁」字。加虎頭如12，仍是魚字，也是漁字，周禮中「漁人」作「𩵹人」即其證。卜辭多殘，每不易確定其義意，但由形體之結構，也可以推知之。其餘如5有口形，是上承圖一之2、3、6至8。如5 7 13鰭作繁形，是又上承圖一之1、2、5、各體，下啓圖三周代之各體，細加研考，便可以明白它們的源流。

三、周代金石文中之「魚」字

圖三、所示，爲周代習用於銅器銘文及石鼓文中的魚字。這一期並無甚大之變化，其特殊之點，第一，是把魚尾訛變成爲火字，魚尾兩端相連部分，分裂爲二了。第二，是把口形訛變，成爲篆文小型人字或刀字。上承圖二5體，下開小篆隸書之先河。周代魚字的象形部分，僅僅保存在中段，身上有鱗，逐漸省畧，而鰭在左右，仍是有的。不過比例不同，身瘦鰭肥而已。

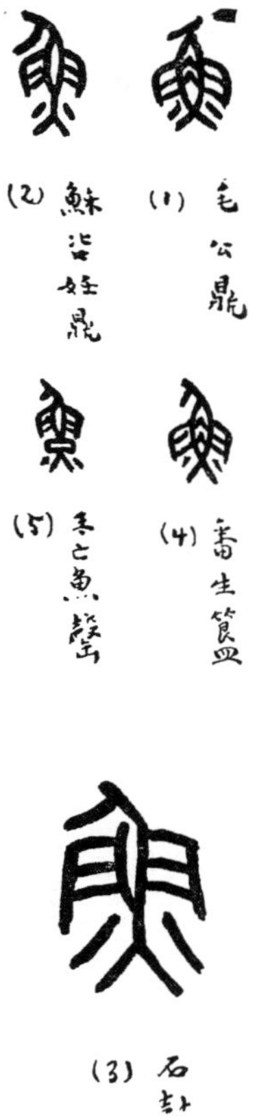

圖三：周代金石文

四、秦漢魏晉小篆隸草中之「魚」字

圖四、可分兩段觀之，隸書以上，還有象形保存的部分，隸書以下，和草書本是平行的，在漢代木簡中，隸書為多，草、篆並行。實有犬牙交錯的形勢。所以詳細分劃，是非常困難的。從原始象形，近於圖畫，但已直書，不為圖畫而為文字。至甲骨、金文、逐步訛變，象形之意味漸次減損，至於小篆而止，這是一個階段。小篆又將魚之中段演變，有混合身上之鱗及左右二鰭為一的趨勢。小篆似乎是有鱗無鰭，印文又似有鰭無鱗。到了隸書，身與鰭合，訛為田字之形，火字也變為四點，漢隸為然，今隸正楷，也都如此。這是中國文字的最後凝固，已成為方正的意符文字，雖然距象形已遠，但由今溯古，也不難考見它的淵源。魚字如此，所有文字，也沒有不是如此的了。現在的正楷字，自唐文宗開成二年（西元八八七年）用今隸（正楷）刻立石經，有九經文字，蜀孟昶用楷書刻十一經，北宋、南宋、均有石經。清刻十三經於太學，中國文字的體勢，方整平正，乃成定型。至於漢之熹平石經為八分體，（即漢隸），魏正始石經為古文、篆、

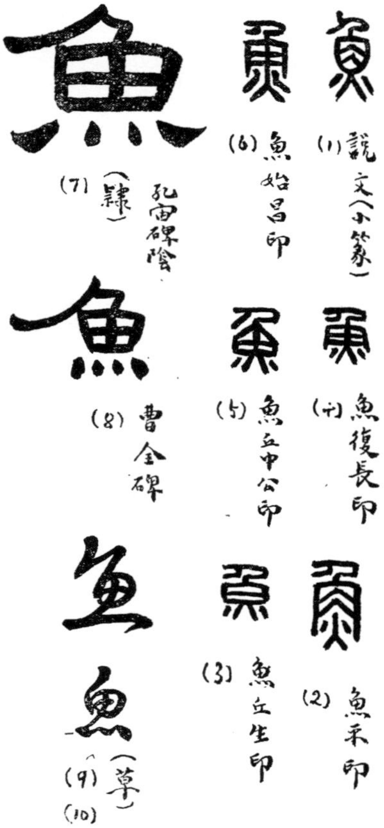

圖四：秦漢篆隸草書

隸三體，則不在此一階段。所以中國文字，由圖畫完全變爲符號，千餘年來，約定俗成，實用極爲便利，這是無可諱言的。現在的正草隸篆，均有各種美術書體，使中國文字的書法成爲美術品之一，這是世界各種文字所沒有的。

五、 總結

把魚字的演進變化，更擷要作一總表，附列於此。

此總表，採自以上四圖，分爲五欄：

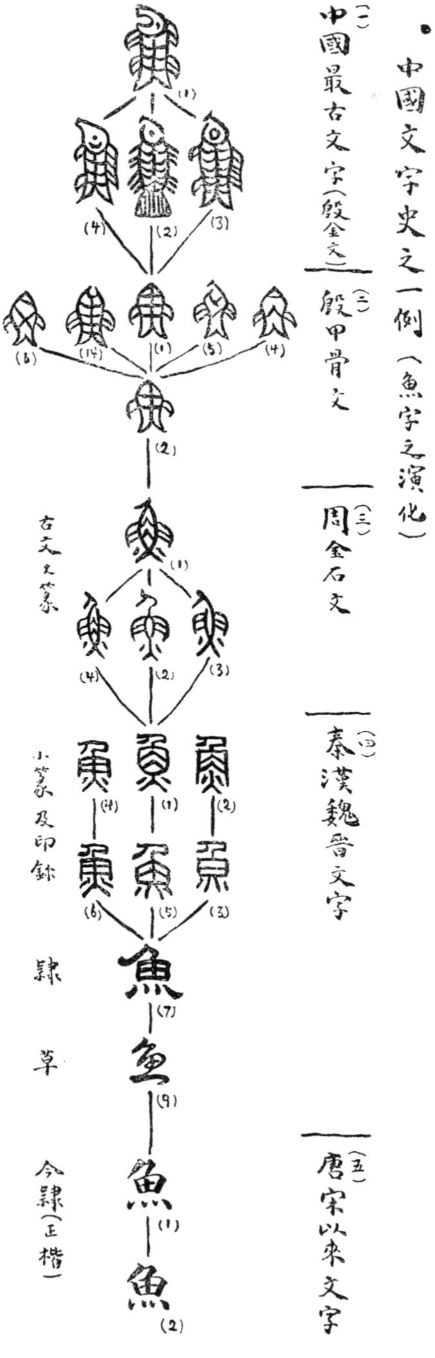

第一欄：此類原始象形文字，爲殷代的「古文」，以世紀約計之，約在西元前十五世紀以前，也相當於殷庚遷殷之前，其來源雖不可確知，要當始於遠古。魚字之特點爲：一、近於圖畫，須橫看。二、頭部有口，有目，三、身上有鱗，四、鰭分脊、胸、腹，五、身後有尾。

第二欄：殷代習用之甲骨文，約當西元前十二至十四世紀，行用三百年。這一時期，魚字的特點：一、漸省口與目，二、身仍有鱗，三、鰭已省簡，不能分辨脊腹，四、身下有尾。

第三欄：約當於西周、東周、西元前十一世紀至四世紀，行用八百年。此期特點：一、口形保存，已訛變爲篆文人字或刀字，二、身部漸省鱗形，三、左右兩鰭猶存，四、尾部已訛變爲火字。象形存於中段，頭尾皆譌。

第四欄：秦漢以下至於魏晉，相當西元前三世紀至西元後八世紀，共約一千餘年。這一期，小篆趨于整齊勻稱，隸書方正，便於書寫，更有行書、草書，同時並用。除行草之外，篆文之變，特點爲：一、身與鰭相合，猶稍存象形之義，二、口仍爲刀形，三、尾仍爲火。隸書之變，特點爲：一、口形爲刀，二、身形爲田，三、尾形之火爲四點。完全失去象形意義，成爲整齊實用符號之方塊字。由原始寫生圖畫之美，變爲方正整齊之美了。

第五欄：此類方塊字，始於古隸，迄於今隸（正楷），唐開成石經，於西元後八百八十七年創刊，實開其端，自此以後，歷代石經皆用楷體，而中國文字，乃凝固爲方塊符號，一千四百年來，約定俗成，用之至今。

世界上各種文字，無不是起源於圖畫，變爲最簡單之標音符號，也稱「音符」文字。獨中國文字，變爲較複雜之表意符號，使每一不同符號代表一種意義，也稱爲「意符」文字。由今日上溯，意符文字，已用了二千多年，再向上求其源泉，仍可以找到原始接近圖畫的象形文字，這就是它的特異之點了。也就是說每一「意符」，都可以找到它的起源的，「魚」字不過其中的一個好例子而已。

中華民國四十五年十一月十二日寫訖于香港大學東方研究院

other by a Swiss couple Mr. and Mrs. Earnest Winkler. The inscription on the former is now half under green rust, leaving only a dozen characters slightly legible. For years bronze experts have been unable to make sense out of them. The latter, although less noticed, has at least 25 clear-stroke characters. The author had by chance examined the Winklers' collection and took a rubbing of the inscription. In this article, he presents the shape of the *ting*, inscription, design, and reproduction of the rubbed copy. To substantiate an introduction, he adds his chronological study of it, comments on its design, origin of the name, and an interpretation of the inscription. The photograph of the one displayed in Taiwan museum is also attached for an intimate comparison.

An Illustration of Chinese Characters in Evolution

(中國文字演變史之一例)

Tung Tso-pin (董作賓)

To illustrate the evolution of Chinese characters throughout thousands of years, the author chooses one word from hundreds of thousands of Chinese words having hitherto undergone many stages of changes chronologically. There have been *five* stages marking the evolution of the word "yu" (fish 魚): 1) prior to about 1400 B. C., or more distant, the most primitive word "yu" was created; 2) on the oracle bones of the Yin dynasty, about 1401-1150 B. C.; 3) on the seal characters of the Chou dynasty, adopted since 1100 B. C. to 400 A. D.; 4) on the writings of the Ch'in, Han, Wei and Chin periods including variously the seal, square, and running styles, about 200 B. C. to 700 A. D. partly overlapping the previous stage; and 4) on the square and regular styles from the 9th Century to the present. Discussions on the word's gradual modifications exemplify the development of Chinese characters from ancient figurative form and medieval complex style to the current regular style which has been solidified into a shape of square blocks.

ant that the Chinese Government finally stationed guards in the area. There were many ballads and poems describing the sceneries and folk-custom of this sea sentry. In 1514 a group of Portuguese invaded the land but were driven out by a Chinese commander seven years later. The defeated adventurers retreated to another place across the sea and stayed there. They named that place Macau. Making a survey of the economic life of Hong Kong, one should take note of the significance of T'unmen for its development and prosperity in the far distant past.

An Inquiry and Emendation on Nien Erh Shih Cha Chi
(廿二史劄記考證)

Tu Wei-yun (杜維運)

The essence of *Nien Erh Shih Cha Chi* (廿二史劄記) lies in its elaborate research of the problems on editing styles and source-taking. Many historical events are cited therein while references are drawn from huge quantity of Chinese historical works. However, these sources may not be all correct and further research calls for an inquiry and emendation. This article traces the errors latent in many sources and reappraises the citations in the light of the possible impact of many misjudgments. The presentation may serve as an aid to readers of *Nien Erh Shih Cha Chi* and also reveals to history students information of primary value about the technique of seeking authenticity among ancient writings.

Explanatory Notes on the Teng Hsiao-chung Ting
(鄧小中鼎考釋)

Chang Hsuan (張琁)

There are two square *ting* of Teng Hsiao-chung (鄧小中) being still preserved today, one in the Central Museum of Taiwan and the

Supplementary Notes to Yuan Shih Yi Wen Chih

(元史藝文志補注)

Ho Yiu-sen (何佑森)

Based on a broad study of Yuan and Ming publications and a number of bibliographies compiled by scholars of the Ch'ing dynasty, the author provides an amount of supplementary notes to *Yi Wen Chih* (藝文志) which was written by Ch'ien Ta-hsin (錢大昕) as a supplement to *Yuan Shih* (元史). Having discovered many errors and omissions in Ch'ien's book, the author introduces the reader to better reading by a) adding more names, courtesy names, time, places and dates of completion of writing, of the leading writers; b) tracing the sources of Ch'ien's writing; c) providing, where possible, styles and contents of the books mentioned by Ch'ien; d) pointing out omissions and inconsistencies by comparisons of Ch'ien's book with other bibliographies; e) showing the difference of cataloguing between Ch'ien's book and other sources; f) listing more works on *Yuan Chu* (元曲) and g) supplying more titles of books published in the late Sung dynasty, early Yuan dynasty, late Yuan dynasty and early Ming dynasty. The presentation in this issue is one-fourth of the whole article.

Sea Communications of T'unmen Area from T'ang to Ming

(屯門與其地自唐至明之海上交通)

Lo Hsiang-lin (羅香林)

Castle Peak Bay of New Territories in Hong Kong was formerly known as T'unmen (屯門) or T'unmen Bay where the Chinese natives had begun their external contacts ever since the Liu-Sung dynasty (420-479 A. D.). Later in the T'ang and Sung periods, the Persian and Arabian merchants who came to Canton and return for trade usually took up a berth at T'unmen. The traffic became so heavy and import-

An Interpretation of "Kuang Chien"

(釋論語"狂簡"義)

Mou Jun-sun (牟潤孫)

A fresh interpretation of "kuang chien", a term in the *Analects* which has been for several centuries misconstrued as "whimsical and sulky". Through a careful research in the classical works of the past including the famous *Shih T'ung* (史通) by Liu Chih-chi (劉知幾) of the T'ang dynasty and *Lun Yu Yi Shu* (論語義疏) by Huang Kan (皇侃) of the Five Dynasties, the author ascertains that this term appropriately means "irrelevancy", "distortion" or "disorder", having no implication of human behavior.

Chu Tzu and the Method of Collation

(朱子與校勘學)

Ch'ien Mu (錢穆)

Han Ch'ang Li Chi (韓昌黎集) (*Complete Works of Han Yu*) had been published for 400 years in diversified editions. prior to the appearance of Chu Tzu's (朱子) *Han Wan Kao Yi* (韓文考異). For the following 800 years up to today, Chu's edition has been considered a standard work which involves exhaustive study from numerous versions and intensive researches in connotations, paraphrases, styles, reasoning as well as the historical background. The article attempts to provide a new understanding of Chu Tzu's high command of coordinating interpretations, researches, literature, and justifications to produce eventually an indisputable edition. The author also makes a plea for readers' attention to the high criteria and rules of an academic collation of books set up by Chu Tzu.

The Conception of the Will of Heaven of Pre-Ch'in Thought

(先秦思想中之天命觀)

T'ang Chun-i (唐君毅)

A fresh historical examination of the concept of will advocated by various schools in the Pre-Ch'in period. The analysis is made independently with a view to presenting minutest differences between the thinkers and to arriving at an actual understanding. The theme includes: descriptions of will in the *Book of Songs* (詩經) and the *Book of History*(書經); concept of the will of heaven in the Ch'un Ch'iu period; Confucius' view of will, Mo Tzu's (墨子) denial of will; Mencius' (孟子) initiation of will; Chuang Tzu's (莊子) adaptation to will; concept of will of heaven of Lao Tzu (老子) and Hsun Tzu; (荀子) and various theories held by other outstanding thinkers of the Pre-Ch'in period.

On the Moral Spirit of the People in the Ch'un Chiu Period

(春秋時代人之道德精神)

Ch'ien Mu (錢穆)

The article emphasizes that moral spirit is an outstanding characteristic of the Chinese culture. It has no bearing on religion. It is neither philosophical nor scientific. During the time much earlier than the inception of Confucianism, such supreme conciousness had become prevalent in the Chinese society. By focusing on the spirit of sacrificing one's life to preserve moral integrity and the bravery of yielding one's own position to people of greater capability, the article treats in detail sources of Confucius' lectures which cover mostly such events adherent to a moral spirit.

ACKNOWLEDGEMENT

The Research Institute of New Asia College, Hong Kong, wishes to acknowledge with thanks to Harvard-Yenching Institute of America for the generous contribution of fund towards publication of this Journal.

一九五七年二月一日初版

新亞學報 第二卷・第二期

定價 港幣十元 美金二元

編輯者 九龍新亞書院 新亞研究所

發行者 新亞書院圖書館

承印者 新華印刷股份公司 香港西營盤荔安里十七號 電話：四三零一零

景印本・第二卷・第二期

THE NEW ASIA JOURNAL

Volume 2 *February 1957* *Number 2*

THE NEW ASIA RESEARCH INSTITUTE